U0903175

作者简介

张广智，1939年生，江苏海门人。复旦大学教授。主要研究方向为史学理论与史学史。著有《克丽奥之路：历史长河中的西方史学》、《西方史学散论》、《影视史学》、《超越时空的对话：一位东方学者关于西方史学的思考》、《史学：文化中的文化》（与张广勇合著）、《现代西方史学》（与张广勇合著）等。主著《西方史学史》。主编《世界文化史》（古代卷）、《20世纪中外史学交流》、《史学之魂：当代西方马克思主义史学研究》、《历史学家的人文情怀：近现代西方史家散文选》等。

西方史学通史

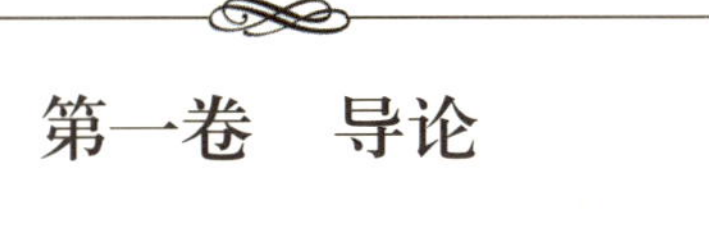

第一卷　导论

主　　编　张广智

本卷作者　张广智

复旦大學出版社

本卷提要

本卷阐述西方史学诸元素，从总体上勾画了自古迄今的西方史学发展进程，并反思西方史学自身的历史，注重探讨西方史学与相关学科、与马克思主义史学之联系，以及它在输入中国后所激起的回响，尤就西方史学开拓与创新的建设路径、中国史学如何走向世界、如何学习与研究西方史学等多方面的问题发表论见，指点门径。

本卷汇聚作者多年来治西方史学史的学术成果与研究心得，从一个侧面反映了中国新时期大陆学者关于西方史学的思考，这种思考曾在近三十年来中国西方史学史研究的历程中产生过影响。本卷可供西方史学的初学者和有志深造者参考，立意成为他们学习与研究的津梁。

谨以此书献给中国西方史学史的先行者

耿淡如先生

我们应不畏艰难，不辞劳苦，在这个领域内做些垦荒者的工作。我之所以提出本问题，不是妄图解答而是希望大家来研究、讨论并共同解决这个问题。比如垦荒，斩除芦荡，干涸沼泽，而后播种谷物；于是一片金色草原将会呈现于我们的眼前！

——耿淡如：《什么是史学史?》

总 序

西方史学，内容宏富，源远流长，在世界史学发展史上占有重要的历史地位，只有具备深厚传统与悠久历史的中国史学，可与之媲美。的确，中西史学各具特色，但又共同为人类留下了宝贵的史学遗产。呈现在大家面前的《西方史学通史》，也许可以对西方史学的源远流长与内容宏富，对它宝贵的史学遗产说个大概。

“序者，所叙作者之意也。”刘知幾《史通·序例》引西汉经学家孔安国的话作如是说。这里说的“总序”，则是略叙六卷本《西方史学通史》之意：它的缘起、各卷内容及撰史之旨趣等。

说起六卷本《西方史学通史》编纂之缘起，一下让我回想到八年之前的情景：2003年，冬末春初，原本是万象更新的季节，但“非典”肆虐神州大地，不仅给整个大自然平添阴霾，更在人们的心头留下了阴影。那时逼仄的环境，令人郁闷，但这并不能束缚人们思想自由的空间，更不能桎梏有志者的心灵。当系领导邀我共商学科发展大计时，双方想法竟出奇地一致：发扬我系在史学史方面的传统优势，把西方史学史做大，力争在这一学科领域取得新的建树。于是，编纂六卷本《西方史学通史》之动议，从提出、论证、实施，正一步一步从构想化为现实。

实际上，编纂《西方史学通史》的源头可以追溯到1961年耿淡如师在《什么是史学史?》一文中所表述的理念。师言“世界史学通史”之愿望，虽相隔半个世纪，但仿佛离我们并不遥远，如今正由他的学生和再传弟子们合力来实现。

何谓“通史”，贤者论述夥矣，个人于此并无洞见，兹不赘论。但六卷本《西方史学通史》既称“通史”，因此还得结合西方史学，在此略说一二。事实上，在中国史学发展史上，从司马迁所提出的“通古今之变”，经郑樵所明言的“会通之义”，迄至章学诚所阐释的“通史家风”，无论在理论上还是在实践中，都为我们留下了令人瞩目的史学遗产，这就毋须多说了。

这里需要说的是，六卷本《西方史学通史》的“通史”旨趣，主要体现在两个方面：“通史体例”和“通史精神”①。

一是通史体例。六卷本《西方史学通史》时贯古今，从西方邈远的“荷马时代”迄至现当代，倘若从历史发展的层面上而言，我们力图于纵向上揭示在历史演变进程中西方史学的发展变化及其规律，于横向上阐明时代与社会的进步与史学发展变化之联系；倘若从史学史的结构层面上而言，即把史学发展进程中的历时性考察与共时性探索（即“纵通”与“横通”）有机联系起来，也就是对中外（西）史学进行交流与比较。不管是前者还是后者，都是我们今后要努力实施与弥补的一项工作。“往来不穷谓之通”，唯有把历时性的考察与共时性的探索结合起来，才能写出真正的西方史学通史。

另一是通史精神。司马迁的名言“究天人之际，通古今之变，成一家之言”，其中的“通古今之变”，值得我们再三品味。个人以为，把司马迁的“通古今之变”用之于西方史学，一言以蔽之，那就是说一部漫长的西方史学史，也在不断发展变化，新与旧、保守与革新、传统与现代，也在不断地交错杂陈，其总的发展趋势是顺时代潮流者兴，逆时代潮流者衰，新陈代谢，万古长青。自古迄今西方史学所经历的五次重大的历史性转折，可为显证。“不通古今之变，则不足以言通史。”②此言甚是，六卷本《西方史学通史》立意在“通古今之变”，亦即被贤者称之为“通史精神”的这一点上，将尽量做得好一些。

六卷本《西方史学通史》即以上述“通史旨趣”，力求以翔实的资料、系统的梳理、深刻的识见、时代的特色为目标，在求真中开拓，在务实中创新，以求“成一家之言”。这当然是难于达到的，但我们不能因为其“难”，就放弃这个目标。我们终要努力奋争，虽不能至，但却心向往之。

六卷本《西方史学通史》，执笔各位作者都施尽其才，作出了各自的奉献。为贯彻通史之旨趣，各卷的写作大纲都经大家讨论，各抒己见，充分显示了集体的力量。但在写作时，从立论、选材、结构、表述等，均充分发挥各

---

① 参见刘家和：《论通史》，《史学史研究》2002 年第 4 期。

② 施丁：《说通》，《史学史研究》1989 年第 2 期。

卷作者个人的智慧，显示其“个性特色”。六卷组合，首卷为全书之“导论”；余五卷，以时间序列书写，构成了一部西方史学发展的历史长篇。各卷自可独立成篇，自成一统；但各卷之间，又力求上下衔接，相互贯通。

下面，兹对各卷的内容作一简要的介绍。

第一卷，导论。本卷阐述了西方史学诸元素，力图从总体上叙述自“荷马时代”迄至今日的西方史学发展全貌，反思西方史学自身的历史，着重探讨西方史学在其发展进程中的诸多问题，与其他相关学科、西方马克思主义史学以及与中国史学之关联，并就西方史学的开拓与创新、中国史学如何走向世界、如何学习与研究西方史学等方面发表看法，既是六卷本《西方史学通史》的“导论”，也可作为初学者与有志深造者的津梁。

第二卷，古代时期（从荷马时代至公元 5 世纪）。本卷阐述西方古代史学的兴起及其特征，主要以西方史学史的三大源头——希腊史学、罗马史学和犹太史学为探讨对象。希腊史学包括从史诗到散文纪事，从希罗多德、修昔底德到希腊化时代诸史家；罗马史学包括共和时期的罗马史学、帝国早期的史学、帝国后期的拉丁史家、帝国统治下的希腊史家；犹太史学包括犹太史学的传统、特征、范畴以及主要的犹太史家及其思想。

第三卷，中世纪时期（从公元 5 世纪至 14 世纪初）。本卷阐述欧洲中世纪史学观念和史学编纂的进程，着意从纵向角度勾勒中世纪史学萌芽、发展、变化和转折的发展历程，内容包括早期基督教史学的萌芽、蛮族入侵时期的史学趋向、加洛林时代的史学编纂、民族混杂与王朝分立时期的历史、拜占庭和穆斯林史学、中世纪盛期的史学和中世纪后期的史学。在对西方中世纪史学进行全景式考察的同时，也从横向角度探讨中世纪的历史认知，如基督教神意史观、年代记和编年史的特征、历史与传记等的混杂、不同地域和民族的多样性等，力图归纳出中世纪史学的总体特征。

第四卷，近代时期（上）（从 14 世纪初至 18 世纪）。本卷阐述 14—18 世纪欧洲史学发展和演变的情况，主要内容分三个部分：(1) 探讨 14 世纪初到 16 世纪末人文主义史学产生的社会与学术条件，论述其代表性史家的成就、地位和影响，分析人文主义史学在总体上对于西方史学的贡献以及存在的局限；(2) 讨论 18 世纪理性主义史学兴起的社会和学术原因，以及百科全书派、苏格兰学派、哥丁根学派、历史哲学的发展等问题；(3) 探讨基督教史学的发展和影响，一方面论述博学派诸如玻兰达斯学派和圣摩尔学派等基督教史学产生的原因、主要贡献和影响，另一方面论述基督教史学的历史观对于世俗史学家和思想家的影响。

第五卷，近代时期(下)(19世纪)。本卷阐述被称为“历史学世纪”即19世纪西方史学的发展及其演变，以那时盛行的时代与社会思潮为背景，探讨19世纪异彩纷呈的浪漫主义史学、客观主义史学、实证主义史学、历史主义史学等史学思潮及流派，尤其彰显兰克学派；以史家、史著以及历史教学、史学刊物的发展为线索，展示19世纪西方史学专业化与科学化的进程，凸显19世纪西方史学巨擘及其思想，昭示19世纪西方史学的新趋势，力图完整、全面、系统地呈现“历史学世纪”的风貌。

第六卷，现当代时期(从19世纪末至今)。本卷阐述19世纪末以来迄至当下的西方史学的发展过程，以翔实的资料揭示西方史学从传统史学走向新史学的历史轨迹，纵贯欧美主要国家史学的发展与变化，横及现当代西方史学发展进程中的新问题、新领域和新方法，格外关注诸如微观史学、新文化史等内容。本卷着力叙述现当代重大史家，注重阐发对西方史学乃至国际史学带来深远影响的史学流派，如法国的年鉴学派、英国的马克思主义史学派和美国的社会科学史学派等；突出史学思想的进步，藉以勾画出现当代西方史学发展变革的全貌。

与《西方史学通史》各卷内容相关联，这里就要说到西方史学通史所涵盖的时空概念。先说时间范畴，它是指从古希腊迄至当下，而各卷也有较为宽泛的时段列出。其实，史学发展的进程也与历史发展的进程一样，我们通常分成的古代史学、中世纪史学、近代史学(上、下)和现当代史学四大阶段，在各段之间不可能做到泾渭分明、整齐划一的，因而不能忽视它们相互之间的“牵连”，其“段”与“段”之间的过渡性与模糊性的特点，也就不言而喻了。

再说空间范畴，这就涉及对“西方”一词含义的界定了。何谓“西方”，这真是一个不易用三言两语就能说清楚的问题。在中国人的观念中，“西方”一词因时而易。论者云，在古代，所说“西方”指的是印度文化大区和伊斯兰文化大区；明清以来，主要指的是基督教文化大区，它包括欧美的大部分地区①。就西方史学通史而言，它涉及的地理范围，也大体上包括欧美地区；就本书而言，欧洲多指西欧，美洲主要说的是美国了；由于文化的因缘，若干

① 参见邹振环：《西方传教士与晚清西史东渐》，上海古籍出版社2007年版，第1页。

从地理范围而言的非欧美地区，也会在书中有所体现；此外，从“西方”一词的阶级含义而言，比如在现当代，地理位置即使处在欧美地区的社会主义国家的史学（如两德合并前的民主德国等），也不宜包括在本书论述范围之内。简言之，我们的《西方史学通史》与学界流行的《西方史学史》（包括我主著的《西方史学史》），在时空概念上的界定，大体上是一致的。

至于说到六卷本《西方史学通史》的写作团队，令我记起希腊神话中的亚尔古船英雄们远航的故事：他们穿过激流，越过高山，战胜无数妖魔鬼怪，克服种种艰难险阻，揭破迷人的海妖西壬的诱惑，设法使那条永不睡眠的巨龙昏睡过去，终于从橡树上盗取了金光灿灿的金羊毛——被那时希腊人认为举世无双的无价之宝。且看我们的写作成员：清一色的博士，对西方史学训练有素，拥有相当丰厚的学术积累，一如“亚尔古船的英雄们”。此行何为？获取“金羊毛”——完成六卷本《西方史学通史》. 有时，我在想，在冥冥之中像有神助，能使我们这个团队一路走来，风雨同舟，矢志不渝，去完成“上苍”交托给我们的神圣使命，人生之贵，莫此为甚。

六卷本《西方史学通史》主编的重任，委诸我一人承乏，实在是力不从心。我绝不是希腊神话中那位领导英雄们寻取金羊毛远航的“领军人物”伊阿宋，有那么神奇的力量。作为主编，我的职责是：做一个“学术协调人”(an academic coordinator)，起一种居间联络的作用；尊重每一卷作者的写作成果，显现他们各自的个性特色。

在此，我想到了我国古代文史学家曾巩的名言：

> 古之所谓良史者，其明必足以周万事之理，其道必足以适天下之用，其智必足以通难知之意，其文必足以发难显之情，然后其任可得而称也。①

我觉得，治史而达到这样的要求与境界，庶几可矣。倘借用这里的“明”、“道”、“智”、“文”来治通史写作，亦可望在立意、求真、阐释和表述等方面达到更高的水平，如此，当称得上是一位称职的历史学家了。这样的治史旨趣与学术境界，应是我们写作团队的每个人孜孜以求的目标。

---

① 曾巩：《南齐书目录序》，《曾巩集》（上册），中华书局 1984 年版，第 187 页。

行文至此，耿淡如师在半个世纪前说过的一段话，仿佛在我耳畔再次响起：

> 我们应不畏艰难，不辞劳苦，在这个领域内做些垦荒者的工作。我之所以提出本问题，不是妄图解答而是希望大家来研究、讨论并共同解决这个问题。比如垦荒，斩除芦荡，干涸沼泽，而后播种谷物；于是一片金色草原将会呈现于我们的眼前！①

每当我回想到耿师之音容笑貌、耿师之谆谆教诲、耿师之学术遗愿，一种使命感与责任感便油然而生。五十年前，耿师受命主编《外国史学史》，因种种原因而未果，成了他终生的遗憾。2000 年他的学生推出了《西方史学史》，实现了他的遗愿。如今，六卷本《西方史学通史》由他的学生与再传弟子合力完成了。倘若说，六卷本《西方史学通史》的编纂开中国多卷本西方史学史著作之先河，那么在这块园地上，我们没有辜负耿师之遗愿，实实在在地做了一项垦荒者的工作，在中国的西方史学史研究的史册上留下了一页。

> 逝者如斯，风华不再，后来者唯有在这人生的旅途上，不断进取，继续耕耘，才能不致愧对先人，不致愧对中国的西方史学史事业的前程。

这是十多年前我为《西方史学史》初版写的“后记”中的一段话，如今十多年过去了，又恰逢由我主编的六卷本《西方史学通史》集体“亮相”，这里重录这段话，不只是对往事的一种追忆，也是我此刻的一种心境，一种难以割舍的思绪，一种炽热真切的情感。是的，学术研究永远不会止步，西方史学的研究也不会止步，我个人的学习与研究更不会止步。学研无止境，任重而道远，让我们不断开拓，志在创新，永不满足，继续前行，以新的学术成果回报社会，奉献大众。

张广智
2011 年 1 月于复旦大学历史系

---

① 耿淡如：《什么是史学史？》，《学术月刊》1961 年第 10 期。

目　录

小　引

呈现在这里的是六卷本《西方史学通史》的第一卷《导论》部分，因篇幅内容较多，故可单独成书。

本卷力图通过阐述西方史学诸元素，从总体上描述西方史学发展的历史进程，反思西方史学自身的历史，重在探讨西方史学的诸多关联，并就其开拓与创新、中国史学如何走向世界、如何学习与研究西方史学等问题发表看法，指点门径，使之成为初学者与有志深造者的津梁。

此外，还有两点需要说明：

一是关于内容。前已述提要，具体来说，本书为六卷本《西方史学通史》首卷，凡九章，第一章以西方史学为中心，阐述史学的性质、内涵及其学科地位等；第二章阐述西方史学的发展历程；第三章阐述西方史学自身的历史；第四、五两章阐述西方史学与相关学科及与西方马克思主义史学之间的联系；第六章阐述西方史学在中国所激起的回响；第七、八两章阐述西方史学的开拓与创新以及中国史学如何走向世界等问题；第九章阐述学习与研究西方史学的途径，并开列具体书目。全书九章既各自解析西方史学的某个元素，集结在一起，又组成一个互有联系的整体。另有附录一则，或可与正文互补，相得益彰。

但令我为难的是，"西方史学导论"一类的书，应包括哪些内容、如何编纂，这一点颇难驾驭，似无定规。周谷城在论述世界文化史写作的困难时这样说道："范围这样无定，体例这样不齐，只是由于世界文化从来就是不断发展的。到今天更是日新月异，不易把范围体例固定下来。不过，不把范围体例固定下来，反而使学者、专家易于着笔或易于发挥个人的独创性。"①周氏

① 周谷城：《世界文化丛书·序》。《世界文化丛书》，浙江人民出版社 1987 年起陆续推出，共出 40 种。

之言，颇能契合他历来所说的“草鞋没样，边打边像”的历史写作理念，亦是为了使史家撰史更能发挥各人的“独创性”。同样，由于西方史学也从来是在不断发展变化之中的，对一个动态的东西，倘要把它的“范围”与“体例”固定下来，谈何容易。

关于编纂，我要说的是：这本小书所写的内容，不求全面，不嗜饾饤，大部分是个人多年来学习与研究西方史学的一些肤浅的体会，因而采纳并选用了已发表的学术论著中的相关成果。尽管如此，书中所言，恐怕很难说已经得出什么自信的结论，许多重要的问题可能还没有涉及。限于个人的学识，书中所叙也许要贻笑大方了，我期待读者的批评赐教，以待来日再作增补与修订。

二是关于体例。这本小书的编纂体例，颇不同于习见的，尤其在写法上也许是不拘一格的。如何让艰涩深奥的西方史学更容易被读者所接受，常令我困惑，也让我颇费心力，正如现代英国史家屈维廉（George M. Trevelyan）所说的，那是要用“满头大汗”与“艰苦劳动”换来的①。为要回避“艰涩”，疏远“深奥”，个人在本书的写作过程中曾尝试用各种写法，比如较为典型的西方史家史著十八家的介绍（见第九章第一节），写成了现在这个“样式”，又比如书中更多的散文化笔调或随笔形式，都是为了达到这个目的，为此，费了我很多精力与时间。但当我获得先行试读的同道们的首肯后，便觉得我付出的“艰苦劳动”和“满头大汗”值了。

总之，本书所述，不以求全与深奥为宗旨，只以明白晓畅为圭臬，一心想为西方史学的初学者与有志深造者起到一点“启蒙教育”的作用。倘如是，这就是我最大的期盼和心愿了。

---

① 〔英〕乔治·屈维廉：《克莱奥——一位缪斯》，田汝康等选编：《现代西方史学流派文选》，上海人民出版社 1982 年版，第 193—194 页。屈维廉的原话旨趣深远，令人回味，似乎颇能切中当今中国史界之弊，故特把这段话的原文摘录如下：“有一种说法，认为读起来有趣的历史一定是资质浅薄的作品，而晦涩的风格却标志着一个人的思想深刻或工作谨严。实际情况与此相反，容易读的东西向来是难于写的。写和重写、修改和再修改的工夫是每一本好书要求其作者应做到的分内之事，即使他自始就确切地知道他要说的是什么。明白晓畅的风格一定是艰苦劳动的结果，而在安章宅句上的平易流畅，经常是用满头大汗取得的。”

第一章　绪论：史学，文化中的文化

——从耿淡如师《什么是史学史?》一文说开去

1961年，距今五十年前，正是20世纪60年代初国内学界发动史学史大讨论的时候，先师耿淡如发表了《什么是史学史?》①一文，笔者不止一次地拜读过这篇在中国的史学史研究历程中具有里程碑意义的华章。如今重新阅读这篇半个世纪前的文章，还是会有一种如哲学家俞吾金所说的那种感觉："似乎思想的会饮在此岸举行，仿佛精神的百花在这里盛开。"②

先师之文，大义微言，蕴奥开示，指点门径，犹如空谷石崩，为后世留下了经久不息的回音。在这里，由先师之文启示，结合笔者个人的史学研究实践，就如下几点稍作论述，聊作"绪论"。

一、关于历史与历史学之分工

耿师在文中开篇就这样说道：

> 为了下史学史的定义，首先要决定什么是历史？其次要决定什么是历史学？对于历史与史学怎样理解，对于史学史也怎样下定义。③

他在批评有论者认为史学史内容也应论述阶级斗争事件的本身，把历

---

① 载《学术月刊》1961年第10期。又，瞿林东编《中国史学史研究》(《20世纪中国学术文库》之一，湖北教育出版社2006年版)，把耿师的《什么是史学史?》选入"总论编"，并在导言中进而指出，该文中的许多内容及设想"都是很有参考价值的"，如对史学史的定义等作了"比较全面的阐述"(同上书，第27、26页)。笔者认为，瞿的编选及评述，都是颇具眼光与识见的。

② 见《光华文存》序，该文存共五卷，复旦大学出版社2008年版。

③ 耿淡如：《什么是史学史?》，《学术月刊》1961年第10期，以下凡引本文者，不另加注。

史与史学混为一谈时，又明确指出："这是不合于历史与史学分工之原则的。"

耿师文中所论，于历史研究工作者关系甚为重要。试想，一位研究者对自己所要研究的对象，或模棱两可，或若明若暗，那他所要达到的目标，则如雾中看花、隔帘望月，也是很晦暗朦胧的。正如周谷城所言："我们今日治史，对于历史与历史学所涉两个不同的范围，务必划分清楚，否则治史的目标最易流于歧误或暧昧不明。"①这与耿师所说"历史和史学分工之原则"是一致的。从史学史学科而言，认清客观的历史与书写的历史这两者之间的辩证关系，是特别重要的。

由此说开去，这就是我经常在课堂上说的历史Ⅰ和历史Ⅱ。何为历史Ⅰ？简言之，所谓历史Ⅰ，指的是人类历史发展的客观进程（过去发生的事）。比如说，公元前 492 年至前 449 年发生了"希波战争"，公元前 431 年至前 404 年发生了"伯罗奔尼撒战争"。所谓历史Ⅱ，指的是人们（主要是历史学家）对人类历史发展的客观进程的记叙与研究。比如，希罗多德的《历史》是对"希波战争"进程的记叙与研究（希罗多德只写到公元前 428 年），修昔底德的《伯罗奔尼撒战争史》是对"伯罗奔尼撒战争"的记叙与研究（修昔底德也只写到公元前 411 年）②。

如此说来，用历史Ⅰ与历史Ⅱ来表述，正是符合"历史"这一词语的双重含义。

对此，一本权威的百科全书这样写道："历史一词在使用中有两种完全不同的含义：第一，指构成人类往事的事件和行动；第二，指对此种往事的记述及其研究模式。前者是实际发生的事情，后者是对发生的事件进行的研究和描述。"③如果这个说法可以成立的话，那么历史所包含的双重含义实际上构成了它的两种层次：历史Ⅰ（人类往事）和历史Ⅱ（对前者的记述及其研究）。这种区分，当然是历史哲学家们更感兴趣的。因为，在他们那里，历史Ⅰ往往同实体性的（substantive）历史哲学有关，历史Ⅱ则与分析的（或批判的，critical）历史哲学相连④。显然，史学史的研究是对历史Ⅰ的一

---

① 周谷城：《中国史学史提纲》，《周谷城史学论文选集》，人民出版社 1983 年版，第 298 页。

② 西方史学史上最早的这两位史家的名著，似乎都没有写完，这一"疑案"，正为中外史学界所关注。

③ 见《大英百科全书》第 8 卷，1980 年版，第 961 页。

④ R. F. Atkinson, *Knowledge and Explanation in History: An Introduce to the Philosophy of History*, The Macmillan Press Ltd, 1978, p. 9.

种反思过程，如说希罗多德与修昔底德对所写的这两个时段的历史作出了他们各自的思考，它应当属于第二层次，或者说属于更高层次的一项研究工作。我们可称之为“历史学”（或史学）。

不过，在古希腊文中，“历史”最初的含义是询问或调查，后来延伸为“作为询问结果而获取的知识”，并没有后世所通行的双重含义。例如，希罗多德在撰写那部关于希波战争的伟大著作时，称其为“希罗多德的历史”。作者用这个名称来表示他对希波战争及导致战争的各种事件所作的询问和调查而获得的结果。在古典史学中，后继者用“历史”这个名词来称呼他们的作品者不乏其人。目前，我们已无法确定，这个词在什么时候获取了更加特殊的意义，但有一点可以肯定，在西方，大体从文艺复兴运动之后，“历史”一词才逐渐具有双重含义：既指“过去的事件”，又指“关于过去的事件的叙述”。近世以来，西方历史学家就“历史是什么？”（What is History?）展开了一场旷日持久的争论，后世史家在历史的性质这一问题上进行过各自的思考，歧义甚大，正如荷兰历史学家盖尔（Pieter Gey）所说的那样：“历史是一场永无休止的辩论。”英国史家爱德华·卡尔（Edward H. Carr）则机智地把历史说成是“历史学家跟他的事实之间相互作用的连续不断的过程，是现在跟过去之间的永无止境的问答交流”[①]，历史是“过去的事件跟前进中出现的将来的目标之间的谈话”[②]。目前的情况表明，历史的含义正在不断扩大[③]。在这方面，也许比利时历史学家亨利·皮朗（Henri Pirenne）的定义较有代表性，他指出：“历史研究的对象是人类社会在空间和时间上的发展。”可以肯定，历史将致力于对古往今来的人类社会作出探讨，“夫其书虽以史为主，而余波所及，上穷天道，下揆人伦，总括万殊，包吞千有……”[④]刘知幾这段话，亟言双重含义的历史领域之广，正是对它的这一特点的表述。

以上只是以历史的双重含义，说到了历史与历史学之区别（亦即历史Ⅰ与历史Ⅱ之分工）。关于后者，因为是史学史自身的研究对象，对于它在文化中的位置，其于史学研究的重要性，不是一二句话可以说得清楚的，容另设子目叙之。

---

① 〔英〕爱德华·卡尔：《历史是什么？》，吴柱存译，商务印书馆 1981 年版，第 28 页。

② 同上书，第 135 页。

③ 关于历史的定义及其演变，详见朱本源：《历史学理论与方法》，人民出版社 2006 年版，第 3—8 页。

④ 刘知幾：《史通·自叙》。

二、关于“史学思想”与“世界史学通史”

读耿师《什么是史学史?》一文，有两个“关键词”尽管是“一闪而过”，但今日来看却至关重要，即一为“史学思想”，一为“世界史学通史”，它真的如“空谷石崩，为后世留下了经久不息的回音”。

1. 关于“史学思想”

耿师只是在讨论近世以来西方史学的新陈代谢时，说到了这一术语，并没有作专门的说明。但从他的上下文联系起来看，不难看出，史学史研究中的“史学思想”，不是“历史学家的传记集和目录学”，也不是“历史编纂学”，它和“历史哲学与社会思想史有联系也有区别”，在谈到后一点时，他说道：

> 史学史在叙述思想方面的主要任务是：研究历史家或历史学派对整个历史过程或个别事件所采的解释方法与立场观点，因而估计它们的作用。它不是一系列理论与名词的堆积。

换言之，这里所说的“历史家或历史学派对整个历史过程或个别事件所采的解释方法与立场观点”，实际上即是我们通常所说的“历史观”，也就是历史学家对历史发展客观进程的认识。联系到耿师在该文的其他场合所说的史学家也要关注“自身的发展规律”，易言之，这不就是当下我们所说的“史学观”吗?

倘如是，这就与现在通行的关于“史学思想”应包括“历史观”和“史学观”的说法并无二致。虽则那时还没有明确地标出“历史观”与“史学观”这样的术语。其实，历史研究专门关注历史学自身的理论问题，那是要等到中国新时期，尤其是1983年史学理论研究之风起于青蘋之末的时候，可见，史学的发展总是要受制于一定的时代条件和社会环境。

当然，在这里不能遗忘先贤在这方面已做过的一些的工作。比如，李大钊在20世纪20年代初即在北京大学等高校讲授史学思想史，并印发《史学思想史讲义》①。不过，综观李大钊在《讲义》中的论述，多致力于历史观的

---

① 见《李大钊文集》(下)，人民出版社1984年版。

阐述，即主要是讨论近世西方资产阶级历史学家的历史观，这是为论证马克思唯物史观的诞生作铺垫。

李大钊的高论及睿智，在当时无疑是空谷足音，直至20世纪50年代，侯外庐主编《中国思想通史》，才把史学思想列为思想史的重要组成部分，白寿彝在参与上书的写作中，对史学思想亦颇多论述。但对史学思想的进一步研究，还是要等到80年代后期。在这方面，不管在理论阐述上还是在具体写作上，当数吴怀祺始终如一的努力与成就。1986年，他发表《史学思想和史学史研究》①一文，比较系统地讨论了史学思想与史学史研究的关系、史学思想的内涵等问题。他写道：

> 史学思想的内容很丰富，要研究的东西很多。归纳起来，是两个部分。第一个部分是史家对客观历史的认识，第二个部分是史家关于史学工作方面的认识。②

他举例说，司马迁说他写《史记》是“究天人之际，通古今之变，成一家之言”。这里的前两句，说的是“史家对客观历史的认识”（即“历史观”），后一句说的是“史家关于史学工作方面的认识”，即司马迁本人对著史工作的一种要求（即“史学观”），这两部分加起来，就构成了司马迁的史学思想。

1992年，吴怀祺出版了《宋代史学思想史》③，把所论付诸实践。1996年，他发表《中国史学思想史》④，对中国史学思想的发展及其特点作出了贯通性的思考。接着，吴怀祺又策划与主编了十卷本的《中国史学思想通史》，旨在从史学思想的视角总结中国史学⑤。

近年来，史学思想在中外史学史的著作中受到了重视。笔者主著的《西方史学史》在导论中就明确指出：

> 一般说来，史学史研究的主要对象包括史学思想、历史编纂学、史

---

① 载《史学史研究》1986年第2期。

② 另可参见吴怀祺在《中国史学思想通史·总论先秦卷》黄山书社2005年版第165页所附的“史学思想体系结构表”。

③ 黄山书社1992年版。

④ 安徽人民出版社1996年版。

⑤ 吴怀祺：《中国史学思想通史·总论》，第39页。

> 料学、史学方法论等，西方史学史亦不例外。但在这几者之中，应当突出史学思想的主导地位。①

又在另处这样写道：

> 特别要研究历代重要的历史学家的史学思想，因为他们往往以其高远的史学思想，或奠立一个史学流派（如兰克），或创立一种史学新范型（如希罗多德、修昔底德），足以影响几代人，乃至在一个长时段中对史学的发展产生深刻的影响。②

总之，笔者赞同吴怀祺前引对史学思想内涵的界定，简言之，“历史学家对历史和历史学的认识与解释，应当成为史学史研究的主要内容”③。

在当下，以某某史家（或学派）史学思想作为题目的学术论文，不时出现在学术刊物上。在高校历史系，以此为选题的学位论文比比皆是。值得注意的是，国家启动的“马克思主义研究工程”子题就有“马克思主义史学思想史”。国家级社科项目，如“西方马克思主义史学思想研究”之类的课题也是榜上有名。可以预期，在未来的中外史学史研究中，史学思想的研究将有一个更加广阔的发展空间。

2. 关于“世界史学通史”

记得初读耿师的这篇文章时，似乎对“世界史学通史”这一词语未曾留意。着手编撰多卷本“西方史学通史”后，重读师文，对下述这段文字，感受就特别深刻：

> 史学史也和历史一样可分为国别史学史或断代史学史，也可综合地去研究，作为世界史学通史。

耿师之言，在二十四年后白寿彝那里有了回应。1985 年春天，在北京师范大学史学研究所召开了在中国的史学史研究中具有里程碑意义的“史

---

①③　张广智主著：《西方史学史》（第三版），复旦大学出版社 2010 年版，“导论”第 1 页。
②　同上书，“导论”第 12 页。

学史座谈会”，白寿彝在“开场白”中曾不无期盼地说道：

> 在十年之内、二十年之内或多少年内，中国史学家能否写出一部包含各个国家各个民族的世界史学史。我想我们至少应该有雄心大志，定为前进的目标。①

白寿彝所说的“包含各个国家各个民族的世界史学史”，不就是耿师所言的“世界史学通史”吗？关于“通史”，这是中国学者常用且易于理解的词语，但中西史学关于“通史”一语自有歧义，在此不赘②。在中国，从司马迁著《史记》，就有了“通史”，自此延绵不绝，并与班固作《汉书》而形成的“断代”之风，成为中国史学中两种编纂模式，也是中国历史学家互为补充的两种史家之长。这里且不去说它。

在笔者看来，写作“史学通史”，需遵循耿师的“综合地研究”之教诲，贯彻到我们的《西方史学通史》中，并需做到如下几点：

第一，《西方史学通史》应贯彻“通古今之变”的精神。这就要求我们在源远流长的西方史学长河中，疏凿源流，抉隐钩沉，探究西方史学发生与发展的历史进程，揭示它的新陈代谢与演变规律，预测它未来的发展方向。这是总的要求。细分的话，尚有许多子系的“古今之变”，比如史学思想的“古今之变”，史学思潮的“古今之变”，史学流派的“古今之变”，史书编纂的“古今之变”，史学方法的“古今之变”等。总之，通“古今之变”，是历史的，也是史学的“通史”写作的基本要求。

第二，《西方史学通史》应以史学思想的“古今之变”贯通始终。同历史一样，历史学在其发展进程中，也错综复杂，斑驳陆离，在这纷纭多变的史学长河中，当找出一条“阿莉阿德尼之线”③。笔者以为，引领我们走出“迷宫”的不是别的，正可以藉着“史学思想”这一条“线”来贯穿西方史学通史之始末。这就是笔者在前面所说的，史学思想应当成为史学史研究的主要内容，

---

① 白寿彝：《史学史座谈会上的开场白》，《史学史研究》1985年第2期。

② 对“通史”这一词语的详尽考证，参见刘家和的《论通史》一文，《史学史研究》2002年第4期。

③ 阿莉阿德尼是克里特岛国王米诺斯的女儿，传说其母为牛头人身的怪物（米诺斯牛），国王为遮其丑，便令工匠造一座迷宫，把它关在里面。米诺斯国王命雅典每九年须进贡童男童女各7名，供这个怪物食之。雅典王子提修斯混入进贡的男女行列，获得了阿莉阿德尼的线球与磨刀，杀死怪物，然后沿线球所示，走出“迷宫”。“阿莉阿德尼之线”后转义为“引路的线索、摆脱困境的办法”。

也是西方史学通史写作的题中应有之义。

第三,"多元的整体"。曾记得 1963 年周谷城在给我们上《世界文化史》①一课,讲到文化的特质时,阐述了一个非常重要的观点:世界文明(文化)的发展可用"多元的整体"来作出概括。笔者以为,这一观点,与"通史精神"相契合,也是西方史学通史撰写时应贯彻的一种精神。

西方史学通史当然要包含各个国家各个民族的史学,阐发它们各自的特点,以呈现世界史学的多样性,但更重要的在于寻求它们之间的"同中之异"与"异中之同"②,以揭示个性与共性、多样性与统一性的原则下的世界史学的有机联系,即它的整体性,但那不是各个国家或地区史学松散无序与杂乱无章的汇编。这种精神与耿师所说的"世界史学通史"应当"综合地研究"的原则是相一致的。我们撰写《西方史学通史》也应当如此。换言之,写作西方史学通史,当在对组成西方史学各个部分(比如国家的、民族的史学)分别研究的基础上,立意对它作出有机的与整体性的考察,亦即"综合地研究"。这当然很难,但我们并不因为其难,而放弃这种理想主义的追求。

三、关于比较研究与史学交流

前文在引述耿师"世界史学通史"一段话后,接下来的一段话也十分重要,他这样写道:

> 由于各国史学的发展很不平衡,它可采用比较方法,在和社会发展状态联系下,来阐明各国或各时代史学发展的异同点以及它们之间的相互影响。

耿师在这里说到了史学的比较研究与各国、各时代史学之间的相互影响的问题,在当时或许是"阳春白雪",和者甚寡③,但于今日的史学史研究

① 笔者存有 1963 年周谷城先生给我们(当时学制为五年,笔者时为复旦大学历史系四年级学生)上课时的课堂笔记。

② 语见〔德〕黑格尔:《小逻辑》,贺麟译,商务印书馆 1983 年版,第 183 页。

③ 于耿师发表《什么是史学史?》后一年,即 1962 年,齐思和在《欧洲史学的发展过程》(《文史哲》1962 年第 3 期)说到了中国和欧洲史学的"比较研究"。1964 年,白寿彝在《中国史学史研究任务的商榷》(《人民日报》1964 年 2 月 29 日)中,也谈到为了深入研究中国近代史学,也需要与外国史学进行"综合比较的研究"。但其论都语焉不详。

却别具意义。笔者以为，这或许是当今中国的史学史研究开拓与创新的一条途径(详后)。这里就中西史学的比较研究与交流问题先说一点，以为下文作铺垫。

早在1992年，笔者曾就20世纪80年代国内学界的比较研究现状，预测中西史学的比较研究可望成为中国史学界关注的一个“热点”①。虽则它在90年代中后期一度沉寂，但新世纪以来又再度升温，这里仅举近一两年的两个例子，以资证明。

例一，由瞿林东主编的《史学理论与史学史学刊》(2006年卷)，以相当多的篇幅刊载了关于比较研究主要是中西史学的比较研究的论文，计有五篇，如杜维运的《比较历史与比较史学——历史的走向全球化》、张越的《中西史学比较研究的开展与深化》、李勇的《20世纪80年代以来国内中西史学比较研究回顾》等，或作理论探索，或作具体个案分析，凸显当代中国历史学家的“关注点”。对此，瞿林东在年刊的“卷首语”中作出了这样的评说：“比较研究正越来越多地受到人们的重视。这一趋势，是否可以看作是中国史学加强了同外国同行对话的要求和中国史学加快走向世界的步伐。”这一“评说”，当不乏深意。

例二，2007年秋在上海华东师范大学举办的“全球视野下的史学：区域性与国际性”国际学术研讨会上，关于比较研究的论文就有7篇，成为这次学术会议上的一个亮点，比如杜维运的《中西史学的分歧》和乔治忠的《论中国传统史学与西方古典史学的异同》两文，专论中西史学之异同。的确，“把握两大体系(中国与西方)史学发展的异同，乃是推进史学研究的重要条件”②，进言之，也是推进中西史学交流与融通的重要条件。又如，关于西方“史学之父”希罗多德与古代中国史学之比较研究，就有戴晋新的《司马迁与希罗多德：中西史学比较研究的一个焦点与线索》和笔者的《论古代西方的历史理论——由希罗多德〈历史〉之“引言”说开去》等，这里就不再一一枚举了。

由此可见，近年来历史研究中的比较研究日趋呈上升势头，这正是当今中国史学快步走向世界的需要。进一步开展中外(西)史学的比较研究，是

---

① 参见《关于深化西方史学研究的断想》，《社会科学》(沪版)1992年第3期。

② 乔治忠：《论中国传统史学与西方古典史学的异同》，《“全球视野下的史学：区域性与国际性”国际学术研讨会论文集》，上海华东师范大学，2007年11月3—5日。

当代中国历史学家尤其是史学史家的要务。为此，就需要做到以下几点：

首先，需确立比较历史与比较史学的“边界”。在一段时间内，中国学界把“比较历史”（Comparative History）与“比较史学”（Comparative Historiography）相混淆①。这两者虽互有联系但又有各自研究的对象，简单说来，“比较历史”是对历史发展进程中发生的历史事件或历史运动等所作的比较研究，如中国的“戊戌变法”与日本的“明治维新”，中国的“五四”运动和朝鲜的“三一”运动等；“比较史学”则是属于历史学自身，或指国与国、地区与地区史学之间的比较研究，或指某国、某地区史学自身发展进程中的比较研究，不过当今中国学界通用的比较史学的含义，大多指的是前者，而一般不包含后者。其实，我们的前辈对此倒是有很明确的认识，如前述耿师所说的“历史与历史学之分工”，以及前文注释中提到的齐思和与白寿彝文章中关于“比较研究”含义，所指出的是“史学”而不是“历史”的比较研究。今人搞比较研究，应把这两者的概念更加明晰化，不要把它们的“边界”弄得模糊不清。

其次，需要当代中国史学史家，包括从事中国史学史、西方史学史乃至马克思主义史学史研究者的通力合作。论者曰“中外史学的比较，首要的前提就是研究者需要对古今中外史学的基本进程有整体的了解，这岂是个别史家所能胜任的？”②此言不虚。上述三类人，倘仍各自圈定自己的“世袭领地”而互不沟通，虽则对自己的“势力范围”有所了解，怎能对“古今中外史学史的基本进程有整体的了解”？怎么办？那就需要史学史研究的各个支系的研究者们相互取长补短，互补反馈，这就是笔者所说的“通力合作”。

此外，还需要加快走向世界的步伐。中国历史学家在与域外史家的对话中，一方面让域外（西方）史家进一步了解中国史学（特别是中国史学的丰厚遗产以及悠远的史学传统），另一方面也进一步了解域外史学（它的发展进程、特点及其未来走向）。倘为当代中国史学的发展计，尤其于中外（西）史学的比较研究与交流，上述这两个方面的工作都是不可或缺的。

关于中外史学交流的研究，近年来亦备受关注。相关成果日见增多，在此不赘。笔者以为，中外史学的比较研究，是中外史学交流的前提与基础。

---

① 比如1996年由北京大学出版社出版的范达人著《比较史学》，其实就内容而言，取“比较历史”之名更为贴切。

② 朱维铮：《史学史三题》，《复旦学报》2004年第3期。

倘若域外史家对中国史学一无了解或一知半解或不求甚解，就会出现如德国史学家吕森(J. Rüsen)所说“把有关历史思维的西方文化传统当作比较的基础”①，乃至以西方的“话语体系”来“称王称霸”。反之，倘若中国史家对域外史学也一无了解或一知半解或不求甚解，其后果要么是夜郎自大，墨守成规，死抱住我们祖先的传统不放，终将被蓬勃发展的世界史学潮流所抛弃；要么是妄自菲薄，唯洋是从，拜倒在洋人的石榴裙下。我们已经吃足了这方面教训的苦头。时至今日，当是推开门窗，沉着地应对扑面而来的域外史学之风的时候了。

还是回到本节文首由耿师之言而引发的对史学的比较研究与史学交流的论题，从学科发展的角度而言，笔者认为意义非凡。朱维铮在论及“史学史的结构”时，说到了三个系统：历史编纂学史、历史观念史和中外史学的交流和比较。这种对“史学史结构”的“三分法”，别有新意。尤其是在论及“中外史学的交流和比较”时的一段话，颇发人深省。他这样写道：

> 如果把中外史学的交流和比较，看作支撑史学史总体结构的鼎足之一，而这一只仍有待铸造，应该说是有理由的。②

在这里，应当再说一句的是，关于史学的比较研究与史学交流，事关史学史研究的开拓与创新，耿师在数十年前的教诲，我们务必认真记取，并努力付诸实践。

四、史学，文化中的文化

耿师在《什么是史学史?》一文中，或间接或直接对史学史研究的对象和任务作过阐述，如他引苏联史家瓦因什坦关于“史学史应该——在和社会发展的联系下——研究历史科学的发展”的论述后说，史学史研究应该“找出史学发展的规律性”，“应揭露历史科学自身的发展规律”。正如笔者在《西方史学史》一开篇就指出的：“史学史是历史学科发生与发展的历史，即所谓

① 〔德〕吕森：《跨文化比较历史学的若干理论分析》，陈新译，《史学理论与史学史学刊》(2004—2005年卷)，社会科学文献出版社2005年版，第119—133页。

② 朱维铮：《史学史三题》，《复旦学报》2004年第3期。

'历史的历史'。史学史以历史学自身作为研究对象，其主要任务是探究历史学科的发生与发展，揭示它的演变规律，预测它未来的发展方向。"①

史学史既是以史学自身为研究对象，那么就有必要认清它在整个人类文化中的地位和作用。

大千世界，纷纭复杂，无时无刻不在发生着各种深刻的变化，但统而言之，这种种变化，似乎可以归结为两大类：自然现象和文化现象（或社会现象）②。历史本身即是一种文化现象。人类文化的沉淀，是人类在长期的历史与社会实践中的产物，既有精神的，也有物质的，诸如观念、制度、行为方式、意识形态、科学技术、生态环境等。可见，文化是在历史发展过程中不断显示其全部内容的，"文化就是模式化地和反复地出现在历史中的因素"③。因此，要了解一种文化，重要的是对它进行历时性的认识，注重探讨这种文化在发展进程中的延续与变异。

从纵的方面看，在一个历时性的进程中，人类文化自古迄今的演变和进步，犹如一颗颗璀璨的珍珠，是历史把它们串在了一起，在人类文明史上闪烁出不灭的光彩；从横的方面看，文化显示了人类在各个部门的活动及其业绩，如文学、艺术、史学、哲学等，各自精彩纷呈，各自流芳人间。

那么，与大文化的浩瀚之势相比，史学文化有什么独特性与重要性呢？论者指出，史学将提供给人们其他学科所不能给的两个概念：一个是全面的概念，另一个是必然的概念。各门学科只是研讨某一方面的知识，而历史学则着眼于从社会变迁中探讨整个文化的发展进程，给人以全面与发展的观点④。由是观之，史学就是广义的文化史，世界历史则是整个人类文化的历史，正如布克哈特(Jacob Burkhardt)所说："在通常情况下，文化史即是从整体上来考察的世界史。"⑤这样看来，其他各门学科相对于历史学科来说，都有难以避免的学科局限。以文学而论，它虽能通过艺术的虚构与夸张等手法塑造典型人物，去振奋人心或激起人们的共鸣，使他们深切感受到一种文化传统的存在，但在对此进行完整的叙述和科学的分析方面则逊色于历

① 张广智主著：《西方史学史》(第三版)，"导论"第1页。

② 在人类学家或社会学家的著作中，他们使用文化与社会这两个词时，几乎是作为同义词来使用的，文化史也就是社会史，如在克罗伯或帕森斯那里，情况就是这样。

③ 〔美〕菲利普·巴格比：《文化，历史的投影》，夏克等译，上海人民出版社1987年版，第149页。

④ 参见郭圣铭：《历史教育的重大意义》，《史学史研究》1985年第2期。

⑤ Karl J. Weintraub, *Vision of Culture*, University of Chicago Press, 1966, p. 138.

史。这是文学本身的特点所决定的，无法苛求。

那种认为史学与现实生活缺乏联系的观点是不足为据的。诚然，从表面上来看，历史是记录过去的。但是，作为对过去进行反思的史学，与人类生活之间存在着某种必然的联系。人类生活的繁衍不息，决定了历史学的永恒性。世代相续的人类生活总是在过去、现在和未来这三个世界里度过的，人类对过去的反思，是绝不能同现在与未来分隔开来的。过去、现在和将来虽有区别，但史学又把他们作为互相赓续的锁链联系在一起。因此，历史学的价值就在于使人类了解自己的过去，从而无所畏惧地迎接来自现实的挑战，并满怀信心地走向未来，这是历史学的永恒课题，这也为世代历史学家的努力提供了永不枯竭的源泉。“换言之，他们（历史学家）发现了人类生活的意义，或像有些人所说的那样赋予人类生活以意义，而同时又不否认它在时间中的发展。”①为什么历史学家在世界各国各民族的文化中，发挥了如此重要的作用？为什么一代又一代的历史学家在连续不断的社会嬗变中，要一再对历史作出新的解释？事实说明，历史学与人类生活存在着不可分割的永恒联系。

19 世纪的英国历史学家托马斯·卡莱尔（Thomas Carlyle）在《论历史》一文中宣称史学是不朽的和具有永恒的价值时说过：“有些民族有预言能力，有些民族则缺乏这种能力。然而，在所有的人类中，没有哪一个部落会如此粗野不文，以致不试图叙述历史，尽管有些部落的算术知识还不能数到五。”我们可以责难在“历史学的世纪”（19 世纪）卡氏对历史所持的信念过于自负；但是，怎能想象人类在步入了 21 世纪，现代文明给历史学的发展创造了更加有利的客观条件之后，历史学反而可以无足轻重，竟至它成了其他学科的附庸或与人类生活隔绝了联系呢？

总之，无论从哪一方面来看，历史学的这些特点是其他学科所不及的，这就决定了它在整个文化中的独特的与重要的地位。不管这种地位能在多大程度上为人们所认识，它本身所具有的这种价值是不能动摇的。只要史学研究不归结为某种套语或某种公式，而是进行全面的考察与客观的评价，它就将在人类的社会生活中发挥它特有的文化功能。

当然，作为一种观念形态的文化，史学同样要受到“大文化”的制约。在

---

① Ernst Breisach, *Historiography*, *Ancient*, *Medieval&Modern*, The University of Chicago Press, 1983, p. 3.

整个文化中，一方面，它具有某种高屋建瓴与宏观的气概，处于一种居高临下的“傲然姿态”，但是，另一方面，作为一种观念的文化，它又必然要与其他观念形态的文化，共存于“大文化”之下并受其制约。我们这里所说的“大文化”，即是指政治、经济制度等在内的人类的整个活动方式、行为模式以及全部物质与精神的创造。史学文化与文学、艺术、哲学、宗教等观念形态的文化部门，均是这种“大文化”支配下的“子文化”（“小文化”），就这一点看，史学与其他“子文化”又是“平等的”。在整个西方史学发展的漫长进程中，无论是古典时代的史学、中世纪的基督教史学还是文艺复兴时代以来的西方近代史学，它的发展与演变，无不受到“大文化”的支配与制约。

我们在前面谈到了史学的特殊性，以说明它在文化中的特殊地位。但是，这种特殊性又不宜过分夸大，倘若这样做，结果只能造成史学的单一性，割断它与人类生活的联系，割断它与诸多精神文化领域其他学科的联系。有位批评者曾这样指出：“我们越是探求特殊性当中有无穷无尽的意义，特殊性当中的一切就越是显得毫无意义。”①可见，凡是把某一论点引向极端，其结果只能步入荒谬。因此，既要从“大文化”背景上对史学作出整体的研究，也当注意考察它与各子文化之间的相互关系及其相互影响。

我们认为，史学的发展，既按纵向，继承与发展前人的思想遗产，也按横向，借鉴与吸收同时并存的各个子文化的成就。有论者云，“精神文化各个部门的相互作用，它们相互影响，也是文化进步的重要根源。”②当然，也应当把它看作为史学进步的重要根源。

史学与其他学科之间的相互影响不是单一的，而是一种双向的交流，不同学科之间的碰撞与融合的结果，对史学的学科能力提出了新的要求，促进它本身的进步，也可望从中产生新的边缘学科，从而促进了整个社会文化的进步。对此，将另章予以陈述。

---

① 转见〔英〕杰弗里·巴勒克拉夫：《当代史学主要趋势》，杨豫译，上海译文出版社 1987 年版，第 21 页。

② 〔苏〕尼·瓦·贡恰连科：《精神文化》，戴世吉译，求实出版社 1988 年版，第 173 页。

第二章　世界视域中的西方史学

世界史学史犹如一条长河，但只有两支巨流，一为中国史学，一为西方史学。以研究比较史学而著名的海外学者杜维运先生指出："世界出现过的史学，以中国史学与西方史学为最大遗产……中西史学之外，世界上出现的史学，自然尚有，如阿拉伯史学即为其一，然皆难与中西史学分庭抗礼。"①

诚哉斯言。西方史学自古希腊时代发端，绵延至今已有两千五百多年的历史了。为了让读者从整体上了解与认识西方史学，本章将从世界视域的角度，对这一长时段的西方史学作一点历时性的考察。根据笔者的看法，它的发展历程大体可用四个阶段与五次重大转折来概括。四个阶段是：古代史学、中世纪史学、近代史学和现当代史学。五次转折分别为：公元前5世纪时古典史学的创立、公元5世纪时基督教神学史观的确立、14世纪开始的人文主义史学、19世纪末以来的新史学思潮、20世纪50年代新史学的发展及其变化。"浩浩长江，波涛万里，须能把握住它的几个大转折处，就能把长江说个大概；读史也须能把握历史变化处，才能把历史发展说个大概。"②同理，研究西方史学，也须把握它的几个重大的历史转折处，果能如是，那也可以把西方史学的历史进程说个大概。我们先从西方史学的源头说起。

一、古代史学的传统

西方古代史学（古典史学），包括古代希腊罗马史学和犹太史学。从溯及神话与史诗的"荷马时代"开始，至公元5世纪"古典世界"的终结，西方古

---

① 杜维运：《变动世界中的史学》，北京大学出版社2006年版，第51页。
② 蒙文通：《治学杂语》，蒙默编：《蒙文通学记》，三联书店2006年版，第1页。

代史学经历了一千多年的发展进程，形成了优良的传统，给后世西方史学的发展以深刻的影响。

西方史学的第一次转折就是发生在这一阶段，这不仅是西方史学史上的而且也是世界史学史上令人难忘的篇章。公元前5世纪希罗多德及稍后的修昔底德的问世，是这一次转折的标志。正是由他们两人的共同努力，才奠基了西方古典史学，并为后世西方史学的发展创造了条件。在这里，我们且从“前希罗多德时代”开始叙述。

希罗多德（Herodotus，约公元前484—前425年）诞生前，西方史学经历了一段很长的“童年时代”。古希腊的神话史诗，尤其是著名的“荷马史诗”，多方面地反映了自然界和古希腊的社会生活，有助于我们认识人类原始社会的发展过程，藉以窥见古希腊原始先民那种朴素的历史意识，当然那是覆盖在神话传说的层层纱幕之下的。稍后，出现了赫西俄德的诗作《工作与时日》（一译《田工农时》），透过文学的渲染，可以发现诗篇所显示的古希腊人对历史认识的最初萌芽。公元前6世纪初，在小亚细亚西岸的爱奥尼亚诸城邦出现了一批“史话家”（也称“散文史家”），他们的作品已采用散文体，舍弃韵文体，所写内容源于口头传说，多系转述他人之言，涉及神话传说、家族谱系、各邦制度、风土人情等，那是一些半真实、半故事性的作品。这些史话家还不能把神话传说与现实生活区别开来，在传说与信史之间大多也界限不清。不过，他们却为希罗多德及其《历史》的问世准备了条件，此类史话家可以看作是希罗多德的直接前辈。

“天道远，人道迩。”随着原始图腾观念的消失，神话色彩的逐渐淡薄，多彩的世俗生活取代了浪漫的神仙世界，就这样，到公元前5世纪希罗多德出世，古希腊史学终于走完了几个世纪“前希罗多德”的“童年时代”。在希罗多德出生前几年，震撼古代世界并绵亘达半个世纪之久的希波战争（公元前492—前449年）发生了，这场战争客观上为希腊史学注入了一种新的机制：一方面，它开拓了希腊人的视野，并刺激了他们对古老的东方文化的兴趣；另一方面，也更为重要的是，希波战争使希腊人的思想受到了一次大震荡，一些弹丸之邦（如雅典、斯巴达），由于众志成城，同仇敌忾，终于击败了波斯帝国的倾国之师。这就启示人们，拯救希腊的是人而非神，这也正是希罗多德的《历史》所要揭示的主题。希波战争结束后，希腊世界进入了“古典时代”，奴隶制的经济与政治都获得了高度的发展，为希罗多德那样有杰出才能的历史学家的成长创造了十分有利的条件。

此外，促使这次史学发展的另一个主要原因是流行于公元前5世纪的时代思潮。论者云，希腊人创造了人的理性。不管这个说法是否偏颇，但希罗多德与修昔底德所生活的时代确实是古希腊史上人的理性觉醒的时代，这在哲学上尤为显著。其时，唯物主义的哲学思想，继古希腊早期唯物主义代表米利都学派之后，在阿那克萨果拉与德谟克利特等人那里有了进一步的发展。“在希腊思想家们看来，宇宙不再是那些神秘莫测、不可思议的集纳所。对这些力量的恐惧感，越来越被一种要了解它们和为了人而利用它们的愿望所代替。”①特别是智者派代表普罗泰戈拉提出了“人是万物的尺度”这个著名的命题，对启示世人重新评估一切旧的传统观念起到了振聋发聩的作用。这或许源于其时的“知识革命”，用西方古典史学研究家阿纳尔多·莫米格里亚诺（Arnaldo Momigliano）的话来说，那就是：“希罗多德的创造与修昔底德的发展植根于公元前5世纪的知识革命，他们所有的影响也由此而来。”②

希罗多德与修昔底德（Thucydides，约公元前460—前396年）的史学正是这一社会变革的反映。在西方史学史上，希罗多德与修昔底德大体是前后相继的两代人，代表了西方史学的两种不同范型：前者写的《历史》，内容丰赡，广采博收，为后来的社会文化史之祖；后者写的《伯罗奔尼撒战争史》，专注于军政大事，艺文只字不提，为“政治史之父”。不过就当时的情况而言，两者是互有短长，难分轩轾的。不同的是，希罗多德在古代并无接班人，而修昔底德史学却后继有人，从古代直至19世纪兰克将其发展到极致。修昔底德的后继者中，色诺芬（Xenophon，约公元前430—前350年）最为著名，也最有成就。希腊史学的光辉在“希腊化时代”③及罗马人统治时期，也继续在延伸，并出现了像波里比阿（Polybius，约公元前201—前120年）这样一些世界级的大史家，他们的史学成就站在了当时世界史学的前沿。罗马人在军事上征服希腊的同时，也继承了古希腊史学的传统，所以，古罗马史学大体是沿着古希腊史学的道路前进的，并在塔西佗（Tacitus，约公元

① 〔苏〕鲍·寄·格里戈里扬：《关于人的本质的哲学》，汤侠声、李昭时等译，三联书店1984年版，第33页。

② 〔英〕M·I·芬利主编：《希腊的遗产》，张强等译，上海人民出版社2004年版，第180页。

③ 在古代西方编年史上，“希腊化时代”通常指公元前334年马其顿王亚历山大东征至公元前30年罗马灭亡托勒密埃及，在此期间，是希腊文化向地中海东部及西部地区广为传播的历史时期。

55—120年)、李维(Livy,公元前59—公元17年)等史家那里有新的建树,显示了古代史学在罗马时代所能获得的新水平。

西方古代史学在一千多年的发展进程中,日渐形成自己的优良传统。这种传统以古希腊罗马史学为例,可以概括为如下几点。

1. 求真探索精神

立意求真,竭诚探索,试图揭示历史现象之间的内在联系与发展规律,这是西方古代史学传统的核心。希罗多德的《历史》虽不无舛误,但他的求真与批判精神还是超越了他的时代。修昔底德更被后世史家视为一个"求真的人",这里我们不妨征引一段不知被多少学者们引用过的著名论断:

> 不要偶然听到一个故事就写下来,甚至也不单凭我自己的一般印象作为根据;我所描述的事件,不是我亲自看见的,就是我从那些亲自看见这些事情的人那里听到后,经过我仔细考核过了的。就是这样,真理还是不容易发现的:不同的目击者对于同一个事件,有不同说法,由于他们或者偏袒这一边,或者偏袒那一边,或者由于记忆的不完全。①

在此,修昔底德在西方史学史上首先提出了史料批判的方法。这种对史料严格考订与辨伪的科学方法,以及进而在历史表象后面寻求更为深刻的内在原因的做法,使他的传世之作《伯罗奔尼撒战争史》成了我们今天所说的"信史",这全赖于他的求真精神。对此,波里比阿说得更形象,他把"真实"比喻为人之双目,说历史失去了它,岂不成了取悦读者的谎言。于是,他认识到,求真乃史家之第一要务,历史学家必须抛弃一切个人的成见和党同伐异的情绪,以公正的态度,从大量的史实中求得正确的结论。现代英国史家柏立(J. B. Bury)在《古代希腊历史学家》一书中指出:"希腊人虽不是记录人类历史的第一人,却是批判史实的第一人,换句话说,他们首创了史学。"②

是的,古代东方诸国开始历史记录的时间要远早于古希腊。公元前三千年代,古代埃及和巴比伦等古老的东方奴隶制国家就出现过"年代记"一类的历史记载。保留在《旧约全书》中的古代犹太人的历史记录也较希腊人为早。但这些记载只能说是一些"实录"。古希腊人则不然,他们起步虽在

---

① 修昔底德:《伯罗奔尼撒战争史》,谢德风译,商务印书馆1985年版,第17—18页。

② J. B. Bury, *The Ancient Historians*, NewYork, 1909, p. 1.

古代东方之后，但在史学上却确立了一种理性的批判精神，亦即求真探索的精神。对于大多数古希腊史家来说，他们并不以记录历史事件为满足，而是致力于探究历史事件之间的因果联系和历史表象后面的深层原因。在古希腊语里，"历史"一词的含义就是通过考问、探求所获得的真知，而非真伪莫辨的"实录"。在他们那里，在治史的求真方法上都有"相当高度的自觉和自律，这当然是一种历史理性的表现"。然而，"在西方，历史之被真正地当作理性来思考，那是从意大利学者维柯所著的《新科学》开始的"①。不管怎样，古希腊历史学家这种求真探索的精神，不仅为古罗马史家及后世史家所继承，而且也为西方近代史学的发展奠定了基础。

2. 人文主义观念

西方文明的出发点是人，史学亦然。早在西方上古的一些神话传说中，就不乏先民对人的问题的最初思考，刻在古希腊德尔菲神庙石碑上的"认识你自己"这一箴言，就分明显示出古希腊人对人的自身地位及其重要性的认识。在公元前 5 世纪发生的希波战争中，古希腊的一些蕞尔之邦结为一体，击败了波斯帝国，充分显示出拯救希腊的是人而非神。修昔底德更着意评价人在历史上所起的伟大作用，常常借他人之口宣称："人是第一重要的；其他一切都是人的劳动成果。"②罗马史学后来虽然受到了基督教的影响，但在圣奥古斯丁之前，基督教的神学史观还未确立，从李维到塔西佗，罗马史学所反映出来的不是神事，而是人事。正如柯林伍德(R. G. Collingwood)在《历史的观念》中指出的，希腊罗马史学作为一个整体，它的特征之一是人文主义的，"它是人类历史的叙述，是人的事迹、人的目的、人的成功与失败的历史"③。虽则中世纪的西方史学一度沦为神学的附庸，但走出中世纪之后的西方史学的"重新定向"，实际上是古希腊罗马史学中的人文主义观点的"复兴"，史学又一次恢复了它的人文传统。可见，古典史学的人文精神虽有中断，但在文艺复兴时代及以后却有着更大的发展。

3. 宽宏的历史眼光

在有代表性的西方古代史家那里，这种宽宏的历史视野有着很充分的反映，尤其在那些撰述"世界史"或"通史体例"的史家中表现得更为突出。

---

① 刘家和：《论历史理性在古代中国的发生》，《史学理论研究》2003 年第 2 期。

② 修昔底德：《伯罗奔尼撒战争史》，第 103 页。

③ 〔英〕R·G·柯林武德：《历史的观念》，何兆武等译，中国社会科学出版社 1986 年版，第 46 页。

我以为，如果不拘泥于"世界史"这个概念的现代含义的话，那么，希罗多德写的《历史》，事实上就是他那个时代希腊人所知的"世界史"，一部古希腊人所闻知或探访过的古代近20个国家和地区的"通志"。波里比阿写作《通史》①，更具有"世界主义的眼光"，他所记载的不只是罗马人的历史，也是他那个时代的"世界史"。在他的《通史》中，波里比阿试图寻求世界历史的有机联系以及历史变动的整体性，因而他被学界视为撰述世界性历史的创始者。波里比阿的宏观视野标志着这一时代西方古代史学的重大进展。此后，在西方古代史家中继续尝试写世界史的还有波息多尼阿(Posidonius)、狄奥多洛斯(Diodorus)等人。李维的《罗马史》(《建城以来史》)写的是罗马自建城以来至奥古斯都时代晚期的罗马兴衰史，也可以称之为一部综合性的通史之作。他的历史视界是相当辽阔的。此外，即使是一些专史作家，由于受其题材所限，虽不及通史作者那样具有恢宏之势，但他们的历史视界也是颇为宽广的。如修昔底德的《伯罗奔尼撒战争史》是一部典型的专史，但作者却独具慧眼，把绵亘27年，中经议和间歇，又分散在几个相去辽远的地区爆发的战争，视为一次首尾连贯的历史事件，这同样说明他具有敏锐的和宽阔的历史眼光。由此可见，倘若写作专史的人，没有整体观念与宏观视野，也不可能成为一个卓越的历史学家。其后，大凡西方史家成功的史学实践也都证明了西方古代史学这一优良传统之可贵。

4. *历史的垂训作用*

希罗多德在《历史》一开篇就说道："他之所以要把这些研究成果发表出来，是为了保存人类的功业，使之不致由于年深日久而被人们遗忘。"②显然这是注重历史的垂训作用。历来被西方史家誉为"客观主义者"的修昔底德之所以写战史，"并非为邀誉于一时而作，而是为了垂鉴于永久"③。因此，

---

① 波里比阿所著《历史》(*The Histories*)，国内史学传统也译作《通史》(或《罗马史》)。刘家和在《论通史》(《史学史研究》2002年第4期)一文中，谈到了他的新见：他说波里比阿《历史》所述主要是第一次、第二次布匿战争间事，历时不过70余年，加上其绪论所涉也不过百余年，照中国传统那只是"断代史"，但因此书涉及罗马所征服的地中海世界，所以可视为"普世史"(universal history)。他又认为，李维的《罗马史》虽时贯古今，而无古今之变，重点在罗马国史，但因为罗马国家又是一个"世界帝国"，故他的书在西方史学传统里仍然可列为"普世史"。刘氏把西方的"普世史"与中国的"通史"两种史学传统作了区分，很具新意，应当引起我们的关注。

② 希罗多德：《历史》，王以铸译，商务印书馆1985年版，第1页。

③ 吴于廑主编：《外国史学名著选》，商务印书馆1986年版，第92页。

"这部书既是历史,同时又隐然是关于雅典城邦安危兴废的政论"①。"隐然"者,指的是修昔底德所刻意营造的那种只有他才有的冷静史笔罢了,但这并不能掩盖他写作这部战史用来训诫后世的真实意图。这一点,波里比阿比他的前辈史家提得更为明确。在他看来,历史是一门以事实为训的哲学。他之"求真",在求"实用",并笃信这是史家之天职。这种传统更是被后来的罗马史家继承与发扬了。罗马史学始祖老伽图(Cato the Elder,公元前234—前149年)就深信历史的目的在于劝善惩恶,在撒路斯提乌斯(Sallustius,一译萨鲁斯特,公元前84—前34年)、李维、塔西佗"三大罗马史家"那里更是如此。如李维,他之所以撰《罗马史》,意在通过赞颂先辈创业之艰难,激励当代罗马人的爱国热诚,以找到未来行动的方向。他对历史垂训作用的强调,着眼于整个罗马国家的存亡继绝,其立意与视野是较高的。而在塔西佗那里,似有一种把历史的垂训作用与道德教育作用相结合的趋向。如他在其名著《编年史》中这样写道:"历史的首要任务,这就是:保存人们所建立的功业,并且使邪恶的言行对后者的责难有所畏惧。"②他的确是意存劝诫而褒贬分明的,他的著作无不充溢着反对暴政与歌颂共和的主旨,以致成为后世"惩罚暴君的鞭子"(普希金语)。

5. 历史学家的自身修养

西方史学从一开始,就关注历史学家的自身修养。比如,希罗多德之所以被西方称为"史学之父",其中的一个重要方面是他不仅首创了日后成为西方史坛编纂历史的正宗体裁——叙述体,而且具有卓越的史学素养,正是他把历史的真实性与编纂的艺术性成功地结合起来,教会西方人如何去编纂历史。他的《历史》行文流畅,可诵而有韵致,被誉为用散文写成的史诗。他不愧为"史学之父"这一称号的。修昔底德则代表另一种撰史风格,其特点是文笔冷峻,文字表述简洁凝练,遣词造句无不精益求精。由此看来,西方古典史家不仅在内容方面而且在文字表述方面也形成了两种风格:希罗多德的丰赡华丽与修昔底德的严谨练达。我以为,这两种撰史风格,是互为补充的两种史家素养,不应互相对立,而应并行不悖。后起的罗马史家确也各有所崇,李维留有希罗多德之遗风,文辞华美,描写逼真,英国诗人拜伦称"李维的历史著作像是生动的画卷";塔西佗步修昔底德之后尘,著史以文约

① 吴于廑主编:《外国史学名著选》,商务印书馆1986年版,第95页。
② 塔西佗:《编年史》,王以铸、崔秒因译,商务印书馆1981年版,第185页。

事丰、言简意远而享誉后世。

在这里，我们要特别提到罗马统治时期的古希腊作家卢奇安(Lucian，一译疏善，约125—192年)，他在《论撰史》一文中对历史学家自身的素养提出了很明确的要求。其论更是卓越非凡，不啻为西方史学史上第一篇出色的史论，至今仍不失其理论的光彩。对此，容后另议。

二、走入中世纪

公元4—5世纪，西方史学发生了第二次重大的转折，正如柯林武德所说："那时历史的观念由于基督教思想的革命性的影响而经过重新塑造。"① 西方史学的这一次演化是晚期罗马帝国社会变迁的伴生物，是基督教思想在史学上取得支配地位的直接结果。

公元476年，西罗马帝国灭亡了。这在欧洲编年史上是一个典型的事件，它标志西方社会奴隶制的终结与封建制的开始。公元5世纪随着古典时代的终结，西方古典史学的传统也中断了，其间的史学，不在世俗的书屋，而在僧侣的寺院；撰写的对象，不在现实的人间，而在虚无缥缈的彼岸世界；人的地位、尊严与价值，不在于人的自身，却要到上帝那里去寻找。概言之，基督教思想"重新塑造"了西方史学。

重新塑造西方史学的是一批基督教的思想家及历史学家。公元3世纪，阿非里卡纳斯(Africanus，约180—250年)撰《编年史》5卷，认定《圣经》中所描述的"创世记"是耶稣基督诞生前5499年的事，他即以此作为历史的开端，一直写到耶稣基督诞生后的221年。他是基督教史学的最初写作者。公元4世纪，攸西比厄斯(Eusebius，约260—约340年)撰《编年史》和《教会史》，前书仿阿非里卡纳斯之书而作，但体例较前要完备；后书是第一部比较详备的记载基督教会兴起与发展的史书，因此他获得了"教会史之父"的称号。

公元5世纪，北非希波城主教圣奥古斯丁(St. Augustine，公元354—430年)奠定了基督教的神学史观，可以这样说，"重新塑造"西方史学的任务主要是由他来完成的。他的传世名作有《忏悔录》和《上帝之城》。《忏悔录》是一部自传性质的自我启示的散文杰作，也是一部用明白晓畅的语言描

① 柯林武德：《历史的观念》，第52页。

述人类是如何一步一步由人之都向神之都经过的记载，确立了“上帝至上”的观念。他在称颂上帝时这样写道：“至高、至美、至能、无所不能，至仁、至义、至隐、无往而不在，至美、至坚、至定、但又无从执持，不变而变化一切，无新无故而更新一切：‘使骄傲者不自知地走向衰亡’；行而不息，晏然常寂，总持万机，而一无所需；负荷一切，维护一切，创造一切，养育一切，改进一切……”①而这，在他的《上帝之城》里，则有了更加淋漓尽致的发挥。

《上帝之城》②是圣奥古斯丁步入晚年的一部著作，其内容宏富，思想庞杂。全书凡22卷，分为两大部分，其中第1—10卷为第一部分，叙述罗马的历史和宗教，主要是驳斥了异教徒对罗马城陷落归之于基督教的质难，第11—22卷为第二部分，是全书主旨之所在，详尽阐述了他的“两座城市说”：“上帝之城”与“世俗之城”，叙述了两城之起源、发展进程及最终结局。这一部分是理解与认识圣奥古斯丁神学史观的关键。

总之，在圣奥古斯丁看来，“上帝的普世旨意无所不包；因此，至尊的、真正的上帝，与他的道和圣灵在一起的（他们是三位一体的）全能的上帝，是每一个灵魂和身体的创造者和制造者”③。“上帝万能说”遂在世间大行其道，遑论在人们的思想意识领域。于是，他认定人类历史也是按照上帝的旨意安排进行的，历史上所发生的一切，其最终都是为了证明上帝的存在与上帝的伟大。这就是基督教神学史观的理论前提。

西方学者对基督教史观的产生评价甚高，认为它是史学领域发生的一场“智力革命”④，其意义不亚于哥伦布发现新大陆。有的则贬抑甚多。拨开对基督教史学评价的歧异，我们可以清晰地看到以奥古斯丁为代表的基督教史学和以希罗多德、修昔底德为代表的古典史学迥然不同的下列若干特点。

首先是历史观念的变化。从基督教史学开始，第一次打破了古代作家关于人类发展的循环论观念，历史第一次被理解为由一个固定的起点（上帝创世）到终点（末日审判）的线性运动、一种向着既定目标的前进运动。古代作家对于这种前进运动，除了偶尔瞥见之外，他们未能发现，有的则是持时

---

① 奥古斯丁：《忏悔录》，周士良译，商务印书馆1981年版，第5页。

② 学界现有两个《上帝之城》的译本：一为王晓朝译，人民出版社2006年版；一为吴飞译，上海三联书店2007—2009年版。

③ 《上帝之城》卷五，章十一，王晓朝译本，第202页。

④ H. E. Barnes, *A History of Historical Writing*, New York, 1963, p. 41.

代每况愈下、今不如昔的历史退化说(如赫西俄德在《工作与时日》中所表露的那样)。从此,历史的发展不再是人类致力于达到自己目标的过程,而是实现上帝旨意的过程。而人的价值也在于能否完成上帝的某个旨意。这种新史观进而认为,上帝不是一个用已有的物质来塑造世界的工匠,而是一个无中生有的万能的创造者(如前引奥古斯丁在《忏悔录》中所云)。因此,一个"实体"(如罗马帝国)不可能是永存的,而只能是一个暂时的东西,即只在历史上某个阶段出现,起着某种特殊的功用,其功能消失就没有存在的价值了。这种把历史作为一个有生有灭的前进运动的观念,是古典史学中不曾有过的。

这里要特别说到奥古斯丁的"两座城市说",他认为:"尽管这个世界上有许许多多国家,人们按不同的礼仪、习俗生活,有许多不同的语言、武器、衣着,但只有两种人类社会的秩序,我们可以按照圣经的说法,正确地称之为两座城。一座城由按照肉体生活的人组成,另一座城由按照灵性生活的人组成。"①又指出,这两座城,只有"上帝之城"永恒,因为"上帝必坚立这城,直到永远"②。进而言之,在奥古斯丁看来,这两座城市,一座代表善与光明,即"上帝之城";另一座代表恶与黑暗,即"世俗之城"。宇宙中这两种力量抗衡的结果是,最后的时间会走到上帝之城的永恒胜利,而不会循环不已,漫无止境。这显然打破了古代的循环论的历史观点。在奥古斯丁等基督教史家的心目中,他们把每一段时间都看作人类要达到这种永恒胜利的一个部分,这显然与希罗多德等辈较少时间感(或历史感)是大异其趣的。

其次是新的世界史体系的建立。基督教观念不仅征服了古典史学的人本观念,而且也征服了希腊罗马史学中的地域观念。在基督教史家看来,人在上帝面前都是平等的,因此他们不以任何局部的、特殊的历史为满足,而要求撰写的史著能阐明上帝旨意在人类各个地区、各个民族中实现的过程。在奥古斯丁的笔下,这种世界历史发展的进程是由上帝所预定的,整个人类无一例外地朝着上帝规定的目标行进,不管你是哪一个民族。上帝之城是由所有的民族组成的,它的城楼高居于所有的民族之上。基督教的世界史所要写的是"一种意义较为深刻的、普遍的东西的历史,一种格外普遍的东西的历史",它要追溯人类的起源,述及各个民族如何产生,又如何扩展到全球的各个角落,并要记述文明的兴衰。这就不同于古希腊历史学家波里比

① 奥古斯丁:《上帝之城》,卷十四,章一,王晓朝译本,第578—579页。

② 《旧约全书·诗篇》四十八篇,8。

阿在《通史》中所确立的世界史体系，而重新构筑了一种贯彻人类始终、囊括所有民族、朝着上帝预定目标与方向前进的世界通史的新体系。

再次是历史方法的改变。以基督教教义为原则写成的历史，具有预定性和启示性，在基督教史家看来，历史不是归结为人的主观能动性，而是归之于早已命定的上帝的安排，这就是所谓的预定性。这种历史，可以基督诞生为界，把历史划分为光明与黑暗两个时期，并从这种演变中找出某种可以理解的原则，这就是历史的启示性。由此，生发出基督教史学的方法论：它以《圣经》作为判断事实正误的标准，并作为一切历史的最高权威。历史在划分两部分（光明和黑暗）之后，还要加以细分，区分为若干个不同的时代或时期，从而出现了历史分期的观念。奥古斯丁把人类历史分成婴儿期、少年期、青年期、壮年期、衰老期、高龄期。高龄期以衰弱、多病为特征，必将趋于死亡，但在这一阶段里，产生了基督教，只有它才能化腐朽为神奇，为人类带来真正的“和平与幸福”。

基督教史学家以耶稣基督降世之年来推算事件发生的年代。到公元 7 世纪，塞维尔的以锡多（Isidore of Seville），首创单一的世界史纪年法，英国史家比德（Bede，约 672—735 年）在 8 世纪加以推广，他以耶稣诞生之年作为基准，在这之前标为“B. C.”（意为基督诞生之前），这之后标为“A. D.”（意为“吾主纪年”）。这种方法后来被广泛采用，不仅大大简化了纪年方法，并为各国纪年方法的统一提供了条件，这是史学上的一件大事，也是基督教史学的一个具体贡献。

总之，经过基督教史家重新塑造的历史思想，一直支配着西方中世纪史学的发展进程，“奥古斯丁的影响，在一千年之中几乎是一种物质力量，压在欧洲人的心头，使他们无法注意世俗历史及其问题”①。所以，从总体上看，西方史学走入中世纪，致使古典史学传统得以中断，史学沦为神学的附庸，它的发展速度是迟缓的，与同期东方诸国的史学相比，它的发展水平也是低下的。

三、近代史学的曙光

在世界历史的进程中，资本主义生产方式的产生和发展，不仅要用“火

① 〔英〕乔治·皮博迪·古奇：《十九世纪历史学与历史学家》，耿淡如译，商务印书馆 1989 年版，第 68 页。

与剑”为自己开拓道路，同时也要用“笔与舌”为自己的合理性辩护，从意识形态上向封建主义旧文化发起挑战。14 世纪以降，由意大利发端并渐次在西欧各国广布的文艺复兴运动，正是这后一方面的反映。西方史学从文艺复兴运动时期开始发生了一次新的转折，这是近代西方史学之曙光，亦即西方资产阶级史学的发端。这就是我们所称的西方史学史上的第三次转折。

其时，西方史学面临着一次“重新定向”。所谓“重新定向”，实际是一方面使古典史学从基督教神学史观的中世纪体系中走出来，另一方面又是对古典史学传统的复活与创新。这一任务是由人文主义历史学家来完成的，其史学业绩非凡，主要有以下几点。

首先，“史学思想又一次把人放在它的画面的中心地位”①。文艺复兴时代，弥漫西欧诸国的是人文主义思潮。其时，新兴资产阶级在人文主义思想的指导下，提倡人性与人权，反对神性与教会的权威；提倡“个性解放”，强烈要求冲破封建制度下人对土地和人对人的从属关系，斩断使人依附于“天然君长”的那种形形色色的封建束缚，使资产阶级的“人”成为具有独立地位的商品占有者。在这种思潮影响下兴起的人文主义史学，如吴于廑所说，“其共同趋向是面向世俗，面向人间，把开始摆脱宗教桎梏的有自我意志的人，视为创造历史的力量；把历史视为人的行为的记录，人的活动的结果”②。于是，古希腊智者派哲学家普罗泰戈拉所提出的“人是万物的尺度”的口号又重新风行起来，至高无上的上帝地位开始动摇，史学从天上回到人间，它已不再为神对人的征服献颂词，而是为人对神的征服奉赞歌了。

但是，“醉翁之意不在酒”。从表面上看来，人文主义史学似乎是以往古典史学中人本观念的一种“复活”，但实际上它不是也不可能是昔日传统的完全再现，而是在新形势下的一种“创新”。马克思说过：“他们战战兢兢地请出亡灵来给他们以帮助，借用它们的名字、战斗口号和衣服，以便穿着这种久受崇敬的服装，用这种借来的语言，演出世界历史的新场面。”③人文主义史家也是这样，与其说他们单纯地从事古典史学的复活，毋宁说他们是以古典史学作武器，从中吸取养料，为的是创造资产阶级的新史学。如杰出的意大利人文主义史家马基雅维里（Niccolo Machiavelli，1469—1527 年），曾

① 柯林武德：《历史的观念》，第 65 页。

② 吴于廑：《引远室之光，照古老史学之殿堂》，《吴于廑学术论著自选集》，首都师范大学出版社 1995 年版，第 532 页。

③ 《马克思恩格斯选集》第 1 卷，人民出版社 1972 年版，第 603 页。

熟读古罗马史家李维的《罗马史》，他把共和时期罗马的史事与他生活时代的佛罗伦萨的情况进行了对比，写成了《论李维》[①]，探讨古史即古代罗马共和国兴盛之道。马氏之用意显然在于以史为鉴，从古罗马的历史中找到振兴当时佛罗伦萨的良方。同样是关于人的观念，希腊罗马时代的作家与文艺复兴时期的人文主义历史学家也是大为不同的。前者笔下所刻画的“人”是依据自己的智力才能控制自己的行为、创造自己的命运，而后者笔下的“人”则充满了激情与冲动，富于冒险精神，这正是新兴资产阶级的“人性”的形象写照。

其次，随着基督教神学观念的动摇和史学世俗化道路的开拓，人文主义历史学家的怀疑批判精神得到了进一步弘扬。他们力图探究历史事件之间的因果关系，着力于用人事而废弃神意的观点来考察过去。意大利人文主义史家布鲁尼（Leonardo Bruni，1370—1444 年）在《佛罗伦萨史》（十二卷）中，用理智的眼光来考察过去，摒弃了关于该城的神话传说与无稽之谈，力图用史实阐明佛罗伦萨的历史变迁及其在意大利的政治地位。意大利人文主义史家比昂多（Biondo Flavio，1392—1463 年）熟谙史料，精于古物的鉴定，在浩繁的资料中寻求正确的结论，他的《罗马帝国衰亡以后的历史，472—1440》，可以说是一部考证周详、颇有新见的近代史学力作，现用“中世纪”一词，最初就是由他提出来的。在这里，特别值得注意的是意大利历史学家瓦拉（Lorenzò Valla，1407—1457 年），他以自己辨析考证的才能，享誉后世。这就是他对《君士坦丁赠礼》这一历史文件的辨伪。所谓“君士坦丁赠礼”原是 8 世纪中叶基督教会内部伪造的一个文件，称公元 324 年罗马皇帝君士坦丁大帝曾将包括意大利在内的整个帝国西部的世俗统治权“赠与”教皇，它成了历代教皇争夺世俗权力的一个主要依据。在瓦拉以前，已经有人怀疑这个文件的可靠性，但辨析不够有力。瓦拉指出：这一文件所用的拉丁语，是公元 8 世纪中叶流行的，而不是君士坦丁时代通用的，怎么可能是君士坦丁大帝的赠与呢？这显然是出于伪造。瓦拉的考证与辨伪，不仅解决了历史上的一件公案，揭露了教皇的虚伪，沉重地打击了教会的权威，而且也标志着文艺复兴时代历史批判精神的发扬。当然，处于新旧时代交替的人文主义史家，不免留有神学世界观的影响，因此，他们的批判精神还是有限的。

---

① 〔意〕尼可洛·马基雅维里：《论李维》，冯克利译，上海人民出版社 2005 年版。

再次，人文主义历史学家摒弃那种以上帝—教会为中心的世界史体系，力图创立新的世界史理论。中世纪世界史编纂的传统做法是，以《圣经·但以理书》为基础，把一部世界史写成四段，即采用亚述—波斯—希腊—罗马四帝国的分期法，神圣罗马帝国则是罗马帝国的赓继。这一为中世纪基督教史家所普遍接受的观念至文艺复兴时代被抛弃了。但丁作为"新时代的最初一位诗人"[①]，也曾对新的世界史的蓝图作过描绘，他的《论世界帝国》对批判神意的世界史体系，确立世界史的整体观念，歌颂人类自身的智力创造等，都有不可忽视的历史贡献。在文艺复兴时期，确立新的世界史理论的是由一批法国的历史学家来担当的。他们中有：博杜安(François Baudouin，1520—1573年)的《世界史的结构》，提出了人类历史不仅在时间上，而且在空间上都应当是世界性的观点。让·波丹(Jean Bodin，1530—1596年)试图创立以人为中心的关于世界历史进程的新学说，既否定了中世纪传统的四帝国分期法，也抛弃了古代盛行的"世道人心江河日下"的社会历史倒退说，指出世界历史是一个不断走向进步的发展过程。波普利尼埃尔(Voisin de La Popeliniere，1540—1608年)的视野扩及世界各个民族与地区的历史，期望创造出一种世界史的新类型——"总体的历史"。所有这些都为后来的世界史编纂作出了贡献。但这一时期人文主义史家对世界史偏重于理论上的探讨，而缺乏编纂的实践。1453年由福雷斯蒂出版了《世界编年史》之后，直至16世纪中叶该书竟一直执世界史领域之牛耳，一再重印，但此书却是稚拙的百科全书式的材料汇编，被许多学者讥之为传说与史实的杂乱拼凑。直到1700年左右，才出版了克勒尔(Johann David Kohler)的《古代、中世纪和新时期的世界通史》，第一次把世界史划分为古代、中世纪和近代，这时历史已叩响18世纪启蒙时代的大门了。

最后，在历史编纂体裁方面，也同样显示了这一时期人文主义史家对古典传统的继承与发展。在人文主义史家看来，历史方法论本质上可以归结为历史叙述法的范畴，因此，他们十分讲究文体问题。他们厌恶中世纪流行的那种枯燥乏味与杂乱无章的年代记、编年史，恢复了古典史学中盛行的记叙体。他们模仿与学习古代作家的体裁与风格，寻章摘句，百般雕琢，创立了新的"修辞学派"。他们借托书中的人物之口，说出符合作者意思的虚构的演讲词，那些演讲词相当冗长但不失华丽，这种编纂方法在当时风靡一

① 《马克思恩格斯选集》第1卷，第249页。

时。布鲁尼与马基雅维里都是该派中运用这种写作技巧十分圆熟的代表人物，被称为“政治修辞派”。关于学派，还有一个值得注意的史学现象：意大利文艺复兴运动的盛期，即在15—16世纪的两百年间，被誉为意大利文艺复兴运动的“圣地”——佛罗伦萨城邦，涌现了一批卓越的历史学家（如布鲁尼、马基雅维里、圭恰迪尼、瓦萨里等），而这座城市的历史又广泛地吸引了当时诸多历史学家的目光，撰史盛行，我们姑且以地名把它称之为“佛罗伦萨历史学派”。研究这一历史学派史家所体现出来的个性与共性，当是西方近代史学曙光阶段的重要个案，值得我们作出进一步的求索，以利于西方史学研究的深化。

此外，还应注意的是文艺复兴时期传记体大为流行，不仅古希腊历史学家普鲁塔克（Plutarch，约公元46—120年）的名作《希腊罗马名人传》（又名《传记集》）得到了广泛的传播，而且效仿这种体例，用来歌颂当时世俗统治者与名人英雄业绩的传记作品，亦层出不穷。如彼特拉克（Francesco Petrarca，1304—1374年）的《名人传》、薄伽丘（Giovanni Boccaccio，1313—1375年）的《但丁传》、腓力普·维拉尼（Filippo Villani）的《佛罗伦萨名人传》、伊尼河·锡尔维阿斯的《名人传》等都是当时一些名闻遐迩的传记作品。这种历史编纂体例的盛行，既是对古代普鲁塔克等人的写作传统的复兴，更是当时社会重视人与人的发展这一时代精神的具体反映，这与当时艺术上肖像画风行的情况，都是基于同样的原因。

在文艺复兴运动后期，宗教改革与反宗教改革运动的开展，对这一次西方史学的转折也产生了重大的影响。就它的积极一面来说，由于新教和旧教之间的长期论战，引起了人们对史学研究的重视。宗教论战动摇了对正统宗教史观的信仰，推动了思想史、教义史、制度史等方面的研究。然而，世俗研究有可能淹没在繁复的教派斗争的漩涡里，尤其是在一些天主教势力强大的国家里，重新把神意、灾异等写进史书中，则起到了阻碍史学前进的作用。但从总体上看，它与文艺复兴都对近代西方史学的产生有着重要的意义。

西方史学这一次转折的发生，源于文艺复兴以来西方社会的重大变革。社会生产力的发展，资本主义生产关系在封建社会母体内孕育、成长，终于在“14世纪和15世纪地中海沿岸的某些城市已经稀疏地出现了资本主义的最初萌芽”①，随之出现了新兴的资产阶级；地理大发现打破了昔日封建

① 《马克思恩格斯全集》第23卷，人民出版社1972年版，第784页。

农本经济的闭塞状态，撤除了一个又一个自给自足的小天地的藩篱，航海事业的发展，已不再局限于沿海或内海，而日益发展为跨越大洋的、新旧大陆之间的世界性远航。与此同时，西方传教士也不断从域外带来了无数闻所未闻的新见识，人们的视野及探究精神随着这种形势都在成倍地扩大着。此外，由于印刷术在欧洲的广泛应用（时为 1450 年以后），促成出版业的兴起，也为这次史学变革提供了有利的客观条件。

四、近代史学的繁荣

近代西方史学，自文艺复兴运动开始露其端倪，至西方史学史上的“博学时代”①，是为近代西方史学史的“曙光”阶段，就此结束了理性主义史学的“前史”②，而进入了理性主义史学的“正史”。从伏尔泰奠基理性主义史学到 19 世纪的兰克史学，近代西方史学步入了它的繁荣时期。

一般说来，18 世纪的西方史学是西方资产阶级史学最终确立的历史时期，它为 19 世纪西方史学的全盛创造了历史前提。首先为其作出卓越贡献的当推伏尔泰（Francois Marie Arouet Voltaire，1694—1778 年）。作为 18 世纪法国启蒙运动的领袖和导师，他毕生著述甚丰，仅 18 世纪编辑的第一个《伏尔泰全集》8 开本就有 70 卷，12 开本达 90 卷。19 世纪 30 年代，法国史家米什莱（J. Michelet）重新编辑他的全集。1885 年，由莫兰（Louis Moland）主编的新版《伏尔泰全集》全部问世。20 世纪以来，又有各个版本的《全集》问世。1978 年，为纪念伏尔泰逝世 200 周年，又出版了新版《全集》。这些工作有力地推动了伏尔泰史学思想的研究③。在这内容宏富、涉猎广泛的作品中，也包括他的历史著作，主要有《查理十二史》、《路易十四时代》、《风俗论》、《彼得大帝统治时代的俄国史》等，其中尤以《路易十四时代》、《风俗论》最为著名。伏尔泰的史学著作，大体体现出这样一个总的趋向：力图突破旧史学的束缚，反映了他那个时代理性主义的批判精神；他无

---

① 美国历史学家汤普森称 1600—1750 年为西方史学史上的“博学时代”，见其著《历史著作史》第三分册，孙秉莹、谢晓风译，商务印书馆 1992 年版，第 1—77 页。

② 参见张井梅：《浅论西方史学史上的“博学时代”》，《史学史研究》2008 年第 3 期。

③ 参见林芊：《历史理性与理性史学——伏尔泰史学思想研究》，贵州人民出版社 2005 年版，第 1—37 页。该书对伏尔泰的史学思想作出了比较系统的梳理与研究，这对于推进中国的西方史学史，特别是对推进中国的伏尔泰的史学研究，颇具开拓性意义。

意于为一国作志，却想着力描绘出世界各民族各地区历史发展的全貌；有时虽也为一人立传，从中却不难窥见整个时代。

伏尔泰对当时及后世西方史学的影响都是深远的，在本土和英德等国，都有他的门生和追随者，可以这样认为，发展时期的近代西方史学是离不开伏尔泰的。这里摘引一段德国诗人歌德于 1820 年及 1831 年对埃克曼批评时所说的话，也可看到伏尔泰思想的跨世纪与跨国界的影响。歌德这样写道：

> 你茫然不知伏尔泰及他同时代人士对我的青年期有什么影响，你也不明白他们如何掌握了整个文明世界的心灵。……获悉上世纪法国文学界有何知名人士，对我说来颇有特别意义。只要稍一批阅便足以使我大吃一惊。它是 100 年文学的变形。路易十四时代开始，便已逐渐成长，现在则在怒放时期。[①]

这里，在众多受伏尔泰影响的历史学家中，我们要特别提到英国历史学家爱德华·吉本（Edward Gibbon，1737—1794 年）[②]。说起他，人们便立刻将之与世界级的史学名著《罗马帝国衰亡史》联系起来。是的，这部皇皇巨著曾花去他 20 年的辛劳，实际上耗尽了吉本毕生的心血。《罗马帝国衰亡史》无疑是西方启蒙运动在史学上的重大回响，学术界一般倾向于把它列为 18 世纪西方史学所能达到的最高水平。他的《罗马帝国衰亡史》在世界各国广为流传，在汉语学界也有两个译本见世[③]。可以这样认为，在近代西方，还没有哪一部史书能够像吉本的《罗马帝国衰亡史》那样，对世人发生如此深远的影响。

总之，伏尔泰也好，吉本也罢，在他们身上都体现了 18 世纪西方理性主

① 载宗白华：《歌德研究》，转引自林芊：《历史理性与理性史学——伏尔泰史学思想研究》，第 70 页。

② 笔者曾以“历史随笔”的文体，写了 1757 年吉本与伏尔泰相见的情境，以此也可略见伏尔泰对吉本的影响。见《“多面的历史”：西方史家掠影》（相遇篇），拙著：《超越时空的对话：一位东方学者对西方史学的思考》，北京师范大学出版社 2008 年版，第 322—324 页。

③ 一为由黄宜思、黄雨石合译的《罗马帝国衰亡史》，商务印书馆 1997 年版，那是英国作家 D·M·洛的节编本，倘从史学角度来看，还是觉得有取舍详略失当之处，终有“未窥全豹的遗憾”。另一为由席岱岳翻译的全译本，席先生原为台湾军界人士，乃“投戎从笔”，由一人独译，译文古朴且畅达，实属不易，现为吉林出版集团引进，于 2008 年在大陆问世简体字版。

义思潮对史学所产生的深刻影响。确实如此，就其主导思想而言，18 世纪的西方史学总体上来看是理性主义史学占支配地位的。理性主义史家崇拜抽象的理性，将它说成是推动历史前进的动力，正如吴于廑所揭示的，“他们以人的理性为求得真理的准则，人依其理性以认识自然，也依其理性以改革社会，发扬理性，就是推进历史；蒙蔽理性，就是阻塞进步”①。个人以为，这或许是理性主义史学最基本的特点，也是理性主义历史学家的共同出发点。

在这一思想指导下，理性主义史学拥有锐利的历史批判精神的锋芒，意在用理性的眼光去审视人类历史的所有活动，尤见于理性主义历史学家对中古神学史观的猛烈批判，对基督教“正统教义”的猛烈批判。在这方面伏尔泰的猛烈批判的言辞言犹在耳，不久我们便听到了吉本在《罗马帝国衰亡史》第十五、十六两章中所显现的同样锐利无比的历史批判精神锋芒的声响了。

在这一思想的指导下，理性主义史学具有世界主义的视域，意在用开阔的眼光去观察世界文明的发展进程，并把它纳入同一个时空范围内以构建新的世界史体系，尤见于理性主义历史学家对欧洲之外非基督教文明的关注，对东方文明的关注和歆羡②，于是伏尔泰不由发出了“东方给了西方以一切”③的赞叹。

在这一思想的指导下，近代西方史学中的进步史观至理性主义时代进一步发展了，理性主义历史学家大多对人类的前途持有乐观主义的态度，笃信人类社会能够不断地完善和进步。百科全书派的“人类必将走向进步”的信念，孔多塞《人类精神进步史表纲要》中的人类历史发展的“十阶段论”，尤可为这一时代的进步史观作注。

在这一思想指导下，理性主义史学也显示出了自身的特点。在理性主义历史学家们看来，历史是一门以事实为训的哲学，意在用他们搜集到的材料构建出一般的命题，把历史作为一种工具，以实现其政治目的、道德规劝和伦理说教，换言之，历史成了一座“政治的和道德的学校”。如此说来，理

① 吴于廑：《吉本的历史批判与理性主义思潮》，《吴于廑学术论著自选集》，首都师范大学出版社 1995 年版，第 274 页。

② 不仅是伏尔泰，而且众多的西方启蒙思想家们，都竭力称道中华文明和中国古代的文化遗产，其溢美之词不胜枚举。必须指出，为西方启蒙思想家所称道的中国文化，已经多少被他们加工改造过了，他们“项庄舞剑，意在沛公”，欲借中国文明之“剑”，意在为当时的启蒙运动服务，这与他们所肩负的那个时代的历史使命息息相关。

③ 〔法〕伏尔泰：《风俗论》上册，梁守锵译，商务印书馆 1995 年版，第 201 页。

性主义史学在人文主义史学的基础上既发展了西方史学，但它自身所暴露出来的缺陷及其局限性，又需要 19 世纪西方史学的进步为其补偿。

这种“补偿”最初由浪漫主义史学承担。风靡于 19 世纪上半叶的欧洲浪漫主义史学，其源头可以追溯到法国思想家卢梭那里。卢梭赞美“自然状态”下的原始平等，否定近代文明，强调情感对人的支配作用等思想，其后的浪漫主义历史学家们所表现出来的基本史学理念无疑都是与卢梭颇多契合。浪漫主义史学作为对 18 世纪理性主义史学的一种反叛，显示了一种新的史学观念：浪漫主义历史学家们撰写历史不再为理性所支配，历史的发展具有个体的和独特的性质，而不存在普遍性和规律性；他们认为历史应当充分展示各国和各民族历史发展的具体特征，体现每个民族所固有的“民族精神”，因此，他们特别重视编写民族史和国别史；他们强调历史现象的连续性和继承性，重视中世纪的历史地位，并把它理想化；他们崇尚直觉与情感的作用，重在对历史作具体的描述，藉以抒发作家个人的情怀。由此可见，浪漫主义历史学家的上述论见，与 18 世纪理性主义历史学家的认识，既大异其趣，又显示了 19 世纪上半叶西方史学前进的步伐。

近代西方史学的前进步伐因德国历史学家兰克（Leopold Von Ranke，1795—1886 年）的问世而加快了。以兰克学派为代表的客观主义史学及其后的实证主义史学①，更为近代西方史学的繁荣作出了非凡的贡献。作为引领 19 世纪西方史学潮流、客观主义史学的一代宗师，兰克毕生的历史作品可谓著作等身，在 1867—1890 年间德国莱比锡出版的《兰克全集》就有 54 卷，还不包括他晚年口授的多卷本《世界史》，其中的《教皇史》、《宗教改革时

---

① 关于近世西方客观主义史学与实证主义史学的关系，学界对其内涵认识有异，因而对两者的关系所见不同，大致有以下几种看法：第一，把西方的客观主义史学与实证主义史学区分为两个阶段或两种史学派别，就其史学科学化程度而言，实证主义史学比客观主义史学要更进一步，此见可称之为“两个阶段说”（或“两种派别说”）。第二，把以兰克及其学派为代表的客观主义史学通称或归之于实证主义史学的范畴，把两者等同起来，学界习称兰克所确立的实证主义史学模式为 19 世纪西方史学之圭臬，即是持这种见解的，此为“两派合一说”（或“等同说”）。第三，认为兰克及其学派对原始史料的追求和客观主义的治史作风，体现了与实证主义哲学思潮的相互关系，反映了实证主义史学的精神；兰克史学有不少方面与实证主义史学相一致，就其影响而言，兰克及其学派的客观主义史学主要体现在实证主义史学范围内，此为“两者相关说”（或“交叉说”）。进言之，实证主义史学观和客观主义史学观是既有区别又有联系的，“两个阶段说”（或“两种派别说”）似乎更能反映它们两者之间的关系，本文作者即持此说。当今学界把兰克及其学派的史学通称为实证主义史学（或实证史学）较为普遍，似乎已经约定俗成了，但从学理上来看，似乎还可以细分一下。参见拙撰“西方客观主义史学”、“西方实证主义史学”条，蒋大椿、陈启能主编：《史学理论大辞典》，安徽教育出版社 2000 年版，第 566—569 页。

期的德国史》等书早已跻身于西方史学名著之林。不仅如此，兰克还通过习明那尔(Seminar)的方式广授门生，弟子约有百余人，其中不少人成为德国史坛上的一流历史学家。一百多年来，研究兰克史学者不知几许，这从2006年出版的易兰的《兰克史学研究》一书中可见①。吴于廑在《朗克史学与客观主义》一文中指出了兰克史学之要旨，很是精要，值得一提。吴氏说，兰克一生在其史学著述中，坚持了"两项原则"，这就是：

> 一是史料批判的原则，即审核史料是否原始，以第一手史料为最可信；一是严守纪实的原则，即根据经批判审定的史料，写如实的、为事实还其原貌的历史。②

的确，"史料至上"与"如实直书"构成了兰克史学范型的最基本的理念，吴先生上述对兰克史学的归纳，切中肯綮，精辟之至。兰克的史学理念及其实践，极大地推动了作为"历史学世纪"的19世纪西方史学的进步，并使之进入了它的全盛时代。且看：

19世纪西方史学的进步，主要体现在历史观上。首先是从近代文艺复兴运动时的人文主义历史学家至启蒙运动时的理性主义历史学家的进步史观至此发展成熟了，无论是基佐等人的"历史进化理论"还是黑格尔对世界历史发展进程所作的辩证性的思考，都可为之作证。浪漫主义历史学家所提出的历史主义思想及其在19世纪的发展，又可为一显例。

19世纪西方史学的进步，值得格外彰显的是阶级斗争的学说，那是由法国王朝复辟时期诸史家(梯叶里、基佐、米涅、梯也尔等人)所倡导的历史思想。他们关于阶级斗争学说的历史观，形成于马克思的唯物史观之前，是对前人陈说的一次有力的突破，达到了19世纪西方资产阶级历史思想的高峰，并为马克思主义唯物史观中的阶级斗争学说的完成提供了积极的思想资料③。

19世纪西方史学的进步，还更多地反映在史学流派的繁衍不绝与世代

① 关于国内外兰克史学的研究状况，参见易兰：《兰克史学研究》导论篇，复旦大学出版社2006年版。

② 吴于廑：《朗克史学与客观主义》，《吴于廑学术著作自选集》，第312页。

③ 见马克思于1852年3月5日致约·魏德迈的信，《马克思恩格斯选集》第4卷，人民出版社1972年版，第332页。

赓继上。比如,兰克所奠立的兰克学派的思想,经他的弟子及再传弟子在本土及其域外的广泛传播,闻名遐迩;但随着史学的发展,兰克学派的主要成员如息贝尔(Heinrich von Sybel)又分化出来,另组"普鲁士学派",这个兰克学派的"变种"也曾一度风靡史坛;后来兰克学派的弟子如布克哈特发起"文化史运动",与兰克学派政治史理念背道而驰,由此引发了 19 世纪下半叶西方史学的更大变革。

19 世纪西方史学的进步,又呈现在当时欧洲各国对历史教育的重视上,无怪乎 19 世纪的法国历史学家米什莱在那时发出了"历史是民族的史诗"的箴言。其时,各国在国民教育中,历史课程的设置与教学都被放到很重要的位置上,有的国家(如法国)还把历史课作为国民教育的基础课程,可见其重视程度。

19 世纪西方史学的进步,还显示在其他许多方面,诸如史料的整理和编纂工作、档案文献的利用与保管工作,都取得了显著的成效;历史辅助学科,如考古学、人类学、古文字学等发展,也有力地推动了历史学的前进;历史小说的风行,如司各特的历史小说,既影响了文学,也影响了史学;欧美各国纷纷创办历史学家的组织历史学会及专业的历史杂志,有力地促进了历史学专业化的程度。

如此等等,不胜枚举。正如 19 世纪法国历史学家梯叶里以不无自豪的心情所说的:"恰恰是历史学给 19 世纪打上了烙印,给 19 世纪以命名,正像哲学给 18 世纪的命名一样。"从世界视域来看,19 世纪西方史学的重大进步,在世界史学史上是最为光彩夺目的一章。

五、从传统史学走向新史学

19 世纪末至 20 世纪初,西方史学发生了第四次重大的转折,这一转折的"关键句"即是:从传统史学走向新史学。纵览 19 世纪末至 20 世纪初的世界史学,我们可以看到,无论在西方,还是在东方,都有一股新史学的思潮在萌发、汇合,如不可阻遏的春潮,日益冲击着传统史学的堤坝。

在西方,对以兰克为代表的传统史学进行挑战最早是从 19 世纪下半叶开始的,其首当推瑞士文化史家雅各布・布克哈特(Jacob Burkhardt, 1818—1897 年),而他正是兰克的弟子、兰克学派的传人。在柏林大学,他得益于兰克的教诲;他在兰克习明那尔研讨班上提交的作业,深得老师的赞许。后来，布克哈特与乃师“分道扬镳”更多的是在于学术旨趣之分野，这位瑞士籍的学生不屑于他的老师那种“皓首穷经式”的饾饤之学，而急于要开辟自己的“新天地”。的确，布克哈特宣扬的“历史就是解释”、“历史就是判断”等论断与兰克所标榜的客观主义史学观大异其趣；在他看来，“历史是某个时期发现另一个时期中值得记录的东西的记载”①。与兰克不同，在布克哈特那里，历史不只是过去简单的记录，“过去与现在和将来都有着十分明确的联系”②。这些论见，不仅与兰克史学的原则相异，而且预示着一种史学观念上的变革，尤其是他撰写的文化史名著《意大利文艺复兴时期的文化》，更是在理论与方法上与兰克的政治军事史传统形成了鲜明的对照。

作为近世“最卓越的文化史家”③，布克哈特不仅有理念，而且有具体实践，他撰写的《希腊文化史》、《君士坦丁大帝时代》、《意大利文艺复兴时期的文化》等，向读者展示了从古希腊直到文艺复兴时期的欧洲文化史，真正成了“欧洲文化史的引路人”。这里要特别说到他的《意大利文艺复兴时期的文化》一书④。此书之精髓在于对人文主义思想诸多方面所作出的深入探讨，以致被英国历史学家阿克顿称赞为“现有著作中关于文化史的一部最深刻、最精微的研究著作”⑤。正是由于布克哈特等人的努力，在19世纪60年代形成了一场旨在冲击传统史学的“文化史运动”，显示出“百川分流注于海，群山蔓延朝于宗”的气象。不管怎么说，布克哈特的文化史研究成果及其影响，与兰克史学难以合拍，而终于被20世纪文化形态史观的史家们视为同道。

在19世纪与20世纪交替之际，德国历史学家卡尔·兰普勒希特（Karl Lamprecht，1856—1915年）也以他倡导的新型文化史模式与传统史学相抗衡。

在此，我们无意于叙述他所展示的文化史观念的总体构想，而只说发生在当时德国史学界的一场争论，那缘由是：1891年兰普勒希特的代表作《德意志史》（共12卷）第一卷问世，迅即引起学界强烈的反响，并从90年代开

① J. Burckhard, *Judgements on History and Historians*, Boston, 1958, p. 158.

② Ibid, p. 23.

③ Karl J. Weintraub, *Vision of Culture*, University of Chicago Press, 1966, p. 158.

④ 在汉语学界，目前有两种中译本在坊间流传：一是由何新译、马香雪校的中译本，商务印书馆1983年版；另一是台湾的繁体字版本，花亦芬翻译，联经出版社2007年版。

⑤ 转见古奇：《十九世纪历史学与历史学家》，第583页。

始，引发了一场旷日持久的历史方法论问题的论争。其时，兰克等老一辈的史家已经谢世，论战主要是在他与年轻一代的兰克学派成员之间进行的。旧史学总是孜孜于研究历史现象是如何发生的，兰克史学所宣扬的是要客观地叙述历史，以重建过去。而以兰普勒希特为代表的新史学，则关心事件是为何如此的。1900 年，他发表了《文化史的方法论》，用一种大别于传统史学的历史眼光，致力于创建“新型的文化史学派”，向我们展示了一种从整体上研究人类历史的新型文化史的模式，同时也向传统史学营垒扔了一颗重磅炸弹。可以这样说，这场名为历史方法论的激烈争辩，从一个侧面反映了欧洲社会自拿破仑时代之后社会、政治及文化等方面的巨大变化。争论开始虽然发生在历史学家和哲学家中，但却迅速影响到整个西方学术界。从某种意义上讲，正如伊格尔斯(Georg G. Iggers)所言：“19 世纪 90 年代的历史学家和哲学家们开始对历史方法进行激烈的讨论，这一讨论一直延续至今。”[①]不管如何，兰普勒希特当是 20 世纪大门叩开之后，向传统史学进行挑战的第一人。更为重要的是，他所处的地位正处在西方史学第四次转折和变化的节点上，兰普勒希特的贡献，在于他有意或无意地推动了这种转折和变化，从而成为从 19 世纪到 20 世纪，亦即从传统史学到新史学之间的一座桥梁：在桥的这一边是兰克史学，在桥的那一边是现代西方新史学。

其后继者，有法国历史学家亨利·贝尔(Henri Berr，1863—1954 年)。1900 年，在他的领导下，成立了一个“国际综合中心”的组织，同年创办了《历史综合评论》杂志。1911 年，贝尔的代表作《历史的综合》一书问世，标志着他的历史综合理论的成熟。贝尔旨在建立一种与传统史学相异的新史学。他说，创办《历史综合评论》的目的，就是要克服传统史学中的狭隘性和封闭性，加强历史学与其他学科之间的有机联系。他指出，兰克的传统史学只是“事件的历史”，仅仅叙述历史上发生过的事件，缺乏解决问题的明确意识；传统史学只重视从史料出发来研究历史，他们这样做，充其量只能挖掘历史的一个角落，造成史学孤立于其他学科之外的不良倾向。在他看来，只有用综合的方法，才能克服传统史学中的这些弊病，达到探求人类进化及其发展规律的目的。根据贝尔的设想，他提议并主编了一百卷本的大型系列丛书——《人类的进化》，年鉴学派的第一代领导人吕西安·费弗尔与马克·布洛赫也都参加了这一工作。正是由于贝尔的出色努力，他所创立的

① 〔美〕伊格尔斯：《欧洲史学新方向》，赵世玲、赵世瑜译，华夏出版社 1989 年版，第 30 页。

历史综合学派不仅哺育了年鉴学派，而且在批判传统史学中起到了重要的作用，被认为是一匹安置在传统史学营垒中的“特洛伊木马”。

对传统史学发起“正面攻垒战”的要数文化形态派的史家了。1918 年，德国历史学家斯宾格勒(Oswald Spengler，1880—1936 年)出版了惊世骇俗的《西方的没落》，迅速轰动欧美史坛，他也自夸其史学体系是“哥白尼革命”；又过了 16 年，英国历史学家汤因比(Arnold Joseph Toynbee，1889—1975 年)的巨著《历史研究》(1—3 卷)问世，他继承斯氏之新说，又将它作了新的发挥，把“形态学派的体系发展得更广、更周密”[①]。总之，以斯宾格勒、汤因比为代表的“文化形态学派”在撰史旨趣、研究范围和研究方法等方面，都对以兰克为代表的西方传统史学提出了强有力的挑战，以其“文化形态”之新说影响后世，把自布克哈特以来的“文化史运动”推向高潮，并在从传统史学走向新史学的现代西方史学的发展进程中留下了自己的业绩。

欧洲的新史学浪潮在大洋彼岸激起了深刻的回响。在美国，新史学的倡导者有特纳(Frederick Jackson Turner)、鲁滨逊(James H. Robinson)及比尔德(Charles Austin Beard)、贝克尔(Carl Lotus Becker)等人。特纳是美国史学中“边疆学派”的创始人；比尔德曾著有《美国宪法之经济解释》(1913 年)、《美国文明的兴起》(1929 年，与其妻合著)等史学名作；鲁滨逊于 1912 年发表的《新史学》，其弟子曾把此书的问世说成是“新史学派”的宣言书，在美国史学史上具有划时代的意义[②]，他的史学思想，颇富启迪，有的已被当代年鉴学派历史学家付诸实施和发扬光大。

在此顺便说及，比鲁滨逊发表《新史学》早 10 年，即在 1902 年，我国的历史学家梁启超发表了《新史学》，从而也开始了中国史学的第四次反省[③]。这使我们看到，19 世纪末 20 世纪初以来，不管是西方煊赫一时的兰克学派，还是中国绵延甚久的“正统史学”，都已陷入困境，出现危机，史学新潮的萌发已不可阻遏，进行“史学革命”(鲁滨逊与梁启超都不约而同地提出过这类口号)已是时代进步与史学发展的必然趋势。

---

① 吴于廑：《形态学派三家说略》，《吴于廑学术论著自选集》，第 361 页。吴于廑在该文中说到了俄国丹尼尔夫斯基之说，由此“形态学派又得早出一人，其发端可以上溯至 19 世纪”，此见颇可关注。

② H. E. Barnes, *A History of Historical Writing*, New York, 1963, p. 14.

③ 参见姜义华、瞿林东、赵吉惠等合著的《史学导论》，瞿林东执笔部分，复旦大学出版社 2004 年版，第 282 页。

六、新史学的“巅峰时代”

西方新史学从19世纪末至20世纪初发端，初时如一条小溪，经20世纪上半叶的发展，由蓄势待发而汇成奔流的大河，至50年代终成气候，蔚为壮观。西方新史学在60年代获得了迅猛的发展，至70年代是它的“巅峰时代”。

第二次世界大战后，世界发生了深刻的变革，国际史学也发生了一次新的转向，就西方史学而论，这种重新定向大体发生在20世纪50年代中叶。我们充分注意到，英国历史学家巴勒克拉夫(Geoffrey Barraclough，1908—1984年)在释论当代史学时，是以20世纪50年代中叶为界标的。把50年代中叶作为战后西方史学发生转折的界标，也兼顾到其他地区(如苏联、东欧等)的情况。保罗·利科(Paul Ricoeur)主编的《哲学主要趋势》一书中云：“一般来说，我们可以把50年代中期以后的年月描绘为在西方对历史主义的论点和在东方对教条主义和程式化进行批判地再检讨的时期。”[①]就西方史学而言，从50年代中叶开始，的确发生了一次新的“路标转换”，这也是巴勒克拉夫在1955年出版的《处于变动世界中的历史学》一书所要揭示的主题：“重新定向”。西方史学史上的第五次重大转折由此而发生。

战后西方史学所发生的转折，曾被巴勒克拉夫称之为：“这个转折点，正像人们有时提到的那样，从其规模和重要程度上来说，相当于预示着近代物理学诞生的哥白尼天体运行说。”[②]不管怎么说，这次转折，与这之前西方史学历次路标转换相比及从其对史学发展的重大影响来看，在20世纪世界史学的发展史上，都是无与伦比的。总之，战后西方史学的变化是一种根本的转变。

在这里，我们借用当代美国科学哲学家库恩(Thomas S. Kuhn)的“范型”概念，以说明战后西方史学的变革，最基本的就是史学范型的变化，是从传统史学范型向新史学范型的转变。所谓“范型”(Paradigm)[③]，在库恩那里代表“科学共同体”成员所共有的信念、价值和技术手段等总体，是指为某

---

① 〔法〕保罗·利科主编：《哲学主要趋势》，李幼蒸、徐奕春译，商务印书馆1988年版，第242页。

② 〔英〕杰弗里·巴勒克拉夫：《当代史学主要趋势》，杨豫译，上海译文出版社1987年版，第147页。

③ 范型(Paradigm)，还可译为“模式”、“范式”、“范例”、“规约”等。

一"科学共同体"所拥护并在进行研究时所应共同遵守的准则,在库恩看来,"科学革命",从根本上来说是一种"范型"的更替。

关于史学范型,尤其是西方史学范型,我们这里则从更为宽泛的意义上,亦即从史学观念、研究的内容与范围和方法等方面把西方史学分为两大史学范型:传统史学范型与新史学范型。自然,兰克史学是前者的代表,而年鉴学派就是后者的圭臬了。与前述兰克史学范型不同,它拥有自身的一些特点。

从史学观念来看,要更深刻地认识史学范型,首先要涉及史学观念的问题,因为任何史学的变革,首先是史学观念的变革,这如同其他领域发生的根本性变革也要以观念的变革为前导一样。所谓史学观念,也是一个宽泛的概念,从本质上来说,它主要指历史学家对历史与历史学的基本看法,如对现实与过去关系的认识、对史学研究中主体(历史学家)与客体(研究对象)关系的认识等。在以年鉴学派为代表的新史学家看来,历史研究是一个认识过程,这一过程也就是历史学家对过去的构建的过程;历史学家写过去,同时也是写现在,他是以过去来反映当代,亦即年鉴学派奠基人之一马克·布洛赫所云:"通过过去来理解现在,通过现在来理解过去。"这一新史学派的历史认识论最清楚不过地点明了在史学观念上与兰克学派的差异。明显的一点是,它突出了历史学家作为主体在历史研究中的中心地位与重要作用,而与那种试图通过文本考订描绘历史真相的传统史学家的认识不同。对此,陈启能指出:

> 传统史学由于根本忽视认识主体的能动作用,因而实际上割裂了两者的关系,作为认识主体的历史学家只是被动地从故纸堆中搜集资料去进行详尽的考订并加以描绘。新史学把历史学研究看作是现代历史学家根据可靠资料对过去的构建。在这种构建过程中,历史学家只能是从现在出发,带着自己对历史的看法,对历史继承性的理解,带着自己的价值观念。这样通过作为认识主体的历史学家,现在和过去在认识的链条上就有机地联系在一起。①

从史学研究的范围与内容看。现代西方新史学强调要把历史研究扩充

① 陈启能:《略论当代西方史学的观念变革》,《学习与探索》1996年第1期。

到整个人类文明的发展进程，扩充到人类生活的各个方面。在这方面，战后西方史学发生了更加显著的变化，正如1981年美国历史协会主席伯纳德·贝林(Bernard Bailyn)所指出的："历史研究正朝着众多的方向发展……史学研究的范围日益宽广。"如以战后美国史坛而论，且看：现代美国社会的工业化与城市化运动，促进了区域流动、移民、公共教育、城市文化等主题的相关作品纷纷出版；战后美国蓬勃兴起的民主运动，特别是女权主义运动、黑人群众反对种族歧视的斗争，使劳工史、妇女史、黑人史成为历史研究的新领域；70年代出现"性解放运动"，于是"性"的研究及"同性恋史"也成为史学家趋之若鹜的"热门课题"；再如在70年代兴起的公共史学(Public History)那里，历史研究的范围与内容更是从政府决策与咨询、文化资源的开发与管理，扩展到婚嫁、饮食、衣着、娱乐等琐碎之事。史学简直成了一种无所不包的东西。

这里有两点史学上自身的原因需要强调。

第一，战后"全球历史观"的确立与影响，进一步疏离了欧洲中心论的陈说，而当代社会变革的新形势正急切地呼唤着历史学家要"跳出欧洲，跳出西方，将视线投射到所有的地区与所有的时代"①。于是，历史研究的内容与范围也就日益丰润与宽广了。

第二，战后尤其在英国的马克思主义史家如E·P·汤普逊(E. P. Thompson)和霍布斯鲍姆(Eric Hobsbawm)等人的努力下，"自下而上看的历史学"，亦即从普通民众的视角去观察与研究历史的风气日浓，这就进一步疏离了传统史学所信奉的"自上而下看的史学"，亦即只关注"精英人物"与政治史传统，在多元化的旗号下，西方历史学家的视野与历史学研究的领域都得到了前所未有的开拓与扩展。

从史学研究的方法看。战后西方史学向纵深的开掘，一般说来是以新的研究技术和方法的运用为前提条件的。这正如天文学的新发现往往要依赖于新研制出来的功率更大和效果更佳的望远镜一样。历史学借鉴吸收其他社会科学的新技术和方法，借鉴运用现代自然科学的最新技术与方法，在战后蔚为风尚，形成气候，于是出现了形形色色的史学研究新方法。方法的多彩，导致史学研究新领域的不断扩展，诸如：计量方法，电子计算机的运用为历史学家的研究开辟了新的前景，"计量革命"被视作"当代史学的突出

① G. Barraclough, *History in a Changing World*, Norman, Okla, 1955, p. 27.

特征”；心理方法，它深入到历史的深处，有助于人们对历史和文化现象的深层了解；比较方法，它为进一步揭示历史（包括历史学）发展模式之间的共性与差异，在更广阔的背景上作出综合的分析提供门径；口述方法，它成了沟通历史学家与非历史学家之间的桥梁，并有望为前者提供更多的独创性观点与真实生动的历史创造条件。此外，还有系统方法、模糊方法、符号方法、影视方法等。这些方法的一个共同特点是要求打破学科之间的隔离，注重跨学科的研究。

在当今时代，史学的改革必须走跨学科研究的道路。由于上述这些方法的运用，传统史学那种内容狭隘、领域偏窄的界线被打破了，计量史学、心理史学、比较史学、口述史学乃至影视史学等都竞相登台，各领风骚。事实证明，史学的跨学科研究，史学与自然科学、社会科学之间的交流融合，可以使史学的潜在功能得到充分的发挥，从而在了解过去、认识当代与预测未来的过程中，发挥出更大的功用。

由此，也带动与引发了历史研究的手段与组织形式方面的变化，这一变化最明显的是，使历史学家从个人在文献故纸中爬梳史料的手工方式改为运用现代最新的科学技术（如电子计算机）。正如布罗代尔所说的，历史学家越来越像实验人员那样“依靠设备”进行工作，从事历史研究的机构和组织也随之增加。今天历史学家面临的史料太宏富了，学科门类又繁复，那种靠历史学家个体单枪匹马地去操作，拒绝使用任何集体组织形式，已无力适应现时代史学变化的这种新情况，这乃是时代使然。至于史著形式，由于新史学反对单纯的描述，从传统史学的那种描述性的历史转为分析性的历史，而大量的现代自然科学方法的运用，致使史学成果数理模式化（如史著中充满大量的图表数据与曲线），这与传统史学著作形式上也形成了很强烈的反差。

战后西方史学研究方法的革新并不是孤立的，而总是与前面所说的史学观念的更新和历史研究范围与内容的拓展相关联的，尤其是与前者息息相关的，也总是与一定的史学思想体系相联系的。因此，从某种意义上来说，战后西方史学方法的变化，不只是具体的技术手段的变革，还带有方法论的意义。

“巅峰时代”的西方新史学，成就非凡，前述它在史学观念上的革新、研究领域的扩展和研究方法上的进步，笔者认为，都可彰显在其时那些最有代表性的史学流派那里，因为它的兴衰流变往往能折射出时代的风云，反映社会的变迁，更可从中窥探文化的流程。

这一时代风行于西方史坛同时在国际史学界颇具影响的主要有三大流派：法国年鉴学派、英国马克思主义史学派和美国社会科学史学派。

法国年鉴学派是20世纪西方新史学范型的主要代表，一如19世纪德国兰克史学派是19世纪西方传统史学范型的主要代表。年鉴学派于1929年由吕西安·费弗尔和马克·布洛赫创立，在20世纪上半叶，它的诞生虽已不是空谷足音，但并没有产生什么重大的影响。年鉴学派在西方史坛深入人心，则是二战以后的事。从战后至1968年布罗代尔辞去《年鉴》杂志主编，其间当是年鉴学派发展的"巅峰时代"。

年鉴学派的基业是由两位创始人奠定的。费弗尔(Lucien Febvre，1878—1956年)作为年鉴学派的创始人之一，他的学术贡献主要是从人出发，开辟了一种新的历史，即总体史的道路。为什么一切要从人出发呢？因为在他看来，历史就是人，而且是历史的生命，历史就是"关于人的科学"，就是"关于人的过去的科学"。但人类又是一个难以割舍的整体，他所倡导的总体史应当包含整个人类的生活。因此，为了进行这种总体史的研究，历史学家就必须要打破"围墙"，进行跨学科的研究。而《年鉴》杂志为此搭建了一个各学科之间交流的平台，为这一学派创始人倡导的总体史研究开辟道路。后来，费弗尔又关注人类精神文明的研究，并为后人在这方面的研究工作提供了一个模式。

作为年鉴学派的另一创始人，布洛赫(Marc Bloch，1886—1944年)也为费弗尔的总体史观念助阵。但他留给后人印象更深刻的是他的比较研究方法。他在《法国农村史》、《封建社会》等书中，通过对具体历史事实深入细致的比较研究，提出问题，从理论和实践上为后人树立了榜样，开辟了新的研究路径。正由于布洛赫在这方面的开创性贡献，他被学界誉为现代"比较史学之父"。

年鉴学派发展之快，令人惊叹，只隔着一代就由一位世界级大史家"独领风骚"，这个人就是费尔南·布罗代尔(Fernand Braudel，1902—1985年)。他风云学界，成就卓著，影响深远，把年鉴学派推向"巅峰"。这就是当代法国史学史上的"布罗代尔时代"。

笔者认为，布罗代尔之饮誉国际史学界，是同他贯穿于其著作中的历史时段理论紧密地联系在一起的。可以这样认为，布罗代尔史学的主要"亮点"就是历史时段理论。简单说来，这一历史时段理论可以这样来表述：历史时间可以分为短时段、中时段和长时段。短时段是转瞬即逝的，犹如海面上的浪花，在整个历史发展过程中，只能起到很微小的作用。它的基本概念可以用“事件”来简称。现代历史学家必须转移研究方向，超越这个短时段，而去研究历史的深层。中时段以周期变化为主要特征，借用经济学的“情态”作为概念，以揭示某种社会历史现象或周期的变化，这一时段的历史波动跨越了短时段中的事件而包含了更长的时间长度。长时段历史对人类社会发展起长期的决定性的作用，它的基本概念是“结构”，这种结构有地理结构、社会结构、经济结构和思想文化结构。人们可以通过这一时段，观察到人类历史演进的深刻的内在运动。在布罗代尔那里，这三个时段就如三座大厦，最下层的是“结构”(“结构的历史”)，中间层次为“情态”(“情态的历史”)，最上层的是“事件”(“事件的历史”)。在他的心目中，历史再也不是单向度的平面型，而是具有多向度、多层次的立体型。历史时段理论应当是布罗代尔史学的“一次独特的创造”[①]，是对“巅峰时代”法国乃至西方新史学的一个具体而又卓越的贡献。虽则布氏对这三者的辩证关系还未能作出深入的阐述。

英国马克思主义史学派作为“巅峰时代”西方马克思主义史学的一支，具有与前述法国年鉴学派以及美国社会科学史学派同样举足轻重的地位。现当代西方马克思主义史学应视为从经典马克思主义史学内部衍生出来的，人们确实可以看到，它既与前者有着千丝万缕的联系，也有着张扬自身特点的史学品格，昭示出某种新的史学发展趋向。英国马克思主义史学亦然，从它的代表人物 E・P・汤普逊、霍布斯鲍姆等人那里就可略见一斑了[②]。

美国的社会科学史学派与前述两者成鼎足之势，也是“巅峰时代”西方新史学的一支重要流派。该派强调与社会科学的紧密结合，并逐渐形成了新经济史学派、新政治史学派和新社会史学派等各个子系，开拓了历史学家的视野和研究领域，其“史学的社会科学化”成了现当代美国史学的一个“显著特征”[③]。

---

① 张芝联：《费尔南・布罗代尔的史学方法》，《从高卢到戴高乐》，三联书店 1988 年版，第 247 页。

② 进一步论述，参见张广智：《西方马克思主义史学：意义、特征及其历史地位》，《社会科学战线》2008 年第 5 期。

③ 巴勒克拉夫：《当代史学主要趋势》，第 45 页。

七、“绿意渐浮”的变化

20世纪50年代以来，西方新史学曾独步天下，雄踞史坛，风行一时，但是正当它踌躇满志之时，也萌生了诸如“被砸得粉身碎骨的历史学”、“没有人的历史学”等弊端，日渐远离了社会大众，失却了历史学应有的社会功能。这一状况必然会导致新史学内部发生新的变化。确实如此，西方新史学行至“巅峰”之日，也是它的跌落之时。

这种变化一般来说是从70年代下半叶开始的，西方新史学出现了“叙述史复兴”①。1979年，劳伦斯·斯通(Lawrence Stone)发表了那篇后来引起争论的名作《叙述史的复兴：对传统新史学的思考》②，对那种“过去变迁的井然有序的科学解释”提出了严重的挑战。又至1994年，《年鉴》杂志更公开声明要把“政治史”重新请回来，恢复它曾经拥有的地位。这些变化需要我们对近三十年来的当代西方史学的发展变化及一般趋势作些说明。这当然是颇具难度的，因为研究对象仍在发展变化中，各种不同意见纷出而又无共识。不过，这并不影响我们对其作一些总体性的描述。

1. 向新文化史的转向

20世纪70年代以来，回归叙述，转向文化史，所谓“新文化史运动”的潮流对当代西方史学的冲击与影响颇为强烈，并逐渐形成了一种新的发展趋势。对此，当代最负盛名的美国学者伊格尔斯在《近十五年西方历史学的新发展》一文的开篇也这样说道：“在20世纪的最后三分之一期间，历史研究的重点继续是从分析的社会科学转移到更加强调文化因素的方面来。”③这里说的就是新文化史的兴起④。

近世自18世纪伏尔泰撰《路易十四世代》至19世纪雅各布·布克哈特

---

① 或“新的老史学”(the new old history)之复兴，或“新的新史学”(the new new history)之复兴。有学者认为，为了将这一变化了的新史学区别于原来的新史学，我们只好称之为“新的”新史学，或“新”新史学。参见姜芃主编：《西方史学的理论和流派》，中国社会科学出版社2007年版，第14页。通过这很拗口的说法，我们分明看到了新史学在70年代以后所发生的一些新变化，故在这里不采“洋说”，以“绿意渐浮”的变化为题，来讨论晚近30年来西方史学，而主要是西方新史学所发生的一些变化。

② 劳伦斯·斯通：《叙事史的复兴》，《过去与现在》第85期(1979年11月)。

③ 伊格尔斯：《近十五年西方历史学的新发展》，《文史哲》2005年第4期。

④ 参见周兵：《当代西方新文化史研究》，复旦大学2005年博士学位论文；蔡玉辉：《彼得·伯克文化史观研究》，南京大学2008年博士学位论文。

的《意大利文艺复兴时期的文化》，再到20世纪约翰·赫伊津哈(Johan Huizinga)的《中世纪的衰落》，西方“古典文化史”的写作颇有成就。新文化史之所谓“新”与前者相比，体现出了自身的一些特色：以史学观念来看，新文化史学家不再居高临下，对读者更富亲和力，而自身又很具有自我批判精神；从史学研究的范围与内容看，新文化史家从“宏大叙述”中转向，即从精英们的身上转移到普通民众、从“功能·结构”转移到日常生活、从宏观历史转移到微观历史①；从史学的研究方法来看，采取跨学科的研究，尤注重运用心理学和文化人类学的方法，着意寻求文化的解读。以此，新文化史家出版了不少作品，有令人耳目一新之感。

这里还要提一下微观史学。它是20世纪70年代以来新史学内部不断反省的产物，初始于意大利，后又不断向欧美诸国蔓延。其特点及流布基本上是与新文化史相吻合的，因而说它是“新文化史运动”的一部分也未尝不可，但作为近30年来西方史学新潮流的一部分，微观史学又体现出自身的一些特点，对此兹不赘述。

2. “全球史”热

说起“全球史”，我们首先会想到美国历史学家斯塔夫里阿诺斯(L. S. Stavrianos)及其名著《全球通史》。作者在书的一开篇就这样写道：

> 本书是一部世界史，其主要特点就是在于：研究的是全球而不是某一国家或地区的历史；关注的是整个人类，而不是局限于西方人或非西方人。本书的一些观点，犹如一位栖身月球的观察者从整体上对我们所在的球体进行考察时形成的观点，因而，与居住在伦敦或巴黎、北京或德里的观察者的观点判然不同。②

此处对题旨的揭示已说得十分明白。倘进而去通读全书，虽还可挑剔出它的差错，但他的书执意从全球视角出发而写“全球史”这一点毋庸怀疑。

另外便是英国历史学家杰弗里·巴勒克拉夫及他所提出的“全球历史观”。从《处于变动世界中的历史学》(1955年)到《当代史导论》(1964年)，

① 伊格尔斯：《二十世纪的历史学——从历史的客观性到后现代的挑战》序言，何兆武译，辽宁教育出版社2003年版。

② 〔美〕斯塔夫里阿诺斯：《全球通史——1500年以前的世界》，吴象婴、梁赤民译，上海社会科学院出版社1988年版，第54页。

再到《泰晤士世界历史地图集》(1978年)、《当代史学主要趋势》(1978年),这些著作不仅反映了以巴勒克拉夫为代表的西方世界史写作发生的重大变化,而且提出了一种日趋完整的新型历史观——"全球历史观"。这是二战后世界飞速发展尤其是全球化趋势在史学观念上的一种反应。

二战后,国际史学界重构世界历史的工作不绝如缕。除西方学界不断推出这方面的新作外,苏联历史学家经多年努力集体编纂了多卷本的《世界通史》,作为世界史编纂中的"马克思主义史学模式",影响也很大,并为我们所熟知。当今,国际史学界热衷"全球史",在近年来的几届国际历史科学大会上,"全球史"都受到了与会者广泛的关注和热烈的讨论,国内学界更是趋之若鹜,会多文也多,很是热闹。这自然也给我们带来了好消息。在全球史的研究中,研究者已日益把中国史纳入到世界历史的宏观体系中,并逐渐成为一种新的学术趋向,这从一个方面也说明,"今天对全球历史的需要是再明显不过的"事实了。

3. 后现代主义史学

在谈及近30年来当代西方史学新趋势时,后现代主义思潮对史学的影响似乎是难以绕开的。

"后现代主义"一词出现较早,但它成为一种思潮,则是在20世纪70年代前后。一般来说,后现代主义思潮对史学的影响最初是从渗入史学理论开始的,尔后才波及具体历史事件的研究。60年代末期,后现代主义通过叙述主义历史哲学进入史学领域,1973年海登·怀特(Hayden White)的《元史学:十九世纪欧洲的历史想像》出版,随即引起争议,并被历史学家所排斥;至80年代末,安克斯密特(F. R. Ankersmit)的《历史学与后现代主义》一文刊发,才使后现代主义史学渐成气候;直至90年代影响日增。但从总体上看,后现代主义对西方史学的影响至今主要体现在史学理论范围之内。

后现代主义对历史学的攻击是无以复加的,致使许多历史学家起来为历史学辩护,但晚近以来的消息表明,持谨慎态度而采取"中间立场者"增多,这是因为后现代主义对历史学的"攻击"虽偏激且近极端,但它所提出的不少问题,值得历史学家们认真思考与重新审视。其实,我们也不必视后现代主义为"飞来横祸",它无必要也不可能颠覆当代西方史学大厦。事实上,笔者倒是十分欣赏后现代主义大师们那种对学术的敬畏,并努力从他们过激的言辞中,寻求某些合理的因素,以作为史学研究的一种借鉴。

当代西方史学在发展着、变化着，倘若就目前的情况来作出判断，说它又发生了一次新的转折，似乎还为时过早。对此，伊格尔斯好像也很矛盾，他在《世纪之交西方史学的转折点》一文中，一方面说，“在20世纪的最后30年里，西方及西方以外的历史思考和历史写作方面出现了根本性的变化”，另一方面，他又说“在通向21世纪的世纪交替时期没有出现新的支配性范式”[①]。是的，当代西方史学这30年来的变化，更多地体现在研究方法的多元这一层面上，还很难说是一种新范型(或范式)代替原来的旧范型。

当代西方史学将如何发展，我们且拭目以待，就像历史学家吴于廑所描述的那样，“凡属前进中的事物，大都是已经隐约可见并且有可能实现的事物。譬如初春季节打开窗户，从窗口遥遥看到绿意渐浮的树色”[②]。这里所说的当代西方史学新趋势也是这样，倘若扩而言之，从全球的眼光来看，它的发展方向还不甚分明，远远望去，也只是“绿意渐浮”而已。

---

① 伊格尔斯：《世纪之交西方史学的转折点》，《山东社会科学》2005年第11期。

② 吴于廑：《世界史学科前景杂说》，《吴于廑学术论著自选集》，第41页。

第三章 西方史学史之史

如果说史学史是对历史学自身发展进程的一种探索，那么史学史之史则是对前者发展进程的一种思考，即所谓“历史的历史的历史”。这似乎有点拗口，但意思还是很明白的：“史学史之史”所要阐明的是史学史的历史。“西方史学史之史”的任务，就是要说明西方史学史从古迄今的演变，从中寻求史学史自身发展的脉络，以利学科本身的进步，进言之，这也是史学史研究获得进一步发展的需要。

本章说及的西方史学史之史，从西方“史学之父”希罗多德迄至后现代，纵贯古今，笔者仅从西方史学发展的长河中撩起几泼水花，以达“以蠡测海”之效。

一、从“中国史学史之史”说起

说到这里，我们需要从二十六年前，治中国史学史的前辈史学家白寿彝主持召开的一次学术座谈会说起。

1984 年 12 月 17 日，白寿彝及其诸弟子瞿林东、吴怀祺、陈其泰及朱仲玉，就中国史学史之史的研究问题，进行了学术座谈①。

研究史学史之史，有什么重要性呢？特别是从学科自身发展的角度而言，它有什么意义呢？且看白寿彝在座谈会开始时的一段开场白：

> 我们研究一个问题，要知道过去人和当时学者的论述及其成就，以便于在这个已有研究成果上起步走。这对于工作很有好处。一方面可

① 此次学术座谈，以“座谈中国史学史之史”为题，刊于 1985 年第 1 期的《史学史研究》。本章凡引该文者，不再另注出处。

> 以参考旁人已经提出来什么问题进行思考，又一方面也可了解某些问题的研究发展到什么程度，如何才能更好地继续向前发展。如果不管过去，我们就从头搞起也不是不可以，但那可能就费时多而功效小。了解、研究一门学科的已有成就，实际上是对本学科的自我批评。这不是对个人，而是对这个学科已有的成果进行探讨、评论。对我们的史学史这样作，是我们史学史研究工作者进行自觉教育的一课。

这段开场白很重要，其关键词我以为是“自觉教育”。它道出了研究史学史之史的重要性。

“史学女神向来不爱讲自己的历史”，西谚如是说。是的，笔者从事史学史研究虽已多年，但关注史学史之史却是近年来的事。在相当长的时间内，笔者与陈其泰也有大体相同的感受：“从事史学史研究工作的人不注意史学史之史，大概都是相当普遍的现象……这类现象的存在，究其实质，是对一门学科缺乏作历史的系统的回顾，缺乏自我检讨、总结的工作。”这里说的“缺乏自我检讨、总结”，就是对史学史研究的工作缺乏“自觉教育”，缺乏反省意识，这当然不利于史学史学科工作的开展。

进言之，进一步加强对史学史之史的研究，关系到史学史研究的开拓与创新。在白寿彝召开的那次座谈会上，与会者的共同话题自然是中国史学史之史的“回顾与检讨”，从孟子的《诗》亡而后《春秋》作谈起，说到司马迁，说到班彪与班固，说到刘知幾，说到郑樵，说到章学诚，说到梁启超，直至李大钊，其间历朝历代都包含有史学史之史的丰富内容，在此不容复述。瞿林东在会上就中国史学史之史发表的意见对我们的西方史学史之史的反省工作，也有启示意义。他这样说道：

> 中国史学史有漫长的历史和丰富的内容。古往今来，不少史学家在史学史的研究上和表述上，做了很多的探索工作，取得了一些成绩，积累了一些经验，也提出了一些问题。对于这些，史学工作者，特别是史学史研究者，还缺乏细致的研究和理论的概括。就我自己来说，有不少问题，如在中国历史上史学史萌芽于何时？以往史学家对史学史研究的自觉态度如何？这种自觉程度发展的轨迹怎样？他们提供了后人（当然也包括今人）的直接成果和思想资料主要有哪些？这些直接成果和思想资料对当时的和后来的史学有什么作用？前人在史学史研究上

和表述上有什么局限？造成这种局限的原因何在呢？等等……

他就中国史学史而提出的这些问题，笔者以为对于西方史学史之史的研究，也颇具借鉴性。

以西方史学自身的发展进程而言，为什么西方史学一旦奠立，就在公元前5世纪时形成了两种不同的史学范型：希罗多德的社会文化史和修昔底德的政治军事史？又为什么这两种史学范型对后世会发生如此深刻的影响？求真的希腊史学和实用的罗马史学传统，在西方中世纪被湮没了，基督教的神学史观左右了西方史学将近千年之久且迄今未衰，其内在原因是什么？近世以来，伴随着“史学科学化”的总趋势，西方的“历史思维”①日渐成熟并具备了如下几个特征：合于“历史科学”的“科学”含义、关于人事的或人道主义的、合于理性的或理性主义的、从进一步发展的观点思考历史过程②。如果从共时性角度比较，从古代向近代转型期的中国史学及其历史思想与近世以来的西方史学的“历史思维”有何不同，为什么？现代西方史学流派蕃衍不绝，各显风采，为什么年鉴学派在20世纪50年代以后能一枝独秀，独领风骚？那纷争不息的后现代主义思潮及其对历史学的影响究竟有多大？诸如此类，不胜枚举。因此，对西方史学史之史作“回顾与检讨”的工作，值得我们来认真思考。据此看来，进一步加强对西方史学史之史的研究，回顾总结，反思检讨，于本学科的发展具有特别重大的意义。倘若忽视这些，对西方历史学家的史学思想就难以作出细微的考辨，对西方史学思潮与流派就难以作出深刻的探索，进而就难以对西方史学发展的新陈代谢，对它的发展的阶段性特征以及整体性趋势作出综合的分析研究，一言以蔽之，这关系到西方史学史研究的开拓与创新，恰如瞿林东所言：“开展史学史之史的研究，对于史学史研究的开拓前进、不断创新具有不可忽视的意义。”

二、历史学自身的最初思考

关于西方史学史之史，究竟从何谈起，还得仔细斟酌。我们姑且从希罗

① 关于“历史思维”的界定及其延伸出来的问题，可参看朱本源：《历史学理论与方法》，人民出版社2006年版，第154—160页。又可参见台湾学者周樑楷：《历史学的思维》，台北正中书局2004年版。

② 朱本源：《历史学理论与方法》，第161页。

多德说开去。

正是希罗多德改变了西方史学，他的传世之作《历史》虽然尚存不少谬误，但无论如何是西方史学史上里程碑式的史著；虽然希罗多德并不是一位历史思想家，但难能可贵的是，从他开始，就留下了古代史家对历史学自身的发展的最初思考。希罗多德在《历史》一书一开篇就这样说道：

> 在这里发表出来的，乃是哈利卡尔那索斯人希罗多德的研究成果，他所以要把这些研究成果发表出来，是为了保存人类的功业，使之不由于年深日久而被遗忘，为了使希腊人和异邦人的那些值得赞叹的丰功伟绩不致失去他们的光彩，特别是为了把他们发生纷争的原因给记载下来。①

从这段"引言"来看，希罗多德从一开始就表明了他对历史学性质的看法。细细分析这段话，在这位古希腊史家看来，作为一门知识（或科学）的要求应是：记述的是作者自己的研究成果，而不是他之前的"史话家"或散文史家所记载的"趣闻逸事"；探讨的是"人类的功业"而非"神的奇迹"，力图把凌乱无序的材料与单个事件纳入到有序的时间系列中，但当时希腊尚无确切的纪年方法；寻求在事物表象后面的因果链，即他所说的"原因"。正由于希罗多德所奠定的史学具有以上几方面的特征，因而被柯林伍德称之为"科学的史学"②。

在希腊史学发展史上，至希罗多德出世，诗与神话的时代结束了，散文史家半真半假的"史话"时代也过去了，从此，西方的历史学诞生了。在此之前，似乎还没有人像希罗多德那样对历史有过如此较为完整的叙述，事实上，希罗多德在《历史》中的这段"引言"，是对他之前（或可称之为"前希罗多德时代"）希腊史学的一次反省，但更是意在道明他对史学性质的看法。

然而，希罗多德在"引言"中对史学发表的见识，毕竟还是初步的，到了他的后辈修昔底德时，对他之前（包括希罗多德在内）的古希腊史学所作的"回顾与检讨"，要深刻得多。为了说明问题，我们在这里必须完整地引述他

---

① 希罗多德：《历史》，王以铸译，商务印书馆 1985 年版，第 1 页。

② 上述识见，参见朱本源：《"〈诗〉亡而后〈春秋〉作"论》，《朱本源史学文集》，陕西师范大学出版社 2005 年版，第 316—317 页。

在其传世之作《伯罗奔尼撒战争史》一书中的一段名言：

> 关于战争事件的叙述，我确定了一个原则：不要偶然听到一个故事就写下来，甚至也不单凭自己的一般印象作为根据；我所描述的事件，不是我亲自看见的，就是我从那些亲自看见这些事情的人那里听到后，经过我仔细考核过了的。就是这样，真理还是不容易发现的：不同的目击者对于同一个事件，有不同的说法，由于他们或者偏袒这一边，或者偏袒那一边，或者由于记忆的不安全。我这部历史著作很可能读起来不引人入胜，因为书中缺少虚构的故事。但是如果那些想要清楚地了解过去所发生的事件和将来也会发生的类似的事件（因为人性总是人性）的人，认为我的著作还是有一点益处的话，那么，我就心满意足了。我的著作不是只想迎合群众一时的嗜好，而是想垂诸永远的。①

这是修昔底德关于"战争事件叙述"所确立的"原则"。同样对战争事件，希罗多德记述希波战争的做法是："我的规则是我不管人们告诉我什么，我都把它记录下来。"②又表白："我的职责是把我所听到的一切记录下来，虽然我并没有任何义务来相信每一件事。"③只要稍加比较，就可发现对"事件叙述"的两位史家所持的不同"原则"或"规则"。

在这里，并不是说，希罗多德是位"客观主义者"，他对所见所闻一概"照单全收"，他还是有他的"观察、判断和探索"④以及存疑取伪的态度，他的批判能力至少在其同辈中还鲜见其匹。笔者这里说的是比较。倘若就对史学的见识而言，修昔底德无疑要远胜希罗多德。比如修昔底德的批判精神，对史料所恪守的严格的辨析与考订的方法，在前引这段话中表述得淋漓尽致，被后世史家（比如兰克）奉为圭臬，修昔底德也因此被后世史家称为"科学和批判史学的奠基者"⑤。又如说到史家编纂体例，修昔底德在这段话中也说到了他与前人的不同：他不是在讲"故事"，即不可能"偶然听到一个故事就写下来"，这种表白既与希罗多德之前的"史话家"相区别，也与希罗多德的

---

① 修昔底德：《伯罗奔尼撒战争史》，谢德风译，商务印书馆 1985 年版，第 17—18 页。
② 希罗多德：《历史》，第 165 页。
③ 同上书，第 525 页。
④ 同上书，第 151 页。
⑤ H. E. Barnes, *A History of Historical Writing*, New York, 1963, p. 30.

写法相分野；他不想“媚众”，即不可能“只想迎合群众一时的嗜好”，这当然与他远大的撰史旨趣即“垂诸永远”息息相关联。在西方史学史上，修昔底德把编年与记事结合起来，使希罗多德草创的历史叙述体趋于成熟，并从此成为西方史书编纂的一种正宗体例，一如司马迁为中国史学所奠立的纪传体编史体例。

有趣的是，视希罗多德为偶像的修昔底德①，在这里所论，虽然没有点名，但其言却无不是对准他的这位前辈的。在“回顾与检讨”希罗多德史学及前希罗多德史学时，他表现出了一种从他开始的“唯理主义的精神”②，在史学史上显示出了一种较为深入的反省精神。这在古代西方历史学家中，确实是难能可贵的。

但“希腊化时代”的历史学家波里比阿却是个例外。他深谙修昔底德史学之要义，在修昔底德谢幕之后的200年后，对西方古代史学作了一次重要的反省工作，令我们叹服。关于历史学的性质，在他看来，历史是一门以事实为训的哲学，应当成为人们行动的指南，而不只是提供广博的知识；历史学的任务是记录事件发生的本来面目，并对其作出解释；关于历史研究的方法，他在西方史学史上首次提出了史家“三要素”，这就是要披阅各种文献资料、掌握必要的地理知识、具备政治经验，作为一名优秀的史家，上述三者缺一不可。尤其突出的一点是，波里比阿深得前辈史家修昔底德历史批判之要义，深知求真对历史学家的重要性，为此，史家应该客观公正，不存陈见，实地考察，广搜史料，求真辨伪，一丝不苟。综合以上的见解，他对史学的认识，尤其在史学方法论上，与前人相比，迈出了一大步。笔者以为，对这位被后世称为“历史学家中的历史学家”，应当从史学史之史的角度加以进一步的研究③。

前已述及，西方史学发展至罗马时代，大体上是沿着古希腊史学的道路前进的。罗马三大史家撒路斯提乌斯、李维、塔西佗的史学都各有成就，通过他们的史学凸显了罗马政治文化的显著特色，倘若从史学史之史的观点

① 希罗多德当众朗诵《历史》，少年修昔底德听时受感动而涕流满面的“故事”详见本书第九章第一节。

② 吴于廑语，见吴于廑主编：《外国史学名著选》上册，商务印书馆1986年版，第90页。

③ 上述关于波里比阿的引述，均见其著《通史・导论》（或《历史・导论》），该书尚无中译本，可参见M・I・芬利编的英译本《希腊诸史家》（M. I. Finley ed, *The Greek Historians*, Viking Press, New York, 1959）。

来看，应当关注李维的“通史”编纂体例、塔西佗对史学的道德功能及其垂询作用的观点，此处不再细述①。

在西方古代，于本节题旨更为紧密的，当是生活在公元2世纪罗马统治时期的希腊学者卢奇安，他所著《论撰史》应引起我们的高度关注。我们在前面谈及的内容，倘若从史学史之史的观点来看，诸多的希腊罗马史家对历史学的反省工作还只是通过他们的叙事体的历史著作，零碎的、片断的、偶然的，总之还不是自觉的。但到了卢奇安那里则有点不同了。

卢奇安的头衔是古希腊讽刺散文作家、唯物主义哲学家、无神论者。他著述甚丰，传世的有《华堂颂》、《画像谈》、《狄摩西尼礼赞》等80多篇论文及对话，他的文艺和美学理论及唯物主义思想，曾深刻影响近世西方文艺复兴运动和启蒙运动时期的众多思想家，恩格斯曾称他为“古代的伏尔泰”②。

这位“古代的伏尔泰”在史学理论上也颇具真知灼见。他那非凡卓越的见解集中体现在《论撰史——论现实主义的艺术》中。这篇书信体的宏文，不过万余字，但却包含有丰富的内容，通篇充盈了“回顾与检讨”，实际上是对到他那个时代的西方史学的概括与总结。

卢奇安在《论撰史》中，“能破而且能立”③，全文要表述的“意见”有两个方面，“一为选择，一为避免”。他首先说及的是“避免”，以具体而生动的例证批评那些“拙劣史家”的通病，以一位卓越的讽刺作家的才干，极尽讥讽与挖苦之能事，这就是“破”。其次说到“优秀史家”之才能，并对他们提出了种种要求，即要“选择”什么，遵循什么，这就是他所说的“立”。归纳他的“破”与“立”，以下一些内容需要特别指出来，并略作评价。

关于史学之功能，卢奇安这样写道：

> 历史只有一个任务或目的，那就是实用，而实用只有一个根源，那就是真实。

作者生活于罗马统治时期的希腊语地区，在他身上当然兼具希腊文化与罗马文化之特质，他在史学上的见解也是如此。因此，卢奇安对历史任务

---

① 可参见褚新国：《帝国的沉沦与救赎：塔西佗和他的历史世界》，人民出版社2008年版第五章。
② 参见章安琪编订：《缪灵珠美学译文集》第一卷，中国人民大学出版社1987年版，第138页。
③ 参见《缪灵珠美学译文集》第一卷，第205页。又，本节凡引卢奇安《论撰史》均见该书，不另加注。

(或目的)的认识,很自然地体现出了希腊史学的求真精神与罗马史学的实用观念的合一。

至于说到史学的"求真精神",卢奇安更是从前贤的经验中明确指出:

> 历史学家的首要任务是如实叙述。

这就对历史学家撰史提出了更高的要求:客观公正,不偏不倚,视真理为唯一,而不屈服于权势。这不正是后世"客观主义史学大师"兰克所孜孜以求的目标吗?倘把卢奇安的言论与兰克的"如实直书"稍加对照,我们可以发现在这种惊人的相似之处中呈现的分明是史家对撰史崇高目标的一种共同追求与不懈努力。卢奇安接着继续说:"一个作家一旦着手著史,他就必须只对真理馨香顶礼,绝不膜拜其他神灵;一切神灵都不在他眼内,他的唯一原则和坚定信念是:绝不考虑今日的听众,而只想到未来的读者。"为了达到这一点,在他看来,一个真正的历史学家必须远离"谄媚取宠",因为"谄媚与历史水火不相容"。历史学家可以"歌颂"吗?卢奇安的答案是肯定的,他指出:"历史是可以歌颂的,但是歌颂要安于本分,要用得恰当,不要使读者讨厌。"还要"务必着眼于后世的读者"。

为了求真,卢奇安对理想的历史学家提出了很具体的要求,这就是:

> 我的理想历史家必须具备两种本能:一是政治眼光,一是表现才能。前者是天赋的才能,不可学得;后者是后天的修养,只要熟读典籍,勤学苦练,便可以学到。

卢奇安在这里说的"政治眼光",说的是历史学家对历史、社会及世事变迁的观察与感悟能力。个人以为,一位优秀的史家,应当在错综复杂的大千世界中,以高屋建瓴之势观察事物,以振聋发聩之情敏于思考,简言之,即具有透过现象来考察事物即他所说的"洞察力"。倘如是,历史学家的"政治眼光"庶几可矣。

卢奇安在这里说的"表现才能",说的是历史学家撰史之艺术与才华。关于这一点,他在《论撰史》篇中着墨较多,而且甚为具体,从素材搜集、结构安排乃至遣词造句等无不一一细说,逐个点明。比如他说到历史学家文字表现才能时提出如下要求:

> 应该相应地力求平易流畅，明若晴空，既要避免深奥奇僻的词句，也要避免粗俗市井的隐语，我们希望俗人能了解，文士能欣赏。词藻应该雅而不滥，毫无雕琢的痕迹，才不使人有浓羹烈酒之感。

在他的心目中，历史学家的语言艺术应当“平易流畅”，又“文笔简洁”，对此，他在《论撰史》篇中有多处精彩的表述，如说：“文笔简洁在任何时候都是优点，尤其在内容丰富的场合，这个问题不仅是修辞而且是本质的问题。”他又这样说：平易流畅，首尾含接，不急不缓，始终如一，是“记事文的优点”。在这里，他还特别崇扬修昔底德“惜墨如金”的语言艺术，这就是要“行文简洁”。换言之，“一切描写都要有节有度；任何主题都不应过分发挥，话长则令人生厌，途长则把马骑死；要注意轻重恰当的比例，不要顾此失彼，挂一漏万，而要操纵自如，指挥若定”。进言之，这里所说，不只是就行文而言，还要有平衡、适度、中庸等哲学含义和美学韵味。

的确，卢奇安具有深厚的美学与艺术理论的素养，因而他对历史学家撰写历史的语言表现才能，大多是从这一视角提出来的，因而深刻无比、发人深思。上述所引被卢奇安称之为“历史风格”，这真是一个充满美学意境的历史名词，他的风格的“本身之美”、结构的“秩序之美”、史实的“真实之美”以及“华而实之美”等，都蕴含着深刻的美学意义，确实令我们折服。

倘由卢奇安的《论撰史》说开去，从古代中外史学理论的比较而论，可与古代中国文学评论家刘勰相媲美，后者所写的《文心雕龙》中的《史传篇》，的确是与《论撰史》相类而可以进行比较研究的，此处不再赘述①。

总之，卢奇安的《论撰史》确实可以称得上是西方史学史上第一篇出色的史论，他所做的历史学的反省工作，体现出了某种程度的自觉性，确与西方古典时代的历史学家们不同。其人其作对于我们研究西方史学史之史具有重要意义，他所提出的一些见解，虽经岁月的洗礼，但迄今仍对我们的史学研究工作富有启迪。

西方史学自走入中世纪以后，从总体上说是以基督教神学史观占支配地位，西方古代史学的传统中断了，直至文艺复兴运动的年代。从某种意义上来说，倘剔除如柯林武德所说的经“重新塑造”而迥然不同于西方古代的

① 参见姜义华、瞿林东、赵吉惠合著：《史学导论》，瞿林东所写部分，复旦大学出版社 2004 年版，第 257 页。

基督教神学历史观，那么西方中世纪史学或许可以说是较为落后与贫乏的，因此，倘从西方史学史之史的视角而言，似乎毋需多说了。这种“中断”也大体到15、16世纪。

三、近代史学反省之滥觞

学术演化的进程告诉人们，任何一门学科要想不断取得新的进展，更好地发挥它的社会功能与科学价值，一个重要的条件是，需要研究者不断地对这一学科自身进行科学的反省工作，历史学尤其如此。广义地说，历史学从其诞生的那一天起，历史学家的反省活动就渐露端倪了。我们不是可以在邈远的古希腊史家那里看到他们对史学工作反省的最初表现吗？但这是零碎的、片断的、偶然的、不自觉的，即使是古代史家中的佼佼者（如希罗多德、修昔底德或波里比阿等辈），他们也仍然不能对历史学自身的工作作出科学的或自觉的反省，从而提供一种哲学的分析。严格说来，西方历史学家对历史学科本身的反省活动是从近代开始的。

事实上，近代以来西方史学的反省工作不绝如缕，这是近代以来西方社会快速发展与史学自身进步的一种反映，尤其当每一次史学发生重大转折的时候更是如此。下面论及自文艺复兴运动迄至当代较为重大的几次史学反省工作，并仍聚焦一些有代表性的历史学家的业绩，以显其面貌。

近代意义的西方史学的反省活动，始于16世纪的文艺复兴运动年代。这是西方史学由传统步入近代的“开阖的大关键的第一幕”①。自“地理大发现”以来，西方社会发生了急剧的变革。商品流通打破了昔日封建农本经济的闭塞状态，尤其是随着海路打通之后，西方的探险家与传教士不断地从域外为西方人带来了无数前所未闻的知识，使欧洲的历史学家不再沉湎于自己的先祖的历史，开始以好奇的眼光来审视这个扩大了的世界，从14世纪意大利发端的文艺复兴运动及人文主义思潮，至16世纪已席卷与弥漫西欧诸国，人文主义史学的崛起回荡着从中世纪基督教神学中逐渐脱身出来的一种历史前进的音响。它扭转了西方史学发展的方向，标志着近代西方史学的开端。

---

① 何兆武：《对历史的反思》，唐纳德·R·凯利：《多面的历史——从希罗多德到赫尔德的历史探询》，陈恒、宋立宏译，三联书店2003年版，译序，第3页。

近代西方的人文主义史学取得了非凡的业绩(详见本书第二章)。然而,人文主义史学作为早期的资产阶级史学的一种雏形,有其局限性。人文主义史学家借助古典文化来反对中世纪的基督教史学,但却形成了对古典史学的迷信与盲从;他们虽然在内容与方法上改变了处理社会历史的方法,但却鲜有学者从事构建社会历史理论体系的尝试,从而难以确立关于历史发展的规律性概念,却或多或少继承了古典文化中的历史循环论;他们普遍重视的是文学艺术、政治学等学科,对历史学却重视不够,如此等等。面对"地理大发现"后西方社会的巨大变化,西方历史学家需要对历史学自身作一次深刻的反省,让史学以更新的面貌帮助人们重新认识过去、看待现在、探索未来。16 世纪以降,近代自然科学及相关的人文学科的发展,为这次史学反省造就了学科动因。至这一世纪的下半叶,法国的一些历史学家敏锐地察觉到中世纪基督教史学与人文主义史学在理论与方法上都已陷入困境,严重地阻碍了历史学的发展。于是,在这种情况下,他们开始提出了一系列新的论见。在这批法国历史学家的群体中,有鲍杜安(Francois Baudouin,1520—1573 年)、勒卢阿(Louis Le Roy,1551—1573 年)、让·波丹(Jean Bodin,1530—1596 年)、波普利尼埃尔(Sieur de La Popeliniere,1540—1608 年)、帕基埃(Etienne Pasquier,1521—1615 年)等人。鲍杜安与勒卢阿的贡献在于从理论上阐述了世界史编纂中的整体性观念,力图破除当时人文主义史家只限于编撰一时一地的地区史的传统写法①;前者还从史学方法上提出了许多问题(如区分"间接史料"和"直接史料",史学的真实性法则等),成为后来西方史家孜孜以求的目标。尤其需要提到的是,波普利尼埃尔在 1599 年出版了《史学史》一书,成为西方史学史上把历史学自身作为研究对象的开山之作,但此书不过是一些很松散的史家传记集。此后,仿照此书体例的续作,也大多是历史学家的传记汇编。帕基埃则首次明确提出了史学无论在理论上还是在实践上都是一门独立的学科的论断,这在西方史学上自有其独创性的历史眼光②。

在这批历史学家的群体中,笔者以为让·波丹可为代表,他是法国思想

---

① 文艺复兴时代的一些著名的人文主义历史学家,不仅在观念上,而且在实践上竞相编撰的大多是一城一地的地区史,如当时的许多史家,都为佛罗伦萨城邦写过历史(参见本书第二章第三节)。

② 关于这些史家更详尽的论述,可参见谭英华:《16 至 17 世纪西方历史思想的更新》,《历史研究》1987 年第 4 期;D. R. Kelly, *Foundation of Modern Historical Scholarship*, 1970, New York, pp. 129 - 135。

界的巨人、百科全书式的学者，也是一位卓越的历史理论家。现代英国历史学家古奇指出："在确定历史研究的原则与方法的少数尝试中，波丹的论述是一个大胆而又辉煌的成就。"[①]说他论见"大胆"，因为他突破了旧传统，特别是人文主义史学理论与方法的窠臼；说他成就"辉煌"，因为波丹是近代西方史学史上对历史学作出比较系统反省的第一人，从某种意义上说，他的《史学易知法》一书，大体可以看作是近代西方史学系统反省之滥觞，其意义与影响都不可低估。波丹对西方史学的反省，大致可以归纳为如下几点：

第一，波丹在《史学易知法》一书中，力图赋予历史以科学的性质，并把它作为一门服从共同规律的科学，这一思想具有某种超时代的意义。他对历史作出了新的分类法，在他看来，历史可以划分为人类史、自然史、神明史（宗教史），并规定了各自的研究对象，而历史位于一切知识之上。他认为，人类史应以人为其主题，"它叙述的是在社会中导致人类生活变动的人类种种行为"[②]。在这三类的历史中，人类史又居于首位。在谈到人类史的内容时，波丹破除了当时人文主义史家恪守的古典史学中的政治军事史传统。在他看来，人类历史是丰富多彩的，它不仅应当包括政治军事，还应包括其他各个方面的内容，如人们的社会生活、民族特征、法律制度、风俗习惯等。在他的这些论述中，预示了后来伏尔泰的若干史学观念，具有先行者的思想睿智与历史光泽。

第二，波丹提出，要在历史著作中消除价值判断，强调史学工作者的求真精神。他指出，"历史非他，不过是真相的反映"[③]，揭示历史真相是史家的唯一职责；他又强调史家必须对史料进行辨析与考订，并为此提出了鉴别史料的若干原则，或从心理上对史家记事所可能出现的偏差作出了具体的分析。这些说法在西方史学方法上具有创新的性质，含有后来兰克史学的某些精义。波丹是一个学识渊博的人，其著作包含的知识宏富，以历史学而论，后世西方史家的各家各派都可以从中汲取各自所需要的思想营养。

第三，波丹的史学反省，一个重要而具体的贡献是，在历史编纂中，突出地表现为以三阶段说取代传统的四大帝国的历史分期法。他指出，中世纪

---

① 古奇：《十九世纪历史学与历史学家》，第 74 页。

② Jean Bodin, *Method of the Easy Comprehension of History*, tr. by B. Reynolds, New York, 1945, p. 15.

③ Ibid, p. 51.

历史编纂学的历史分期法源自《圣经·但以理书》[1]，那是不足为据的。众所周知，波丹是地理环境决定论的先驱者，他在这方面的论说极大地影响了后来孟德斯鸠的思想。波丹的历史分期正是从具体考察地理环境的特点出发的。这一新的历史分期法是这样的：首先是东南方民族（埃及和美索不达米亚）占优势的阶段，其次是希腊和罗马居统治地位的阶段，最后是北方诸民族领先的阶段。他的这一新说，不是建立在基督教的神谕的基础上，而是奠定于对人与自然之间关系的研究中。波丹通过分析人性的因素和自然因素，概括了这三个阶段的历史特征：第一阶段是笃信宗教，富于智慧；第二阶段是城邦国家、殖民扩张、法律制度；第三阶段是战争和科学技术。不管怎样，这种分期法反映了作者力图摆脱基督教史学的旧框框以建立新的史学体系的一种努力，对后世西方史学影响深远。

近代开创者的史学反省工作总有许多不足之处，波丹也是这样。从他的著作中还可以找到许多神学的痕迹。但从总体上看，他的种种努力，是许多人文主义史家所不能企及的，他的理论与反思活动反映了西方史学发展到16世纪的新一代史家，要求打破旧传统（古典的和神学的），把人文主义史学继续推向前进，促进西方史学走向近代化的一种积极的新趋向。

四、回顾与总结的近代业绩

从18世纪初至1789年法国资产阶级革命的爆发，史称“启蒙时代”。这是一个西方资本主义社会日趋成熟的时代，也是资产阶级史学最终确立的时代。如前所述，就其主导思想而言，18世纪的西方史学从总体上来看，是理性主义史学占统治地位的时代。理性主义史家崇拜抽象的理性，将它说成是推动历史前进的动力，这一特征在法国启蒙运动大师、理性主义史学的奠基者伏尔泰那里有着充分的展示。正是他，成了这一时期西方史学反省的主要代表。在18世纪是伏尔泰，在19世纪是兰克，他们的史学反省工作，是对西方史学发展到他们那个时代较为系统与完整的“回顾与总结”。

在西方史学发展史上，伏尔泰是最早提出“历史哲学”一词的[2]，但他没

---

① 见《圣经·旧约全书》，《但以理书》是《旧约》中的一篇，共计12章，其中记述但以理梦见四大兽从地中海上来，谓四大兽的出现，预示着四大帝国在世上相继更替。

② 德国史家特赖尔其最早认为伏尔泰是近代西方历史哲学的奠基人，而法国史家米什莱则认为意大利的维柯是近代历史哲学的奠基者。在西方，目前倾向于将他们两人并称为近代历史哲学的奠基者。

有写过一部完整的书籍，也没有对历史哲学的释义作过系统的阐发。他当初提出这个词，指的是历史学家撰写历史，不应当是一种史实的铺陈，而应当是运用哲学或理论对之进行思考，作出解释。伏尔泰对西方史学的这次反省，充分显示在两本具体的历史著作中，即 1751 年出版的《路易十四时代》与 1756 年出版的《风俗论》中。

论者指出："伏尔泰按新的方式提出了史学的要求和任务，这是他无可争辩的功绩。可以说，正是在伏尔泰那里，我们第一次看到他对历史科学的任务有明确的认识。"①

18 世纪西方社会的发展，赋予伏尔泰比他的前辈、法国同胞让·波丹更加成熟的思想去反省自古以来的西方史学。他的反省，一方面全面批判了中世纪的基督教史学，一方面着手构建资产阶级史学的理论体系。以下论述，将按这一思路渐次展开。

公元 5 世纪，古罗马神学作家圣奥古斯丁撰《上帝国》(或《上帝之城》)，宣扬了这样一种理论：在冥冥的宇宙中，一切都是上帝创造的；人类前进的每一步都体现着上帝的意志。在这种观念的支配下，历史的进程不再是人类的目的，而是上帝的目的的实践。这种神学史观经中世纪至近代，由法国主教、历史学家鲍秀埃(Jacques Benigne Bossuet，1627—1704 年)著《世界史论》(1681 年)，得到了复活与继承。到了启蒙时代，这种以神学观念构筑起来的史学体系，受到了伏尔泰的猛烈抨击。他在批判以鲍秀埃的《世界史论》为代表的中世纪式的神学体系时，不但探讨了人类历史发展的统一性等世界史理论，而且又亲自编纂《风俗论》这种"新类型"的世界史②，对后世的世界史理论研究和世界史著作的编纂都产生了深远的影响。

笔者以为，此书之"新"，主要在于两点：

其一，在伏尔泰那里，历史(世界史)不再是神的意志的产物，而是人类自身发展的历史，全书意在表现这样一个主题：人类在长期的历史发展过程中，已逐步摆脱了偏见、迷信和奴役，尽管他们历经坎坷曲折，但总是向着

---

① 〔苏〕叶·阿·科斯敏斯基：《中世纪史学史》(上)，东北师范大学历史系铅排本，第 320 页。

② 学术界一致认为此书是近代意义上的第一部真正的世界史著作，比如：Harry Elmer Barnes，*A History of Historical Writing*，New York，Dover Publication，inc，1963，p. 153；John Barker，*The Super Historian*，New York，1982，p. 102；科斯敏斯基：《中世纪史学史》(上)，第 305 页。古奇在《历史科学的成长》(《剑桥近代史》第 12 卷，1934 年英文版，第 817 页)一文中称此书为后世提供了"一种历史的新类型"。

理性、公正，向着物质与精神不断改善的方向前进的。伏尔泰明确指出：历史不是神话故事，不是地球上一隅的上帝选民的故事，《圣经》也不再是用来解释历史的最高权威，全部的人类文明史在时间上都要早于《圣经》的记载，而且范围要远远超出基督教徒或犹太人所知的地域。他论述了东方诸国如迦勒底人、印度人和中国人的文明史，具体说明了基督教神学所构建起来的世界史体系是何等的错误百出，这就从根本上否定了这种神学体系。

其二，开创性地运用比较方法，从宏观的角度来综合考察人类文明史。在该书中，伏尔泰的视野遍及世界各国，从波斯到阿拉伯世界，从印度到中国，从日本到秘鲁，正是从这种全球角度观察世界，他认定："各国的风俗、习惯、法律、变革虽然有相同的根源和目的，但却是千差万别的，它们构成了描绘世界的画卷。"①在伏尔泰看来，大千世界，同中有异，异中有同，如人性相通，但习惯不一，这样就使他能够开创性地运用比较历史研究的方法，得出了与前人截然不同的新见解。如他把欧洲各国的社会制度、民族精神与风俗习惯同其他国家进行横向比较，得出欧洲并非一切都走在前面。此外，他还进行纵向的历史比较。这都充分地展示了他纵横捭阖处理史事的卓越才能和敢于打破"欧洲中心论"框框的理论勇气。

伏尔泰的反省工作，旨在为克丽奥树立一个近代形象，一个不同于古典时代的克丽奥的新形象。他在《路易十四时代》一书中开宗明义地写道："本书拟叙述的，不仅是路易十四的一生，作者提出一个更加宏伟的目标，作者企图进行尝试，不为后代叙述某个个人的行动功业，而向他们描绘有史以来最开明时代的人们的精神面貌。"②因此，他的《路易十四时代》一书不仅写了法皇路易十四的雄才大略、显赫武功和卓越政绩，而且还包括了该时代各个方面的情况。他尤其致力于描述人类精神的进步，把笔墨落在人类智慧方面的文化成果上。他着力赞美人类文明史上有四个值得后人重视的时代，即亚历山大和伯里克利时代、恺撒和奥古斯都时代、美第奇家族统治佛罗伦萨的时代、路易十四时代。他认为，"这四个兴盛昌隆的时代是文化记忆臻于完美的时代，是作为人类精神的崇高伟大的划时代而成为后世典范的时代"③。当然，在伏尔泰的心目中，路易十四时代"可能是四个时代中最

① 伏尔泰：《风俗论》下册，谢戊申等译，商务印书馆 1997 年版，第 453 页。
②③ 伏尔泰：《路易十四时代》，商务印书馆 1982 年版，第 5 页。

接近尽善尽美之境的时代”①。总之,《路易十四时代》不仅复活了古代的希罗多德在《历史》中所奠立的社会文化史传统,更为后世的历史学家提供了一种新的视野,一种有悖于传统史学仅限于政治军事史的文化视野,在西方史学史上,首开近代西方文化史研究的先河,其贡献是不可泯灭的。

伏尔泰的创新,不仅体现在开拓历史学的研究领域上,而且还突出地体现在他把哲学或理性精神运用到历史研究中去。他主张:“历史只应全部让哲学家去写。”在整个17世纪迄至18世纪上半叶,西方史坛博学派盛行,史称“博学时代”。其时,由于时代的原因,大批文献资料流布坊间,于是,收集、核订、考证、出版这些文献资料,很快就形成了一股学术研究的热潮。博学派史家注重第一手的文献资料,但除少数人(如让·马比昂)外,他们缺乏评判精神,在浩如烟海的文献资料面前,缺乏一种明察秋毫、鞭辟入里的历史眼光。17世纪曾一度出现过的怀疑主义思潮并没有在学术界得到进一步的发展。因此,伏尔泰的上述言论实际上是有感而发的。“伏尔泰以其犀利的智慧,驰骋于迄未受到评判精神挑战的广阔领域,沉重地打击了盲目轻信的风气,而打击盲目轻信之风,仅凭博学是无能为力的。”②古奇所说的“犀利的智慧”,就是指伏尔泰的哲学家的眼光,俄国诗人普希金说:“伏尔泰第一个走上了新的道路,并把哲学的明灯带进了黑暗的历史档案库中。”③如同在化学中,某种催化剂放入溶液中,会使液体发生奇妙的变化一样,伏尔泰把哲学引入史学领域,也使西方史学出现了一个崭新的面貌。是伏尔泰把18世纪的西方史学推进到一个新的阶段——理性主义史学阶段,而“博学时代”的史学与伏尔泰的理性主义史学相比,不妨说,还有一段属于时代间隔的距离。

1824年,德国历史学家兰克发表了《拉丁与条顿民族史》一书,这是近代西方史学进行又一次重大反省活动的标志。如果说在此之前的反省,主要是批判与清算基督教史学的理论体系并摒弃人文主义的一些陈旧观念与方法的话,那么以兰克为代表的西方史学的反省工作,则是对近代西方资产阶级史学全面的和系统的检讨与反思,对历史学的性质、任务、方法及史学工作提出了更严格、更明确的要求。兰克的这次史学反省活动,其影响之深

① 伏尔泰:《路易十四时代》,第7页。
② 古奇:《十九世纪历史学与历史学家》,第79页。
③ 转引自〔苏〕维·彼·沃尔金:《十八世纪法国社会思想的发展》,杨穆、金颖译,商务印书馆1983年版,第34页。

远，从西方一直延及整个国际史学界，值得引起我们的重视。

说来有趣，这次重大的史学反省活动却是从《拉丁与条顿民族史》一书的“序言”与“附录”开始的。兰克力图把史学提升为一门独特的“科学”，这一宗旨使他获得了“近代科学历史学之父”、“以科学态度和科学方法研究历史的第一人”[①]的声誉。按照他的说法，历史学是指通过搜集与辨析文献证据，并依靠这种经过辨析的文献证据使客观历史在文字上还其真相的一门学问，这是兰克的“科学的”历史学的含义，与我们通常所说的总结和预测人类历史发展的客观规律的“历史科学”还不是一回事[②]。揭橥这个宗旨，最初就体现在这部书的序言中，兰克写道：“历史向来把为了将来的利益而评论过去、教导现在作为自己的任务。对于这样崇高的任务，本书是不敢企望的。它的目的仅仅在于如实直书而已。”[③]在这一段貌似谦逊的言词中，实质上包含了相当深刻的含义。它即是兰克的历史主义治史原则的最初阐发，也是对理性主义史学的一种对抗。回顾近代西方史学，大体从19世纪初开始，浪漫主义史学思潮盛行，历史主义的产生就是这种思潮的伴生物。浪漫主义的历史主义最基本的特征就是：笃信人类历史是一个有机发展的整体，它有着不可割断的历史连续性；强调各个民族、时代、文化都因各自的历史条件不同而各具独特性和存在价值；反对用抽象的理性原则来概括历史，要求通过深入挖掘和考订史料客观地展现历史真实，等等。显然，这种治史观念是与启蒙时代的理性主义史学相悖的。理性主义史学在作出了它的特定时代的贡献之后，也暴露出了割断历史、一味夸大理性、企求普遍性与永恒性原则等种种非历史主义的弊端，日益阻碍了西方史学的前进。兰克在他的《拉丁与条顿民族史》序言中所云，显然是反省理性主义史学的这些弊病而作出的一种史学上的总结。

兰克在这篇序言中所标榜的“如实直书”，是被后世学者称之为客观主义史学的最主要的信条。需要指出的是，在史学著作中，强调“如实直书”，强调“客观”“公正”，我们在修昔底德、波里比阿等古典作家那里早就见到过

---

① 见《大英百科全书》第15卷，1980年版，第506页。

② 德文“科学”(Wissenschaft)一词所包含的意义比英文“科学”(science)一词的含义更为广泛，它除了指“系统化的科学”外，还有“学问”之意。

③ Fritz Stern ed., *The Varieties of History: From Voltaire to the Present*, New York, 1973, p.57。兰克在这一“序言”中的“说明事实的真相”(或“说明事情的本来面目”，Es will bloss zeigen wie es eigentlich gewesen)，即我们通常所说的“如实直书”的由来。

了,17世纪的马比昂(Jean Mabillon)所宣扬的历史之对真理负责等观点,也直接影响过他,但在历史著作中如此系统地阐发和贯彻客观主义史学思想的,当首推兰克。早在他年轻时读英国作家司各特(Sir Walter Scott)的历史小说时,就萌生了这种信念:"我相信历史的真实比罗曼蒂克的小说更美更有趣,从此我献身于前者。并决心在自己的著作中根绝任何想象和杜撰,严格将我的工作限于陈述事实。"至晚年,在《世界史》一书的序言中,他也表示希望从书中"消灭自我",即把他的观点毫无保留地从书中排除出去。因之,"如实直书",是兰克一生孜孜以求的目标。在他看来,历史学的根本任务就是历史事实和人物以文字的形式还原;为此,他以为历史叙述应当是客观的、冷静的、无色彩的,历史学家应超然物外而不怀党见,辨别真伪而又不论断是非。兰克的历史著作正是在这一指导思想下撰写的,其中《教皇史》是体现这种客观主义史学原则的典范。

兰克史学方法论的基础是对原始资料的执意追求,及对它进行严格的考订与辨析。他的《拉丁与条顿民族史》一书,还有一篇著名的《对近代历史学家的批判》的论文作为"附录",虽名曰"附录",但却是一篇出色的"史论"。在这一长篇论文中,他第一次把前辈史家尼布尔(Barthold Niebuhr)处理早期罗马史料的批判方法运用于研究近代历史,提出了影响后世深远的批判、考订历史著作与史料的原则和方法。经过他的研究,他发觉文艺复兴时代的意大利史家马基雅维里、圭恰迪尼等人是徒有虚名的,他还对后者的历史名著《意大利史》作过细微的考证,指出该书在史料上的多处谬误,而此书原先所依据的卡帕拉的《意大利史》就错误百出,奎氏却据此撰史,亦步亦趋,焉能不错。兰克把这位文艺复兴时代的大史家说得一无是处,并由此悟出批判史料与直接掌握第一手资料的重要性。这篇文章发表后,引起了西方史学界的普遍赞赏与高度评价,它问世的1824年,也被学界视为"史学的批判时代的开端"①。

关于对史料的考订与辨析的方法,兰克大致确立了这样一些原则:史家必须查明史料的源流,以区分原始资料与间接资料;重视目击者的记录,并视为历史研究中的"最高见证";叙述历史必须依照同时代资料,指出越是亲历其境的人就越有发言权,因而距离事件发生时间最近的人便成了"最好的证人";他还强调要对史料记载者的动机与为人乃至性格等进行分析,追

① 古奇:《十九世纪历史学与历史学家》,第179页。

查资料的来源，区别情况，逐一考察。至此兰克比较系统地建立了考证学上称之为"外证"(external criticism)和"内证"(internal criticism)的研究资料的方法。应当说，这是科学的方法，也是19世纪的西方社会科学昌盛，重视实证，重视对个体事物作缜密观察在历史学上的一种反映。这一治史方法，在西方影响甚大，它对史学工作提出了更高的要求。

兰克十分重视个体(或个别)，他考订与辨析史料，就是要确立一个健全的具有本质意义的个体，即确立历史现象的真实性。但是，他又认为"上帝之手"是无处不在的，它体现在每一个个体之中。这种神秘的力量只有通过非理性的直觉才能体验的。因此，历史学的根本任务是通过个体直觉地理解整体精神，以揭示历史的本质。这是兰克史学方法论更重要的一个方面，或者说是它的核心或本质特征。

由上所述，我们看到了两个兰克形象。一个是"如实直书"的形象，另一个是理念论者的形象①。前者是兰克在国外尤其是在美国的形象。在我国，兰克的形象是类同于我国清代考据学的"洋考据学"。后者是兰克的德国形象，在德国，兰克更多地被看作是一位历史理论家而非纯粹的历史学家。对于后一点，我们还需要补白几句。兰克尽管一再讳言历史哲学，其实作为理念论者的兰克，他并不非难哲学思想，正如雅斯贝尔斯(Karl Jaspers)所指出的："兰克在歌德与黑格尔的气氛中，发展了一种对于历史的批判研究，以适于一种普遍的观念论观点——这种观点本身就是一种哲学，尽管它表面上是排斥哲学的。"②因此，他不只是一个"如实直书"者。他所要摒弃的是以往那种道德说教、哲学图示式的历史著作，而要达到的是通过个体以揭示一般(整体)，展示历史运动的统一性与多样性。这是无法用哲学概念来表述的，而是要通过具体的历史研究才能达到，这正是史学的独特功能与优越性之所在。作为一个严谨的历史学家，兰克十分注重具体的、深掘的史实，即真实不谬的个体，同时他又致力于从个体之中揭示出一般(或整体)，即从历史发展的多样性中寻求历史发展的统一性，从个别民族和文化的活动中展示更高一级的广阔无限的历史发展进程。从他的成名作《拉丁与条顿民族史》到年近九旬仍致力于写作的《世界史》，可以充分窥见这一

① Georg G. Iggers, The Image of Ranke in American and German Historical Thought, *History and Theory*, Iss. 2, 1962, pp. 17 - 40.

② 〔德〕卡尔·雅斯贝尔斯：《智慧之路》，柯锦华译，中国国际广播出版社1988年版，第133页。

点。以上这两种兰克形象是不可分割的，这才是他作为西方历史主义最伟大的实践者的全部形象，也是他的史学方法的全部内容。

兰克还对历史学家提出了如下的要求：热爱真理、深入研究文献、兴趣广泛、对因果关系的洞察力、无党无偏、从个体中寻求整体观念①。不管怎样，兰克的这六条要求，对后世产生了深远影响。总之，这次重大的史学反省工作及其业绩，对历史学家撰史提出了更高的要求。

此外，关于兰克的史学反省工作，还有一点需要强调。当我们稍稍深入兰克宏富的史学作品中，便可察觉兰克在其每种史著中，都写有“前言”（或“导言”）之类的文字，这些文字不仅与整部著作联成一体，而且在相当大的程度上反映了他的史学思想，从这些“前言”中也可窥见兰克在史学反省中的足迹。这正如美国史家文斯所言：“兰克历史著作中的前言，将发生在19世纪历史学领域内的革命展示在我们面前，这些前言反映了历史著作从依据回忆录而成的故事转变依据档案文献研究而成的历史叙述这一进步的历程。”②

的确是这样，兰克诸多著作的“前言”，始终如一地贯穿了他对原始的第一手资料（而主要又是档案文献）的锲而不舍的重视与追求，从他的成名作《拉丁与条顿民族史》的“前言”（1824年）到晚年的《世界史》的“前言”（1880年），莫不如此。有些“前言”（或“附录”）的重要性甚至要远胜于其著正文的价值，如前述兰克那段众所周知的“如实直书”之名言，就是在《拉丁与条顿民族史》一书的“前言”中表白的。

兰克之后，19世纪英国实证主义历史学家巴克尔（Henry Thomas Buckle）在他的《英国文明史》中，比兰克更明确地提出了史学史的任务，指出每一学科研究者都应当熟悉本学科自身的历史。继巴克尔之后，在德国出版了荷拉维茨的《德国史学史纲要》（1865年）、维葛勒的《文艺复兴以来的史学史》（1885年），在英国出版了弗林特的两部有关欧洲历史哲学的作品（1874年、1894年）等。

这里，需要着重指出的一点是，比兰克的这次史学反省活动稍后，在19

---

① George G. Iggers and Konrad Von Moltke ed., *The Theory and Practice of History—by Leopold Von Ranke*, New York, 1983, Introduction, pp. 30 - 32.

② Roger Wines, Two Introductions: The History of the Popes and the History of the Reformation, in Ranke, *The Secret of World History*, New York, Fordham University Press, 1981, p. 60.

世纪40年代，马克思与恩格斯在创立唯物史观时，对西方史学也进行了一次全面的反省，科学地揭示了人类历史发展的客观规律，从而第一次指明了“以科学态度研究历史的途径，即把历史当作一个十分复杂并充满矛盾但毕竟是有规律的统一过程来研究的路径”①。这次的史学反省活动，内容丰富，涉及广泛，对包括西方史学在内的后世史学的发展，产生了巨大的和深远的历史影响。对此，本书将另作阐述，在这里不再赘言。

五、从“文化史运动”到“文化形态史观”

近代西方史学的另一次重大反省活动酝酿于19世纪下半叶，即从“文化史运动”的发起者布克哈特开始，经世纪交替之际的德国史家兰普勒希特，到20世纪最初的一二十年内的新史学潮流的代表——鲁滨逊及其“新史学派”、斯宾格勒和汤因比的“文化形态学派”。这里侧重论述后二者。总体来看，他们反思的对象无不是针对兰克及其学派的传统的“科学的”历史学的。

兰克史学及其后的实证主义史学，在相当长的时间内，迎合了19世纪欧美各国的实证主义思潮，成为这一世纪西方资产阶级史学的主流。但是，西方史家在实践中，对兰克史学中的客观性及有史无论、信史出于第一手史料、恪守政治军事史传统的狭隘领域等不断提出了疑问，而依靠辨析的文献资料并不能再现或复原已经消逝了的历史真实，于是“如实直书”变成了一句近乎天真的口号。可见，一度被誉为“科学的”历史学的兰克史学，在其发展过程中，也显示出了其自身的缺陷。与兰克史学大体同步进行的西方各国史学的专业化、学科化，其结果引起了史学的封闭性，因而阻碍了它的进步。另外，从19世纪下半叶开始，历史哲学从思辨到分析的演进的过程，也促进了历史学家对历史学本身的回顾，启示着新一代史学家对传统史学提出挑战，使他们深切感受到改变传统的史学范型的必要性与迫切性。加之20世纪以来，特别是第一次世界大战所引起的西方社会价值观念的巨大变化，史学再次面临着以新的观念与方法来适应时代的要求，于是西方史学出现了一次波及欧美的大规模的反省活动。

社会的现实与史学发展的现实都迫使兰克的一些最有权威的弟子或信徒要对兰克史学加以“重新估价”。兰克的传人雅各布·布克哈特率先发

① 《列宁全集》第21卷，人民出版社1959年版，第39页。

难，由于他是在兰克学派的营垒内部“揭竿而起”的，因此对传统史学的弊病看得较为分明，对它的批判，就显得更为深刻而有力。布克哈特向兰克及其学派的史学举起了反叛的旗帜，为西方史学的这一次反省起到了先行者的作用。

进入20世纪，西方史学的反省活动继续进行，它大体是沿着19世纪下半叶“文化史运动”的潮流在发展与延伸着。这里首先要说的是卡尔·兰普勒希特的贡献。他对传统史学的反省，主要是在同兰克学派的争论中进行的。他生活在19世纪与20世纪交替之际，像许多置身于变革中的学人一样，兰普勒希特也在时代潮流的漩涡中搏击、奋进，向当时的正统史学（兰克史学）发起了挑战。

在这场争论中，兰普勒希特是一个主角，通过这场持续多年、规模庞大的世纪末的争辩，他以独特的历史文化视角，阐发了一种与西方传统史学不同的文化史观念，成为世纪交替之际西方学术文化界所关注的“热点”之一，他也成了20世纪初对传统史学进行反省的代表人物。

与兰普勒希特同时，法国史学家亨利·贝尔也树起了新史学的旗帜，他倡导“历史综合”的理论，积极批判传统史学，成为20世纪法国史学反省工作的先驱，并孕育了年鉴学派的成长。

其后，在欧洲，分别由德英两国历史学家斯宾格勒与汤因比“联手”，以其“文化形态”之新说，对史学作了一次震撼西方史坛的反省。

的确，由斯宾格勒创立，而后由汤因比发展的文化形态史观，是20世纪西方史学的一种新说，它对西方传统史学进行了反思，比之兰普勒希特、贝尔的反省工作要更进一步。

文化形态史观又称历史形态学（Morphology of History）或文化形态学。所谓“文化形态史观”，实际上是把文化（或文明）视作一种具有高度自律性，同时具有生、长、盛、衰等发展阶段的有机体，并试图通过比较各个文化的兴衰过程，揭示其不同的特点，以分析、解释人类历史的发展进程。

由这一“定义”可见，作为现代西方史学的一种新说，文化形态史观无论在它的首创者斯宾格勒还是后继者汤因比那里，都有一些与传统史学相悖的明显特征。

文化形态史观是以生物进化学说尤其是以社会达尔文主义①的学说而

① 参见〔苏〕阿·穆·卡里姆斯基：《社会生物主义》，徐若木、徐秀华译，东方出版社1987年版，第194页。

铸成的。这种自然科学的新说，它的模式和方法，在现代西方历史哲学中找到了“替身”，斯宾格勒以此说文化也是一个有机体，也有它的生命周期，具有生、长、盛、衰等规律性和可测性，“有生就有灭，有青春就有老境，有生活一般的就有生活的形式和给予它的时限”[①]。这是斯宾格勒文化形态史观的核心所在，也是斯宾格勒在1918年出版的《西方的没落》一书的基调。

斯宾格勒以此立论，在宏阔的世界历史舞台上，寻找出八种自成一体且具有独特个性的文化系统，即埃及文化、巴比伦文化、印度文化、中国文化、古典文化（古希腊罗马文化）、阿拉伯文化、墨西哥文化、西方文化[②]。他打破了传统的世界史模式，称自己的这一体系是“历史研究领域的哥白尼发现”。

在斯宾格勒看来，前述这八种文化都各自有一“基本象征”（prime symbol）：每一种文化皆各自独立地走完其生命历程，经历前文化阶段、文化阶段和文明阶段，直至它的“最后一幕”，在这过程中，没有哪一种文化可以被认为比另一种文化更先进。他在《西方的没落》中，给人们显示了一种等价性、共时性与多样性的世界文化发展图景，在对世界各个独具个性的文化的相互比较中，寻求文化发展的规律。这是对传统史学中的单线历史发展观的有力挑战。

斯宾格勒作为一个“具有高度直观天赋的文化预言家”[③]，对西方文化也作出了诊断。他认为西方文化在经历了前文化时期、文化时期、文明时期几个阶段之后，同其他七个已经死亡或正处于僵死的文化一样，也在劫难逃，必然走向没落。这是它合乎命运的归宿。

汤因比在其代表作《历史研究》一书中，继承和发展了斯宾格勒的文化形态史观，同时也形成了自己的特色。在汤因比的文化形态史观之说中，有一个最基本的也是最重要的论点，即把文明（文化）作为历史研究的基本单位，认为这才是“可以自行说明问题的研究范围”。这与兰克关于历史研究的单位是国别或民族史是迥然不同的。

---

① 〔德〕斯宾格勒：《西方的没落》，齐世荣等译，商务印书馆1963年版，第66页。

② 同上书，第34页。

③ 休斯：《奥斯瓦德·斯宾格勒评传》（H. S. Hughes, *Oswald Spengler: A Critical Estimate*），1962年修订本，第六章。中文本见邓世安编译：《西方文化的诊断者——斯宾格勒》，台北允晨文化实业股份有限公司1982年版，第212页。

汤因比认为，在人类文明近 6 000 年的历程中，曾出现过 21 个文明[1]，它们是等价的和平行的，而且在某种意义上也是同时代的。这与斯宾格勒不约而同，都趋向于比较研究。

与斯宾格勒一样，汤因比也把文明看作有机体，各个文明都要经历起源、生长、衰落和解体这四个连续发展的阶段。他以古希腊罗马史的发展进程为蓝本，并把它作为人类文明发展的一种固定模式，经历所谓大一统帝国—间歇时期—大一统教会—民族大迁徙，各大文明在衰落与解体时期无不如此。在"希腊模式"遭到非议后，汤因比晚年又增加了"中国模式"和"犹太模式"。这些说法是与斯宾格勒有相异之处的。

更为不同的是，在汤因比那里，文明考察的视野扩大了，从斯宾格勒的八种高级文化发展到他论述的二十几个文明；在论及文明发展的具体进程时，他与斯宾格勒更是分道扬镳了，特别是对西方文明的看法，汤因比不赞同他前辈对西方文明所持的悲观态度，认为只要西方文明吸取以往文明的历史教训，就可能逃脱灭亡的厄运[2]。

不管怎样，透过斯宾格勒和汤因比的文化形态史观的同异相间，确实看到了他们在史学思想上对西方传统史学陈说的批判和革新精神，可称得上是 20 世纪西方史学的一种新说，从某种意义上形容它是史学上的"哥白尼革命"，似无不可。

在这次波及欧美学界的反省活动中，美国历史学家鲁滨逊(James H. Robinson，1863—1936 年)及其新史学派具有重要的地位[3]。

美国史学起步较晚，在发展进程中，深受欧洲史学尤其是德国兰克史学的影响。直至特纳于 1893 年在美国历史学会的年会上提出了"边疆论"，从此才摆脱了依附于欧洲史学的附庸地位，形成了自己的特色。但若论在美国倡导新史学的功绩，则首推鲁滨逊。他早年在哈佛大学学习，后在一片赴德求学的洪流中，也踏上了异国的土地。当鲁滨逊在德国留

---

① 这 21 个文明是：西方文明、拜占庭文明、俄罗斯文明、伊朗文明、阿拉伯文明、印度文明、远东文明、希腊文明、叙利亚文明、古代印度文明、古代中国文明、朝鲜日本文明、米诺斯文明、苏美尔文明、赫梯文明、巴比伦文明、埃及文明、安第斯文明、墨西哥文明、于加丹文明、玛雅文明。不过，汤因比对文明的划分有其随意性，有时又说有 26 个，有时甚至扩大到 37 个。

② 汤因比对西方文明的前景这样说："创造性的神火还在我们的身上暗暗地燃烧，如果我们托天之福能够把它点燃，那么天上所有的星宿也不能阻挠我们实现我们人类努力的目标。"(汤因比：《历史研究》(中)，上海人民出版社 1962 年版，第 15 页)

③ 参见李勇：《鲁滨逊新史学派研究》，安徽人民出版社 2004 年版。

学的时候，欧洲史学正处于新旧交替与发生激烈变革的时期，兰克史学受到攻讦，“文化史运动”正方兴未艾。在德国，兰普勒希特倡导的新史学也正在传播。归国后，鲁滨逊致力于介绍德国“新史学派”的史学思想，并以当时盛行的威廉·詹姆士和杜威的实用主义作为指导思想，构筑自己的史学体系。1912 年，他出版了代表作《新史学》一书，其弟子把此书的出版说成是美国史学史上具有划时代意义的大事，并称《新史学》为这一学派的宣言书①。

鲁滨逊在《新史学》一书中宣称历史学也“需要一个革命”②，其要旨在于：“我们不应该把历史学看作是一门停滞不前的学问，它只有通过改进研究方法，搜集、批判和融化新的资料才能获得发展。恰恰相反，我们认为历史学的理想和目的应该伴随着社会和社会科学的进步而变化，而且历史这门学问将来在我们学术生活里应该占有比从前更加重要的地位。”③鲁氏的这段“自白”很重要，以他为首的美国“新史学派”在史学上所进行的革新运动都是从这一点出发的。

由此出发，鲁滨逊在《新史学》一书中对他的“新史学”作出了进一步的阐发。具体考察鲁氏之论，尤其是他对传统史学内容狭隘的批评，对拓展历史学研究领域的主张，对改进训练方法的建议，尤其是他的“多因论”，即认为作用于历史运动的是有经济的、地理的、心理的等诸多因素决定的理论，应当说对于史学研究都是颇有积极意义的。

从此，鲁滨逊以他所在的哥伦比亚大学为中心，聚集门徒，形成了一个在美国史学界甚有影响的“新史学派”。美国“新史学派”的形成无疑受到了正在勃起的欧洲新史学运动的影响，但来自大洋彼岸的“新史学”浪潮，又反过来推动着欧洲的史学革新。欧美两股对抗传统史学潮流的汇合，有力地促进了现当代西方新史学的发展。

鲁滨逊的反省工作对现当代美国史学的发展产生过重大影响，在他的“新史学派”旗下，拥有诸如比尔德、贝克尔、绍特威尔、巴恩斯、海斯、穆恩、桑戴克等人，他们都成了 20 世纪上半叶美国史坛的头面人物，鲁滨逊本人及其弟子合撰的许多历史著作，在当时美国畅销一时，在今日中国学界也仍

---

① H. E. Barnes, *A History of Historical Writing*, New York, 1963, p. 375.

②③ 〔美〕鲁滨逊：《新史学》，齐思和等译，商务印书馆 1964 年版，第 20 页。

有影响①。他这一派重视思想文化的特点,也对日后的欧洲史学产生过影响。

进入20世纪,随着对历史学反省工作的不断深入,西方学界的史学史研究更为发展,这方面的作品也不断出现,在20世纪上半叶就有:1911年,瑞士傅埃脱的《近代史学史》刊行;1913年,英国古奇的《十九世纪历史学与历史学家》问世,并由此引发了三部有名的史学史著作的出版②,即美国巴恩斯(H. E. Barnes)的《历史编纂史》(1937年)、美国绍特威尔(J. T. Shottwell)的《史学史》(1939年)、美国汤普森的《历史编纂史》(1942年)。此外还有意大利克罗齐(Bendetto Croce)的《历史学的理论和实际》(1915年)、德国里特尔(Gerhard Ritter)的《历史科学的发展》(1919年)等。这些著作的面世,又进一步推动了史学反省。

这里要特别对古奇的《十九世纪历史学与历史学家》作点补白。这部名著站在20世纪现代历史学家的立场上,对19世纪的西方史学及史家作出了深入的"回顾与检讨"。在1913年初版本的"前言"中,他就这样说道:

> 本书的目的是,总结并估价近百年中历史研究与著作的成就,描绘本行业的大师,追溯科学方法的发展,衡量那些导致撰写名著的政治、宗教与种族影响以及分析它们对当时的生活和思想所产生的影响。③

总体而言,古奇的这部著作,在很大程度上实现了他的初衷。全书涉及史家林林总总,足足有500余人,尤其对19世纪西方重要的史学流派及其传承(如兰克学派等),浓墨重彩,给人以深刻的印象。总之,它对19世纪的西方史学作出了系统的总结,被论者认为是对"历史学作出的不朽贡献"④。

---

① 比如桑戴克的《世界文化史》在1936年由商务印书馆出版,于2007年由上海三联书店修订重版。

② 巴恩斯著《历史编纂史》(H. E. Barnes, *A History of Historical Writing*),1937年初版,1963年再版,一卷本,至今未见中译本。〔美〕绍特威尔著《史学史》(第一卷)(J. T. Shottwell, *The History of History*),1939年出版英文版。1929年由商务印书馆推出的何炳松、郭斌佳中译本《西洋史学史》,译自同一作者的 *An Introduction to the History of History* 一书,1939年初版的《史学史》(第一卷),其源出于前书。J·W·汤普森著《历史编纂史》(J. W. Thompson, *A History of Historical Writing*)有1942年英文两卷本。该书有中译本共4册,名为《历史著作史》,译者谢德风、孙秉莹,商务印书馆1988年版、1992年版。

③ 古奇:《十九世纪历史学与历史学家》,第6页。

④ B. E. Schmitt, *Some Historians of Modern Europe*, Chicago, 1942, p. 74.

个人以为，这一评语并非虚言，无论对西方史学史的研究，还是对西方史学史之史的求索，古奇此作都具有里程碑式的意义。

六、"重新定向"

二战后，伴随时代的飞速进步与社会的急遽变革，西方史学发生了一次新的重大反省活动，其核心人物当推英国历史学家巴勒克拉夫(Geoffrey Barraclough，1908—1984年)。前已说及，正是他在1955年提出了"重新定向"①的论断。后来巴氏于1976年受联合国教科文组织的委托而负责撰写《当代史学主要趋势》一书，又重申了这一思想："大约从1955年起，历史研究进入了迅速转变和反思的时期。"②无论是他所说的"重新定向"还是"反思的时期"，基本上是把西方史学的这一次新的反省活动定在50年代中叶。个人以为，这一论见，很具新意，深刻揭示了20世纪50年代中叶国际史学(尤其是西方史学)的深刻变化，自此西方史学发生了一次新的转折，揭开了当代西方史学的发展进程。更为重要的是，他在上书中所说的我们必须尝试采用"更加广阔的世界史观"③，到了1978年出版的《当代史学主要趋势》一书中进一步界定为"全球历史观"(即"全球史观")。他这样写道："认识到需要建立全球的历史观——即超越民族和地区的界限，理解整个世界的历史观——是当前的主要特征之一。"④随着历史学家的视野在时间上和空间上的扩展，盛行于19世纪西方的民族主义史学逐渐为世界主义史学所取代，因之巴勒克拉夫所倡导的"全球历史观"深刻地影响了当代西方史学的发展，也深刻影响了中国史学界⑤。

这里，我们需要探讨的问题是，西方史学这次新的重大的反省活动有哪些不同于前几次的特点呢？西方史学在这次反省的过程中又出现了一些什

① Geoffrey Barraclough, *History in a Changing World*, Norman, Okla, 1955, pp. 8－10.

② 杰弗里·巴勒克拉夫：《当代史学主要趋势》，第1页。

③ Geoffrey Barraclough, *History in a Changing World*, Norman, Okla, 1955, p. 133.

④ 杰弗里·巴勒克拉夫：《当代史学主要趋势》，第242页。

⑤ 国内学界近年来对"全球史观"颇为关注，尤其是2005年，或许可称之为中国西方史学史研究中的"全球史观年"。是年初，《史学理论研究》和《学术研究》均在第一期首栏发表关于"全球史观"的笔谈，令人注目。同年10月，首都师范大学又召开"世界各国的世界通史教育国际学术研讨会"，其主旨也无不与"全球史观"相关，与会中外学者二百余人，聚会北京，真可谓盛况空前矣。

么新的变化呢？这里略说一二。

首先要说到的一点是，西方史学的这次反省活动是与国际范围的史学反省紧密地联系在一起的。第二次世界大战后，全世界进入了全球化的新阶段，这正是这一特点产生的社会动因。因此，从 20 世纪 50 年代以来，除西方史坛外，世界其他地区的历史学家也对史学工作进行了自我的反省活动。1955 年(或 1956 年)，前苏联历史学家对史学工作明显地表现出了自我反省的态度，在波兰等东欧国家中，历史研究的重点也发生了转向。新的历史观念正在兴起。与此同时，在亚洲、非洲、拉丁美洲等地区，历史学家的反省不仅充分地表现在同旧的殖民主义的历史观念的决裂，而且在研究态度与方法上发生了变化。随着 1955 年苏联重新出席第十届国际历史科学大会，东西方史学逐步从"对抗"走向"对话"，国际史学的反省遂促成了国际历史学家的广泛交流与合作，"即世界各地的历史学家都在吸收、探索和提炼其它地区的同行们提出的新技术和新的认识能力"①。西方史学与国际史学界同仁的这种融合与汇流，是以前几次的反省活动中所未曾有过的。

重要的一点是，马克思主义史学在这次西方史学的反省活动中，起到了重大的作用。马克思主义在其发展过程中，一度受到西方史家的仇视、疑惧与曲解，乃至于 1913 年出版的古奇的《十九世纪历史学与历史学家》一书中，甚至连马克思的名字都还没有提到。马克思主义对西方史学家发生真正的影响是从第一次世界大战结束之后开始的。在现时代，马克思主义及其唯物主义史观对现代西方资产阶级史学所产生的巨大影响已经是一个不容否认的事实。美国史家伊格尔斯在其《欧洲史学新方向》的著作中，把当今正在经历着巨大变化的世界史学归纳为法则论的、阐释学的和辩证(马克思主义)唯物论的三个方向②。在他主编的《历史研究国际手册・导论》中，也把马克思主义史学列为"以重要的方式指出了现代社会历史发展的可能方向"的史学潮流之一③。这一事实表明，由西方资产阶级史学独占西方和国际史坛的局面，已经一去不复返了。正如法国哲学家萨特在 20 世纪 50 年代断言的：马克思主义仍然是我们时代的哲学，我们不能超越它。平心而论，当代西方资产阶级史学的许多有价值的思想成果是得益于(或借鉴

---

① 杰弗里・巴勒克拉夫：《当代史学主要趋势》，第 35 页。
② 〔美〕伊格尔斯：《欧洲史学新方向》，赵世玲、赵世瑜译，华夏出版社 1989 年版，第 35 页。
③ 〔美〕伊格尔斯：《历史研究国际手册》，陈海宏等译，华夏出版社 1989 年版，第 10 页。

于)马克思主义史学遗产的。我们可以从当代法国年鉴派—新史学的一些代表人物的言论中,清晰地看到这一点。

在这方面,还是巴勒克拉夫阐述得更具体一些。他从五个方面指出了马克思主义对历史学家的思想所给予的巨大影响:

> 首先,它既反映又促进了历史学研究方向的转变,从描述孤立的——主要是政治的——事件转向对社会和经济的复杂而长期的过程的研究。其次,马克思主义使历史学家认识到需要研究人们生活的物质条件,把工业关系当作整体的而不是孤立的现象,并且在这个背景下研究技术和经济的发展的历史。第三,马克思促进了对人民群众历史作用的研究,尤其是他们在社会和政治动荡时期的作用。第四,马克思的社会阶级结构观念以及他对阶级斗争的研究不仅对历史研究产生了广泛的影响,而且特别引起了对研究其他社会制度——尤其是奴隶制社会、农奴制社会和封建制社会——中出现类似过程的注意。最后,马克思主义的重要性在于它重新唤起了对历史研究的理论前提的兴趣以及对整个历史学理论的兴趣。①

巴氏的见解是中肯和富有启示性的。总之,马克思主义对西方史学的反省是深刻的和颇具影响力的②。

此外,还需要指出,法国年鉴派史学的成就为西方史学这五次反省活动提供了有力的和有价值的思想成果。在这里只想提到的一点是,多年来,年鉴派史学模式不断影响与推动着西方史学的革新、演化与反省,但年鉴派史学家笃信历史学的复兴在于实践而不在于理论,他们的目标“不是为了推行某种新教条或新哲学,而是要求一种新态度和新方法。它不是把历史学家限制在某种严格的理论框框中,而是开拓新的视野”③。确如巴勒克拉夫所说,它为这一次西方史学的“重新定向”“开辟了道路”④。

与这次史学反省活动紧密相关且作出重大贡献的当数美国历史学家伊格尔斯(Georg G. Iggers,1926—　)。他著述甚丰,中国学者对他所著《欧

---

① 杰弗里·巴勒克拉夫:《当代史学主要趋势》,第 27 页。
② 本处论述还可与本书第五章“西方史学与马克思主义史学”的有关论述相参证。
③ 杰弗里·巴勒克拉夫:《当代史学主要趋势》,第 63 页。
④ 同上书,第 58 页。

洲史学新方向》、主编的《历史研究国际手册：当代史学研究和理论》、《二十世纪的历史学——从科学客观性到后现代的挑战》等，甚是了解，也常为引用。近年又有《德国的历史观》一书中译本的问世[①]。作为当今国际史坛上一位著名的史学史家，粗读他的几本大著，一种探讨史学史之史的浓烈的问题意识扑面而来。他在《历史研究国际手册》的“前言”中一开始就这样指出：

> 本书旨在对历史学之现状作出评估，审视在史学方法和观点上的革新，以及它与古老的学术模式之间的连续性。编者们自问：在沟通意识分歧与过去割裂学术的民族传统方面，新方法在多大程度上取得了成功或是招致失败。[②]

在这里应凸显“作出评估”一词，亦即对史学自身进行自我检讨与回顾总结，类似于白寿彝所说的史学史研究工作中的自觉性，充分显示在他所写的《历史研究国际手册》一书的“导论”中。这篇从历史学角度看历史研究变革的出色史论，它对从古希腊、罗马时代的历史著作的学术模式直至20世纪法国的年鉴学派和现代马克思主义史学传统的回顾与探索，无不充溢着这种对前人史学工作的反省。其实，他的其他史学史著作也无不贯穿着前面所说的那种浓烈的问题意识，这对我们的史学史之史的研究，无疑具有重要的学术价值和借鉴意义。

综观伊格尔斯的史学史研究，其中他对兰克史学、年鉴派史学、马克思主义史学以及后现代主义史学的批判性分析详尽而又谨慎，这可从他的《欧洲史学新方向》、《二十世纪的历史学》等书中具体地反映出来。但在我个人看来，更具有学术功力的是伊格尔斯对德国史学传统所作的解释性和批判性的分析，特别是他对“历史主义”精到的研究，由之，他的《德国的历史观》在其史学史研究中更具重要的学术地位，达到了后人难以企及的理论高度。

本章末了，还不应忘了后现代主义思潮及其对史学反省所带来的影响。必须指出，“后学”思潮论者无论在历史观还是在史学观上，都与前述从传统

---

① 彭刚等译，译林出版社2006年版。

② 本处译文据英文原版重译。（Georg G. Iggers and Harold T. Parler eds, *International Handbook of Historical Studies*, *Contemporary Research*, Greenwood Press, Inc. Preface）

史学到新史学诸家诸派之间互不相容，这种被学者称之为“似是而非”的“吊诡之论”①，遭到了许多历史学家(包括前述伊格尔斯)的质疑。究竟如何正确评估诸如像海登·怀特、安克斯密特等“后学”代表人物的“高论”对历史学的影响，不仅关系到历史学的发展，而且与西方史学史之史的研究亦有莫大关联。对此，容另文再议。

当我们以匆匆的步伐，粗略考察自古以来西方史学的反省进程之后，不由感到：每一次重大的史学反省活动的发生，都离不开特定的时代与社会条件。概言之，历史学的发展，最终还有赖于历史的发展。我们之所以说古代的西方史家还不能对史学作出自觉的和系统的反省，乃是因为历史条件的限制。史学反省常常是特定的时代思潮的伴生物，历史学家的思维常常为这种时代思潮所左右，从而决定其对历史学的认识及对待自己工作的态度。每一次重大的史学反省活动，都带来了史学观念与方法的更新与变革，由此推动着史学的不断进步。

① 杜维运：《变动世界中的史学》，北京大学出版社 2006 年版，第 80 页。

第四章　西方史学的“新同盟军”

首先要说明的一点是，本章名中的“新同盟军”一词，出典于鲁滨逊的《新史学》。正如前述，该书的出版在美国史学史上具有划时代的意义，而他的史学思想已被后人付诸实施和发扬光大。的确如此，鲁氏在《新史学》一书所提出的历史学“需要一个革命”①，包含着对他之前的西方传统史学内容狭隘的深刻诘难，以及对开拓历史学研究领域的深切关注。为此，在他看来，西方史学需要充分利用“新同盟军”，“利用人类学家、经济学家、心理学家、社会学家所做的与人类相关的种种发现……而且历史这门学问将来在我们学术生活里应该占有比从前更加重要的地位”②。

倘如是，西方史学的“同盟军”是关系到它的生存与发展的重大命题，一如军事上攻城略地时，孤军奋战难以获胜，因而“同盟军”不可或缺，有时甚至还会起到至关重要的作用。本章所说西方史学的“新同盟军”，主要指的是与西方史学或嫁接、或结合、或重构的各路“新军”，亦可泛称为西方史学的“分支学科”。

一、“打破学科之间的围墙”

这个子题出典于1929年1月法国《经济与社会史年鉴》创刊号的“发刊词”。在彰示它的办刊宗旨时，道出了它的办刊方针③：

（1）打破学科之间的“围墙”，明确倡导跨学科与多学科的研究；

（2）不尚方法论上的空谈，理论是需要“透过实例与具体研究”来显示的；

---

①② 〔美〕鲁滨逊：《新史学》，齐思和等译，商务印书馆1964年版，第20页。

③ 参见〔英〕彼得·伯克：《法国史学革命：年鉴学派，1929—1989》，刘永华译，北京大学出版社2006年版，第15—16页。

(3) 它需要借鉴前人的经验，但又立意创新，即要“拥有自身所固有的精神与个性”。

这是法国年鉴学派在初创时的“宣言”。在它创立的最初年代里，在该派创始人吕西安·费弗尔和马克·布洛赫麾下，还只有默默无闻的几个人，在传统史学的汪洋大海中，就如同人们所描述的那样，只不过是一只“小小的玩具船”。八十年来，年鉴学派的名字虽另有所称或逐渐淡化，其史学理念也许在更新与变异，但他们不断问世的丰硕成果向世人昭示他们的由弱小到强大，由默默无闻到令世人瞩目，其原因就在于“打破学科之间的‘围墙’，倡导跨学科与多学科的研究”。

“打破学科之间的围墙”，年鉴学派的这一呼吁是西方史学内部新陈代谢的结果。回溯西方史学自古希腊时代奠立以来，就编史传统而论，自此，“希罗多德和修昔底德两种不同的风格代表着历史编纂兴趣两个截然不同的方面”[①]，希罗多德的著作视野广阔，内容宏富，尤着意社会文化的描述，乃是后世社会文化史传统的祖师；修昔底德的书则内容集中，专事政治军事，被奉为“政治史之父”。这两种代表“截然不同方向”的写史传统，其命运不同，后者以记载政治军事为主要内容的编史体例，至 19 世纪兰克史学的发展而趋于高峰，这种史学传统的确立、延续及发展，曾深刻影响着后世西方史学的发展。

在兰克史学占据支配地位的年代里，由于这位客观主义史学大师的努力，一方面他把史学提升为一门具有高度专业化的科学，极大地推动了 19 世纪西方史学的进步；另一方面，他的政治军事史的编史传统，恪守于内容狭隘的领域，正如论者所形容的，“史家于冰川表面上之灰屑，则追寻之；而于冰川四围之崇山叠嶂，则反忽略之矣”[②]。其行之有年，弊端丛生，质疑之声从 19 世纪末年起就不绝于耳，倘不进行革新，势必会阻碍史学继续前进的步伐。于是就有了从“文化史运动”到文化形态史观的兴起，到了年鉴学派那里，就发出了“打破学科之间围墙”的强力呼吁，我们之所以把法国年鉴学派称为 20 世纪西方新史学范型的代表，其史学之“新”，其中一个重要的方面即在于此。无论是费弗尔开创的“总体史”道路还是布洛赫的比较研究

① 〔美〕唐纳德·R·凯利：《多面的历史——从希罗多德到赫尔德的历史探询》，陈恒等译，三联书店 2003 年版，第 5 页。

② 班兹：《社会学与社会科学》，董之学译，商务印书馆 1933 年版，第 5 页。班兹，现译巴恩斯，鲁滨逊的弟子。

方法，都着意反对传统史学将目光局限于政治军事或“精英人物”的活动的狭隘做法，扩大史学研究的领域，他们不仅从理论上，而且也在实践上为后人进行多学科与跨学科研究创造了条件。在西方新史学的“巅峰时代”，更由于年鉴学派第二代大师布罗代尔的努力，由于他们奠立的历史时段理论，由于体现其史学理论的皇皇巨著《菲利普二世时代的地中海和地中海世界》的出版，由于通过该派所掌管的学术机构——社会科学高等研究院，旨在协调合作，这就大大地促进了历史学与社会学、人类学、经济学、哲学、文学等多个学科的学术交流，推动了以历史学为核心的跨学科研究。进言之，年鉴学派史家甚至想“把历史学家提高到所有人文科学之上，赋予其协调各学科关系的‘一家之主’的地位。费弗尔和布罗代尔心里是想实现历史学的某种绝对统治”①。年鉴学派在史学上的雄心壮志，于此可见一斑了。

“打破学科之间的围墙”，亦即倡导跨学科与多学科研究，当然并不始于年鉴学派，在法国年鉴学派之前，在法国之外，倡导跨学科研究的著名人物当不能忽视马克斯·韦伯（Max Weber，1864—1920 年），这位被西方学界称为“全才的知识分子之一”、“百科全书式”的学者。在现代西方学术界，像韦伯那样涉及历史学、社会学、政治学、法学、宗教学、伦理学、哲学、经济学、文化学等诸多领域，“打破学科之间的围墙”，进行跨学科与多学科的研究，至为鲜见。唯其如此，韦伯才能够对世界各主要文明进行多维度的综合研究，探索它们的精神文化气质以及与该民族的社会经济之间的相互关系，从中揭示出西方文明的主要特征。他以他所构建的“理想类型”对世界文明进行整体的与综合的研究，他在这方面所运用的比较研究方法，对我们当今从事跨学科与多学科的综合研究，不啻具有某种方法论上的意义②。在第十六届国际历史科学大会上，韦伯的跨学科研究方法受到了广泛的重视，他的相关理论曾被列为“方法论”部类的三大课题之一。

“打破学科之间的围墙”的呼吁，在西方世界，在欧洲之外，无疑当首推美国历史学家鲁滨逊了。事实上，他比年鉴学派创始人早 17 年就提出了这一思想。在《新史学》中，鲁滨逊曾这样明确地指出：

> 假设把历史学的新同盟军好好加以利用，那么，不仅历史研究的范

① 杜比：《法国历史研究的最新发展》，《史学理论研究》1994 年第 1 期。

② 参见张广智、张广勇：《史学：文化中的文化》，上海社会科学院出版社 2003 年版，第 274—285 页。

> 围可以大大加强和深化，而且在史学园地里将会取得比自古以来更有价值的成果。①

鲁滨逊在上述及《新史学》中的许多言论，内涵丰富，意义深远，其学术张力与效应，并没有在当时就立刻显现出来，鲁氏之睿见，可以预期将会在未来的多学科与跨学科的综合研究中慢慢释放出来。就这一意义上而言，鲁滨逊的《新史学》或许可以成为现代西方新史学发生根本性转折的标志性文献之一。其学术影响不可小觑。

归根结底，“打破学科之间的围墙”，年鉴学派的这一呼吁也是时代发展与社会进步对史学的诉求与愿望。西方史学的发展史证明，在被称为“历史学世纪”(19世纪)的岁月里，历史学从其他学科中脱颖而出，日益分化，从而发展为一门独立的学科的。到了20世纪，历史学已不再能“闭关自守”、墨守成规，它需要伸出双手，排除传统史学所设置的种种障碍，冲破自我封闭的体系，一手伸向自然科学，一手伸向社会科学，交汇沟通，互补反馈，于是呈现在我们面前的历史学，已向历史深处走去，并为历史学的“新同盟军”的萌发与成长开拓了无限广阔的前景。

这里所说的历史学的“新同盟军”，总的可泛称为现代历史学的分支学科，虽则在它的一些分支中，到目前为止，还很难成为一门独立学科；还因为这些分支学科的众多，也还需要分若干层面，次第叙述，如在“向历史深处走去”这一节中叙述的分支学科，多留意它的历史根基，并具有方法论的意义；在“历史学的新天地”一节中，则关注现代史学的衍化及领域的开拓，而出现的分支学科；在“历史学的新生代”这一节中，重点介绍的“新同盟军”则是影视史学——一个为大陆史学界所不熟知，但在海外已时兴的历史学的新品种。

总之，上述诸项，虽同为现代史学的“新同盟军”，但还可作如上的细分，虽则它们之间的“边界”还不甚清楚。

二、向历史深处走去

在众多的现代史学的“新同盟军”中，我们首先叙述那些具有方法论意

① 鲁滨逊：《新史学》，第70页。

义，一般并不始于当代而富有历史根基，但在当代又重获生机的分支学科。

1. 心理史学

心理史学是历史学与心理学“嫁接”而产生的一门历史学的分支学科，它借助与沿用现代心理学的理论与方法，以探索人类往昔的种种行为，这就可以把历史引向深处，进而更全面更深刻地阐明人类历史发展的客观进程。必须指出的一点是，20 世纪以来，西方史学为了从自我封闭的体系中走出来，正如前述，它需要一手伸向社会科学，一手伸向自然科学。以前者而论，历史学与心理学的“嫁接”较它与社会学、经济学、政治学等社会科学的结合要晚得多，然而这迟来的“姻缘”恰恰说明了现代西方史学与社会科学诸学科结合从而展开跨学科研究的时代真正开始了。

心理史学发端于 20 世纪前期的奥地利心理学家西格蒙德·弗洛伊德(Sigmund Freud，1856—1939 年)。他用精神分析学说研究历史人物的行为，将“自我”、“本我”、“超我”这些心理学的理论渗入历史研究领域，这在一定程度上开拓了历史学家的视野。但他以生物学上的人的本能冲动(libido，“利比多”)和欲望来解释人的行为，难免使他的研究成果肤浅微薄以致陷入生物决定论的泥潭。

心理史学发端于欧洲，但兴盛于美国。二战后的美国，尤其 1957 年在美国历史协会主席兰格(William L. Langer)《下一个任务》的刺激下，以埃里克森(Eric H. Erikson)为代表的新一代心理史学家，突破了弗洛伊德所设置的理论构架，重视社会文化因素的影响，进一步推动了心理史学的发展。埃里克森撰《年轻的路德》等书，从而振兴了心理史学，从理论和方法上为心理史学开辟了新的途径。他创立了“心理分析自我心理学”，认定人格的发展是自我和社会文化相互作用的过程，在人格发展的每一个阶段中，都会受到社会文化因素的制约。他的研究成果为心理史学揭示了一条新途，但他无法克服精神分析学说的缺陷，他对个人传记的心理分析仍然是从理论模式而不是从历史实际出发的。

在美国，心理史学著作的内容除个人传记之外，还有对人类群体生活及其行为的心理分析方面的作品，最集中体现在家庭史或儿童史的研究中。在这方面，值得一提的是彼得·洛温伯格(Peter Loewenberg)的《纳粹青年追随者的心理历史渊源》①，该书采用多学科的研究方法，依据扎实的历史

① 彼得·洛温伯格：《纳粹青年追随者的心理历史渊源》，《史学理论研究》1996 年第 3、4 期。

资料，力戒主观臆断，讲究事实证据，在跨学科与多学科研究方法的观照下取得了成功。这或许是发展心理史学的一条坦途。

在现当代西方心理史学中，除了运用弗洛伊德的精神分析学说于历史研究之外，还有运用行为主义和认知理论来研究与探索人类过去的种种行为。为了区分，我们称前者为“精神分析的心理史学”，称后者为“非精神分析的心理史学”，后者的主要园地也在当代美国。在西方心理史学的发展进程中，两派互不相容，存在着互相排斥的倾向，实际上未必有利于心理史学的发展。

从总体上看，二战后欧洲从事心理史学研究的人不多，心理史学的繁衍似乎成了现当代美国史学的一种特有的史学景观，对此，伊格尔斯曾说过：“实际上，弗洛伊德的方法和概念对欧洲心态史的直接影响微乎其微，心理史学几乎只是美国的特有现象，直至今日，它与现代心态史的趋势背道而驰；集中注意出类拔萃的个人而没能建立这些个人与其社会环境之间的联系。”①伊格尔斯的这段话涉及心理史学与心态史学之间的区别。心态史的研究在欧洲具有源远流长的历史传统，从19世纪德国历史学家卡尔·兰普勒希特对德意志民族的集体心理分析，到20世纪上半叶荷兰历史学家约翰·赫伊津哈在《中世纪的衰落》中对中世纪晚期人们心态的分析，都是现代心态史学的先声。现代心态史学在法国得到了发展，尤以勒费弗尔对1789年群众恐慌行为的研究最具代表性，其后在法国年鉴—新史学派那里，在法国马克思主义历史学家如伏维尔那里都有了长足的进步。由此可见，心理史学的中心在美国，心态史学的中心则在法国，两者在研究领域与方法等方面存有差异，但它们之间又有密切的联系，当用心理学的理论来研究人类群体的心态的时候，两者就交叉重叠，从而没有必要将其截然分开了②。

2. 计量史学

说起历史学与自然科学的结合，莫过于计量史学的兴起了。其实，历史研究中的计量方法同样具有悠久的历史，甚至可以说它的本身同历史学一样古老，但现代意义的计量史学始于二战之后。所谓现代意义的计量史学，它至少应包括以下一些方面：一是运用电子计算机。由于它的使用，使系

① 伊格尔斯：《欧洲史学新方向》，第205—206页。

② 参见周兵：《心理与心态——论西方心理史学两大主要潮流》，《复旦学报》2001年第6期。

统收集、利用史料及进行统计分析成为可能，并向研究者提供了处理大量情报资料和分析多变量现象的能力，从而为计量史学的发展奠定了基础。二是进行统计分析。这里所说的统计分析，不是指以往史学研究中那种描述性的统计，而是一种高级的推理统计学和多变量解析领域的分析，对此非使用电子计算机不可。三是制作数学模式。借用社会科学尤其是经济学中的理论模式，以数理形式来表现历史文化现象。

现代计量史学与欧美诸国新史学的发展是同步进行的，其中尤以法国和美国开展为早，而且最为充分。两者相比，法国则走在最前面。在 20 世纪 30 年代，法国经济学家西米昂(François Simiand)运用计量方法分析货币流通的变化，奠定了计量史学方法的基础。此后，历史学家拉布卢斯(Ernest Labrousse)进一步完善和发展了西米昂的方法，并把它运用到具体的历史研究中去。在美国，从 50 年代开始，计量史学方法向历史研究渗透，出现了以广泛采用计量方法与数学分析为特征的新经济史学派、新政治史学派和新社会史学派。

计量史学有其明显的优越性：

它可以最大限度地运用与发掘史料，这是传统的以定性分析的描述方法所无法解决的。由于借助电子计算机，新的史料被源源不断地发掘出来，诸如选民登记、教区档案、法庭记录、公私账本、公私藏书目录、病史记录、结婚登记、死者遗嘱、家谱、税单等，可以转化为机器可读出的数据，都可以视为“史料”，这与西方传统的史料观迥然不同。

它可以使历史学家开阔视野，转换视角，加深对历史的认识。二战后西方史学界所确立的“自下而上看的历史学”，在很大程度上得益于计量史学方法的普遍运用。福格尔(Robert Fogel)认为，作为撰写群体历史的一种辅助手段，计量方法“似乎最有用武之地”，如新政治史学关注的中心是选民群体，揭示普通选民在选举中的态度与行为；新社会史学关注的也是构成社会的不同的人群，他们在社会历史发展中的地位和作用，亦即社会底层的历史。的确，计量史学方法的推广，为历史学家研究下层社会与普通群众的历史开辟了途径。

它使历史学家的研究更加精确化，历史学家应用电子计算机与数量统计方法，不仅可以更迅速地从事研究工作，而且还影响到历史学家史学思想上的变化，使研究者在对历史的解释、对史料的看法、对历史的表述方法等方面发生变化。总之，它会引起历史学家在历史认识论与方法论上发生变革。如传统史学通常应用定性分析与描述方法，随之带来语言文字上的模糊性与不确定性，但运用计量方法的“数学语言”却可以更精确地揭示历史现象与社会现象，把定量分析作为历史叙述的一个重要组成部分，使历史研究更准确、更客观。被西方学者所称的“计量革命”①，在很大程度上说的就是计量史学的这种优越性，它反映了当代历史学家使史学精确化和科学化的一种巨大努力和趋势。

计量史学方法尽管取得了不少令人瞩目的成就，在史学研究的各个领域产生了广泛的影响，但它的局限性也日益显露，历史学家对它的诘难也就不断产生了。计量史学作为一种技术性方法，其使用范围是有限的，从技术上讲，并非所有的史料都可以进行有效的计量分析，尤其是系列分析，电子计算机不可能把历史中的根本的人的因素输入进去，机器不可能进行本质上属于创造性的工作，“数学语言”不能揭示出参与历史活动的个体的独特个性，反倒有可能使原本栩栩如生的历史变成充斥数字与图表的枯燥无味的东西，从而失去历史学的固有魅力。这不仅在专业圈中遭人责难，而且也很难为大众社会所接纳。企图以计量方法包办一切，声称不是计量的历史学就不是科学的历史学，那只能是痴人说梦话。美国一些计量史学家在研究内战前美国奴隶制经济问题上所出现的失误，也着实告诉人们，一味迷恋与追求计量方法，确有可能使历史学陷入技术主义的泥潭，从而有悖于唯物史观。

因此，只有在正确的理论指导下，科学地运用计量方法，并与其他研究方法互为补充，方才能把历史研究引向深入。

3. 口述史学

如同前述心理史学、计量史学一样，口述史学也有久远的传统。在文字发明之前，神、巫与诗人可以水乳交融，浑然一体。那个时候，某一个氏族的诗人，就是这个氏族的历史档案库。诗人们可以凭借神与巫作为抒发情感的媒介，行咏歌者。祭司巫祝，正是通过世代的口舌相传，在神话传说或英雄史诗中，为后世保存了人类最初的历史，于是就有了十口相传为“古”的说法。这在世界各国都大体如此，英文 history 一词可追溯到古希腊语 historia，为调查、访问和询问一位目击者之意。自然也就带有对上述活动的结果记录之意，古代史学与口述史料的密切联系，由此可见一斑。

在西方，自文艺复兴运动之后，大多数西方历史学家日益重视文献资料

① 杰弗里·巴勒克拉夫：《当代史学主要趋势》，第131页。

而忽略口述材料，而至19世纪兰克史学鼎盛之时，口述资料在德、英、法、美等国几乎被摒弃不用。不过到了20世纪二三十年代，现代口述史学在美国兴起，并于六七十年代在西欧以及世界其他一些国家得到了扩展。

现代口述史学与传统史学既一脉相承又有差异：一是借助于现代科学技术，现代口述史学的形成大都经过了回忆人口述、录音记录、文字整理这样一个过程；二是现代口述史学的采访、记录者多为训练有素的研究人员，是受访者与研究人员双方合作的产物。在社会进步与时代变革的潮流中，历史学家的观念也在变化，他们对普通人的生活和工作的兴趣与日俱增，学科之间的交汇也需要采取新的手段，在这样的形势下，古老的口述史学焕发了青春，获得了再生。

作为现代历史学的一门分支学科，口述史学也有其规范性的操作顺序。简言之，现代意义上的口述史学，实际上是通过有计划的访谈和录音技术，对某一个特定的问题获取第一手的口述证据，然后再经过筛选与比照，进行历史研究。口述史学对历史学的最大贡献就是提供了一种新的研究方法，并在理论上与方法上对传统史学提出了严峻的挑战。较之传统史学，口述史学具有很明显的特征：生动性，因为其史料来源于普通的民众，展现的是凡人凡事，运用的是大众语言；广泛性，在它那里，档案文献不再是唯一的史料，由于口述史料的多样与运用，这就为历史研究开拓了一个广阔的天地；民主性，在它那里，历史编撰者与历史创造者是直接接触的，并成为历史研究过程中共同的参与者，这就在相当大的程度上打破了编史者（专业史家）与非编史者之间的界线，使历史研究变得更具民主色彩。

目前，口述史学的前进遇到了阻滞，正如美国口述史家布鲁斯·史代夫(Bruce M. Stafe)在中国作口述史学的讲演时所说："在中国，口述史就像'中国的难题'(The Chinese Puzzle)一样，难以寻找到所有的部分。"①

笔者认为，现代口述史学的发展恐怕是一个"世界的难题"，然而，我们对口述史学发展的前景，如同对现当代其他历史学分支学科一样，抱着非常乐观的态度，不论是"中国的难题"还是"西方的难题"，都将被攻克。

4. 比较史学

用比较史学的方法研究历史自古有之，它甚至可以追溯到西方"史学之

① 布鲁斯·史代夫：《口述史学的性质、意义、方法和效用》，《北大史学》(6)，北京大学出版社1999年版，第253页。

父"希罗多德那里。至19世纪中叶，这种方法已被普遍采用。现代意义上的比较史学，兴起于20世纪。1928年法国历史学家马克·布洛赫发表《欧洲社会历史的比较研究》，被学界视为"比较史学的滥觞"，他本人亦被称为"比较史学之父"。二战后，在全球一体化与史学的国际化进程中，比较史学得以发展。

20世纪50年代以来，比较史学逐渐发展并风靡西方史坛。在西方诸国中，美国的比较史学发展得较为充分，不仅研讨比较史学的原理和方法，并涌现出了一批比较史学研究的学术成果，如布莱克的《现代化动力》、《日本和俄国的现代化》，穆尔的《独裁和民主的社会根源：现代世界上的地主和农民》等。

人类历史的发展进程尽管复杂多变，但它总是共性与个性的统一、统一性与多样性的辩证结合，从而使人们选择历史发展不同层面上的历史现象或观点进行比较有了可能，而"世界历史的发展是不平衡的，这便决定了各个历史现象或过程的可比性"①。因此，比较史学作为一种研究历史的方法，自有其自身的特点：它不像写作通史或断代史的历史学家那样在连续叙述人类的发展中寻找历史的意义，也不像历史哲学家那样在寻求全面的总体模式中获取历史的意义，而是从整个人类历史中一直在撞击着人类的那些永恒的问题中寻找历史的意义。为此，比较史学按照某种规范和范畴，从人类历史中挑出两个或两个以上的对象，侧重探讨历史发展的一般规律及某种情况下的特殊规律，亦即寻求历史发展的普遍性与特殊性、共性与个性，藉以阐明它们之间的相互关系及其异同。论者认为，历史的比较研究在历史学家研究工作的四个阶段(提出问题、鉴定历史问题、制定适当的研究规划、获得和验证重要结论)中都是可以给予帮助的。但比较方法是有局限性的，它不是万能的。无论是以时间范畴来划分的共时性与历时性的比较，还是以空间范畴来划分的宏观比较、中观比较和微观比较，都应具备这样的一些条件：对要进行比较研究的双方或几方，要有一定的了解与研究；应透过现象，揭示本质，力求寻找比较研究的双方或各方的"异中之同和同中之异"②；比较双方与各方应具有可比性，不能把毫不相关的事情硬搭配在一起，否则就会弄得不伦不类、谬误百出。比较史学方法之成效还在相当大的

① 于沛主编：《现代史学分支学科概论》，中国社会科学出版社1998年版，第311页。

② 〔德〕黑格尔：《小逻辑》，贺麟译，商务印书馆1981年版，第253页。

程度上受到社会历史观与认识论、方法论的制约，亦即不能摆脱研究者主体性的制约，倘处置不当，在用这种研究方法时便会陷入某种困境，从而影响了研究对象的广度、深度及其科学价值。

在此，需要指出的一点是，“比较历史”(comparative history)与“比较史学”(comparative historiography)有别，前者可与“历史的比较研究”相提并论，指的是历史发展进程中的比较研究；后者指的是历史学自身的问题，即研究一国史学与另一国史学或多国史学之间的异同，探讨不同国家史学之间的相互交汇与相互影响。可见，两者是既有联系而又有各自研究对象与研究内容的两个概念，不能相互混淆。

在此，需要指出的一点是，在进一步开展比较史学研究的今天，特别要关注中西史学的比较研究。杜维运对此曾这样高瞻远瞩地指出：“处于21世纪的今天，科技的进步，已使世界范围缩小，然而国家民族的偏见，仍然弥漫于世界每一角落，国家民族间的仇恨不绝，战争弥已，人类尽毁，绝于旦夕。如何挽救世界人类的厄运，就有待比较历史(comparative history)与比较史学(comparative historiography)的出现了。这也是比较方法的最大发挥了。”①倘如是，比较史学真的如“比较史学之父”马克·布洛赫所说的是一个“神力的魔杖”。不管怎么说，开展比较史学，尤其是在当下深入开展中西史学的比较研究，当是我国史学界史学工作者的一项重要任务②。

三、历史学的新天地

本节要说的“新同盟军”，关注的是开拓史学领域，深化史学空间，由现代历史学蕃衍而延伸出来的那些分支学科。这里首先要叙述的是由当代美国社会科学史学派而衍生出来的几个支脉：新经济史学、新政治史学、新社会史学。

首先是新经济史学。

新经济史学之所以说“新”，在于它把计量方法运用到传统的经济史领域中，结合借用经济理论、统计推断与数学模式，使它与一个结论或假设相

① 杜维运：《变动世界中的史学》，北京大学出版社2006年版，第49页。

② 关于开展中西史学的比较研究的问题，晚近以来最新的研究成果可参见张越：《中西史学比较研究的开展与深化》；李勇：《20世纪80年代以来国内中西史学比较研究回顾》。上述两文均刊于瞿林东主编：《史学理论与史学史学刊》(2006年卷)，社会科学文献出版社2006年版。

关的所有因素与关系项明朗化。在这一研究过程中，确立预先的假设很重要，对过去经济发展所作的全部解释是运用行之有效的“假设—演绎模式”(亦称“反事实模式”)它构成了新经济史学的本质特征，当然在这一过程中，数学模式与电子计算机程序的运用是新经济史学家们不可或缺的手段。

在美国，新经济史学家的代表人物当数福格尔，他后来与恩格尔曼(S. Engerman)合著《苦难时代：美国奴隶制经济》一书，在书中，他们提出了一个重要的假设：如果没有1861—1865年的南北战争，奴隶制种植园一直维持到1890年的情况会怎样呢？他们根据产品价格、产量等各种统计资料及账本、日记等大量前人不曾注意的史料，运用复杂的计量方法计算出1860—1890年间棉花价格和产量的增长率、奴隶生活费变动率、奴隶价格增长率等，从而得出结论认为：至1890年奴隶制度较1860年更具有活力，因而奴隶制危机不是社会危机，而是社会平等问题或社会道德问题，奴隶制就其经济本质而言，与资本主义制度并无区别，只是带有中世纪形式而已。两人之见，在美国学界褒贬不一，引发了广泛的争鸣。不过，反“事实”的“假设—演绎”模式对于我们进行历史研究仍是有积极意义的，因为它提示了历史发展进程中的各种可能性，从而有助于人们加强对客观历史的认识，从史学方法论的角度而言，它无疑是一种进步。

其次是新政治史学。

新政治史学之所以说“新”，在于它把计量方法运用到传统的政治史领域中，结合借用社会科学的理论，更突出的是把行为科学的理论引入了历史学。新政治史学所奠立的“政治行为模式”以“政治重新组合模式”和“种族文化模式”最为著名，前者提出了研究政治变化的“临界选举论”或“重要时期论”，后者则强调种族、宗教、文化等因素在大众选举行为中的决定性作用。

在美国，新政治史学的代表人物以李·本森(Lee Benson)为首，他于1961年发表其代表作《杰克逊民主的概念》，奠定了新政治史学在美国学界的地位。正是在这本书中，他提出了“种族文化模式”，但因此论也引发了争议。有论者认为，在对选民政治行为模式的研究中，不能排除对选民的社会经济因素地位的分析。

最后是新社会史学。

新社会史学之所以说“新”，在于它在传统的社会史研究中注入新的元素，如以英国霍布斯鲍姆为代表的历史学家，注重社会下层民众日常生活的历史研究，形成了新社会史学的“英国特色”。而在美国，它则以城市研究尤其是注重社会流动这一美国社会特征及其在城市化过程中的作用为其特色，从而形成了美国新社会史学。

美国新社会史之所以说“新”，即在于它的社会流动研究，并以此确立了“社会流动模式”。这一模式是初由兰帕德(E. E. Lampard)，继由塞恩斯特鲁姆(S. Thernstrom)等历史学家确立的。后者所确立的社会流动模式，则主要关注人口流动情况、阶层和种族的空间流动差异、社会流动性、移民与社会程度差异等。总之，新社会史学的社会流动模式研究，颠覆了把新政前的繁荣时代称之为黄金时代的陈见，其研究所挖掘和揭示出来的事实加深和丰富了人们对美国社会和历史的认识。

如上所述的新经济史、新政治史和新社会史，这些历史学的“新同盟军”扩展了学术空间，开拓了新的研究领域，并由此而另辟史学的新天地。

这里继续以此思路，叙述新社会史延伸与开拓的史学新天地。新社会史是一个相当宽泛的研究领域。由这个宽泛的领域，又衍化为许多新的分支学科，首先是城市史。塞恩斯特鲁姆的代表作：《贫穷与进步：一个19世纪城市的社会流动情况》，既是新社会史的奠基之作，又是城市史研究的代表作。除城市史之外，又延伸出许多支系，如劳工史、企业史、家庭史、黑人史、儿童史等。“枝桠”繁多，这里择其一支——城市史，稍作叙述。

城市史学是现代史学的“新同盟军”，它的兴起是二战后社会的进步，尤其是全球范围内方兴未艾的城市化运动的产物，城市的发展及其所带来的一系列问题，都迫切需要对它进行研究，于是，城市史学便应运而生。

从学科角度而言，城市史学也是社会史学发展的产物。城市史是社会史的一个分支，尤其是新城市史学，“在方法论上，它代表着计算机时代史学研究的新潮流，将数理统计方法引入史学研究，建立可以应用于其它群体研究的模式和变量。总之，作为社会史的一个分支，‘新城市史学’丰富和发展了社会史学”①。

城市史学在二战后的欧美国家得到了长足的发展，尤其是在美国。1964年，前述塞恩斯特鲁姆的《贫穷与进步：一个19世纪城市的社会流动情况》问世，标志着美国城市史学发展进入了新的阶段。事实上，美国城市

---

① 史明正：《美国城市史学的回顾与展望》，中国留美历史学会编：《当代欧美史学评析》，人民出版社1990年版，第106页。

史学“以其成果繁多、研究理论和方法论较为突出而领导着不同时期西方城市史的潮流”[①]。其因何在？论者指出：“在研究内容上会不断广泛和深入，在方法论上会不断更新。不断发展、不断创新正是美国城市史学充满生机的奥秘所在。”[②]这不仅道明了美国城市史学发展兴旺的奥秘，也道出了二战后美国史学引领现当代西方新史学潮流的奥秘。扩而言之，史学工作乃至一切学术工作发展兴旺的奥秘亦在于不断发展、不断创新。

倘若从史学研究范围的扩充而言，个人以为晚近以来身体史研究的趋势，是现代史学“新同盟军”中一支别开生面的“新军”。

说起身体史，还得先说现当代西方自20世纪70年代以来的“新文化史运动”，以及这一运动的弄潮儿彼得·伯克及他的论述。他在来华的学术演讲中，曾论及新文化史研究所涉及的七个领域即物质文化史（亦即饮食、服装、居所、家具等的历史）、身体史（它与性态史、性别史相联系）、表现史、记忆社会史、语言社会史、政治文化史（集中于政治态度和政治实践的社会史）、语言社会史、旅行史[③]。在彼得·伯克的心目中，新文化史犹如一只大麻袋，其内涵与外延包括甚广，身体史自然也囊括其中。不过，就我们看来，西方学者自20世纪70年代以来对“身体”的格外关注与浓厚兴趣，除与新文化史运动有关外，也与福柯的著作及其所阐发的思想有关。福柯以“规训权力”为主旨对隐含在人类社会中的身体规训机制的深刻解剖，也许是引发西方学者对“身体”所含有的象征意义予以关注的重大因素。当然，“身体”作为一种符号，之所以引起当代学者们的普遍关注，还有更广泛的原因。有学者指出：由于时代的变革，“劳动的身体成了追求欲望的身体”、“对作为美好生活标记与文化资本标识物的身体”，人们产生了“一种强烈的商业与消费主义的兴趣”；随着妇女运动的兴起，妇女社会地位的提高，女性主义理论家在对父权制社会展开批判的过程中，逐渐对男女身体差异及其本质提出了质疑[④]。此外，人类学尤其是历史人类学、医学人类学的兴起，也是促使身体史研究获得进展的主要原因。可以期望的是，“这一直指向生命、

---

① 姜芃：《城市史学》，于沛主编：《现代史学分支学科概论》，第141页。

② 史明正：《美国城市史学的回顾与展望》，中国留美历史学会编：《当代欧美史学评析》，第114页。

③ 彼得·伯克：《西方新社会文化史》，刘华译，《历史教学问题》2000年第4期。

④ 参见〔英〕布莱恩·特纳：《身体与社会》，马海良、赵国新译，春风文艺出版社2000年版，第2—8页。

极具开掘深度的研究必定会是未来史学研究的重要方向之一，它的出现不仅仅只是拓展了历史研究的领域，而且还将可能促进史学理念和方法的更张”①。

关于身体史研究，自福柯之后，在20世纪70—80年代的西方有了较大的发展，并渐成气候，至1980年代，学界对身体史概念已耳熟能详，不再感到陌生。从身体史研究的现状来看，目前，西方学者的论著，名目繁多，色彩斑斓，既有正儿八经的理论之作，也有以香艳的书名吸引读者眼球的通俗读物，大致有如下几类：关于人体理论研究方面的作品，如前已有引述的英国学者布莱恩·特纳(Bryan S. Turner)的《身体与社会》②，就是这方面的代表作，国内出版界在2000年翻译出版的系列丛书中，不仅包含有《身体与社会》，还有《身体意向》、《身体与性病》、《身体史话》、《身体思想》、《身体与情感》等名作；关于人体器官方面的作品，如《乳房的历史》、《男性文化史》、《头发的历史》等；关于人体生理现象方面的作品，如《哭泣：眼泪的自然史和文化史》、《尴尬的气味：人体排气的文化史》等；关于医学与性关系方面的作品，如美国学者费侠莉的名著《繁盛之阴：中国医学史中的性(960—1665)》③，从医疗社会史的视角对中国古代医疗活动中的女性身体作了探讨④。

身体史研究在中国学界虽然还是一个非主流的研究领域，但也有回应。比如从医疗社会史视角写作的杨念群的《再造病人——中西医冲突下的空间政治(1832—1895)》⑤、余新忠的《清代江南的瘟疫与社会：一项医疗社会史的研究》⑥，是从疾病医疗社会史角度研究身体史的颇具深度的力作。需要指出的是，在这方面台湾学者走在了前面，成果亦多，在此不再赘述⑦。

当下身体史的研究，在国内外似乎很“热”，但问题亦不少，比如远离历史与社会文化环境的纯身体的研究，选题琐细无比而成毫无意义的饾饤之

---

① 余新忠：《从社会到生命——中国疾病、医疗史探索的过去、现实与可能》，杨念群等主编：《新史学：多学科对话的图景》，中国人民大学出版社2003年版，第706页。

② 春风文艺出版社2000年版。

③ 江苏人民出版社2006年版。

④⑦ 进一步的情况，可参见余新忠：《从社会到生命——中国疾病、医疗史探索的过去、现实与可能》，杨念群等主编：《新史学：多学科对话的图景》，第706—733页。

⑤ 中国人民大学出版社2006年版。

⑥ 中国人民大学出版社2003年版。

学等。看来，作为现代史学的“新同盟军”新文化史的一个分支，其学科前景还有待不断开拓与进取。

说到现代史学别开生面的“新同盟军”，还不应忘了历史人类学，它也是在“打破学科之间的围墙”的学术变革的背景下产生的，还与前述身体史的研究不无关联。比如，人体特征及其变化、死亡及人们对死亡的观念、性及人们的性观念、疾病卫生及人类健康状况等问题，这些既是历史人类学的研究对象，也可归之于身体史研究的领域。现代学科之间的交流与融合，于此可见一斑。

什么是历史人类学？一本权威的史学理论大辞典为此下了这样的定义：“历史人类学是历史学以相近于人类学研究的方法、途径、角度对历史进行研究的一个潮流。”又云：“从方法论角度看，历史人类学是史学与人类学相互影响的产物。”[①]是的，历史人类学确是两者相互发生影响，这在法国年鉴学派那里表现最为突出，其史学不断革新，研究领域不断扩展，为与人类学的交流奠定了坚实的基础，比如年鉴学派年轻一代的代表人物安德烈·比尔吉埃尔(André Burguiére)将历史人类学的研究途径概括为饮食史、体质体格史、性行为史和家庭史等几个方面[②]。在这里，对身体的关注与人类学的旨趣有机地融合到一起来了。正是在这一意义上，法国历史学家才把20世纪70年代以来不断高涨的这一研究趋向称作历史人类学。事实上，人类学已经与年鉴学派的史学理念，如中时段的情势研究与长时段结构相沟通而渗入到许多重要的史学领域中。扩而言之，在历史人类学那里，“这种对社会深层结构的重视，强调关注普通人的、日常生活的历史观带有强烈的人类学的旨趣和研究方法，是历史人类学的主要特征。”[③]

自历史人类学问世以来，不仅在年鉴学派那里(如埃马纽埃尔·勒华拉杜里)，而且在新文化史家那里(如罗伯特·达恩顿)，都奉行历史人类学的学术旨趣，在史学研究的实践中取得了许多丰硕的成果[④]。自20世纪60—70年代历史学出现“人类学转向”以来，历史学与人类学的交流融合已成为不可阻挡的发展新趋势，正如列维-斯特劳斯所揭示的，“任何一部好的历史

① 姚蒙：《历史人类学》，蒋大椿、陈启能：《史学理论大辞典》，安徽教育出版社2000年版，第120页。

② 参见〔法〕安德烈·比尔吉埃尔：《历史人类学》，J·勒高夫等主编：《新史学》，姚蒙编译，上海译文出版社1989年版，第239—256页。

③④ 陆启宏：《历史学的“人类学”转向：历史人类学》，《历史教学问题》2007年第4期。

书都将受到人类学的渗透”①。或者如前苏联历史学家古列维奇所预言的那样，“历史将真正变成一种人的科学”②。

四、克丽奥的当代形象

本节所要叙述的影视史学，无疑是为史学研究开辟了“新天地”。此处单列，意在引起我国史学界人士对它的进一步重视。

影视史学是当代西方史学新趋势下的一个新品种。相比之下，由于它的晚出，人们对“影视史学”这个名词还较为陌生，远不及心理史学或历史人类学等现当代西方史学的“新同盟军”那样为人们熟知。一方面的原因是，历史学家被传统史学的边界设置所桎梏，以至于对新事物的接纳似乎总要慢了半拍；另一方面也可能是因为对影视史学文化的变迁不甚了了，在某种程度上影响了人们对它的认知度。

影视史学在当代的面世，有其历史学自身发展变化的背景，是 20 世纪国际史学尤其是 20 世纪下半叶西方史学新陈代谢的产物。

影视史学在当代的面世，更有体现其自身特点的原因，那就是近百年来的媒体革命。影视史学的萌发，有赖于媒体革命，有赖于现代科学技术的发明创造。在这里，我们有必要提及现代视觉图像文化③的起始，有论者这样认为，“摄影术的发明是现代视觉文化的第一波浪潮；其后的电影的发明则是现代视觉文化的第二波浪潮；而真正的视觉文化的时代则是从以电子模拟电视为代表的视觉图像文化的普遍兴起开始的”④。不管此见如何，为了认识影视史学在当代的勃兴，我们在此有必要对“媒体革命”作一些回溯。

摄影照相技术大约于 19 世纪中叶发明，但直到 1881 年 9 月，英国摄影师迈布里奇(E. J. Muybridge)才将摄影术与旧的幻灯放映技术结合起来，让移动的放映使马灵巧地奔驰在银幕上，令观众看得目瞪口呆⑤。

---

① 〔法〕列维-斯特劳斯：《结构人类学》，谢维扬、俞宣孟译，上海译文出版社 1995 年版，第 29 页。

② 〔苏〕阿龙・I・古列维奇：《历史和历史人类学》，《对历史的理解》(《第欧根尼》中文精选版)，商务印书馆 2007 年版，第 106 页。

③ 在笔者看来，影视史学当然也可归入广义的视觉图像文化的范畴。

④ 晚近以来，国内学界关于视觉文化的讨论，颇为热闹，如 2007 年第 5 期《学术月刊》首栏就登出一组专题讨论：《视觉文化的基本问题》。本处所引文字出自此组中文章的一篇，即金元浦的《视觉图像文化及其当代问题域》。

⑤ 蒂埃里・茹斯等编：《电光幻影 100 年》，蔡秀女等译，广西师范大学出版社 2003 年版，第 1 页。

1895年12月，法国人卢米埃兄弟在巴黎一家咖啡馆里放映了《墙》、《火车进站》、《婴儿喝汤》、《卢米埃工厂的大门》、《洒水记》等短片，观众有30多人，“放映在一片心醉神驰的掌声中完成，观众被征服了，因那些‘抓住鲜活的生活’的‘移动照片’而眩晕……”①这就是世界电影史上的首次放映，它向世人宣告：电影诞生了。此后，电影经历了从无声片到有声片，从黑白影片到彩色影片的历程，随着新的电影技术的进一步提高，诸如环幕电影、立体电影、动感电影等相继问世。

1925年，英国人贝尔德(J. L. Baird)发明了机械电视，并于次年1月在伦敦举行了第一次公开表演。1936年11月，英国开始定期播出电视节目，此举宣告了电视的发明。

1954年，美国试验成功了彩色电视，70年代开始又出现了卫星电视传播，率先发射“同步静止卫星”，使电视超越空间的界限。随着数码电视等新产品的开发，促进了电视业进一步的普及与繁荣。

此外，随着新媒体的开发(如镭射光碟电影、光缆电影等)，储存资讯媒介由磁性材料向光学材料的转换，捕捉信息手段由模拟信号向数字信号的转换等，人类将在未来的岁月中，把20世纪与21世纪交替之际由电影滥觞的媒体革命推向一个新阶段。1997年7月4日，美国“火星探险者”号登陆火星，第一次向地球发回了彩色三向度立体图像照片，这或许是当代顶端的影视技术最新成就的一次有力的展示。

这种延续不断的“媒体革命”，对人类文明的发展产生了无与伦比的影响，也极大地改变了人们的政治、经济、文化、社会生活。从全球性的奥林匹克运动会、令世人为之疯狂的世界杯足球比赛到地区性的实况转播一场文艺演出、一次爱心活动，都离不开现代影视技术。这种延续不断的“媒体革命”，也日益在历史学中引发了反应。具体说来，现代媒体加盟历史学也显示出了它的最初成效②，当然也引发了争议。1983年和1985年，美国历史

① 蒂埃里·茹斯等编：《电光幻影100年》，蔡秀女等译，广西师范大学出版社2003年版，第14页。

② 这里以英美的例子作为例证。如英国生物学家兼新闻记者H·G·韦尔斯在运用现代新闻媒介普及历史知识方面作出了卓越的贡献，他写的《世界史纲》，其旧译与新译的中文本，迄至今日，还在国人中流传。但“值得注意的是，早在1927年，他已察觉到影片在教育上具有无限的潜力”(周樑楷：《以影视辅助中国史教学》，《中国历史教学研讨会论文集》，台北政治大学历史系1992年版)。在20世纪四五十年代，借助电影与电视，向大众普及历史知识，这在英国得到了进一步的发展。又如在美国，历史题材的电视连续剧《根》和《大屠杀》上映后，曾产生了轰动效应，这就极大地鼓舞了历史学家关注影视与历史学之间关系探讨的兴趣。

协会主办了两次影视与历史学的专题讨论会，并在该协会出版的《美国历史评论》中另辟专栏，评论历史影视片的史学价值。1988 年 12 月出版的《美国历史评论》，发表了一组论文，专门讨论影视与历史研究的关系，其中有一篇即为海登·怀特所撰。这里所说的“影视史学”这一名词，其源头还要追溯到他那里。

海登·怀特的《书写史学与影视史学》[①]一文，首先提出了迄今为止已被不少人所沿用的“影视史学”这个“经典性”的定义。笔者以为，这篇论文所涉及的内容至少有以下几点应当引起我们的格外关注：

第一，关于“影视史学”的定义。海登·怀特在该文中杜撰了一个与“书写史学”(Historiography)相对应的新词“Historiophoty”，中译为“影视史学”[②]。在这里，所谓“书写史学”，指的是口传的意象以及书写的话语所传达的历史，而“影视史学”则是指透过视觉影像和电影话语传达历史以及我们对历史的见解。这一定义可成“一家之言”，当然会引发不同意见。

第二，电影或电视的确比书写史学更能表现某些历史现象，例如风光景物、环境气氛以及复杂多变的冲突、战争、群众、情绪等。电影、电视以特有的视觉具象，显示出了无限的张力，这是任何书写史学都难以达到的。

第三，选择以视觉影像传达历史文件、历史人物、历史过程，也就决定了它所用的“词汇”、“文法”和“句法”，与透过书写或语言所揭示的是大异其趣的。影像的证据，尤其是电影和照片，是重塑(重现)某些历史情境的基本证据，它比单独使用书写的或语言的证据更确实可靠。这颇能反映以海登·怀特为代表的后现代主义史家对“证据”的看法。

第四，任何历史作品不论是视觉的或书写的，都无法将有意陈述的历史事件或场景完整地或大部分地传真出来，即使连历史上任何一件小事也无法全盘重现。客观存在的历史与影视史学作品或书写史学作品之间，是有距离的，这两者之间也许永远只能是一条渐近线，即使是现代克隆技术，恐

---

① Hayden White, “Historiography and Historiophoty”, *American Historical Review*, Vol. 93, No. 5, 1988.

② Historiophoty，由台湾学者周樑楷首译为“影视史学”，这一中译名已为学界多数所认可，但对其内涵，还有不同的看法。不过，周氏在翻译“Historiophoty”时，也是几经斟酌的，他在一篇文章中曾这样写道：“然而，这个名词如何翻译成中文呢？起初，笔者想以‘影视历史’相对应，因为它指用电影和电视来呈现历史。不过，在中文里‘影视历史’很容易被误解成‘电影史’或‘电视史’，而有失原意。后来，改译为‘影视史学’……”(周樑楷：《影视史学：理论基础及课程主旨的反思》，《台大历史学报》第 23 期，1996 年 6 月)

怕也难以做到这一点。

第五，书写史学与影视史学之差别在于传播媒体的不同，一是书写的，另一是影像视觉的；两者相同的是，都得经过浓缩、移位、象征与修饰的过程，不论是以叙述见长的历史影片还是以分析取胜的历史作品，都难免有“虚构”的成分，专著性的历史论文，其“建构”或“塑造”的成分并不亚于历史影片。两者都有共同的局限性。海登·怀特在这里说到了书写史学与影视史学之异同。

第六，有人说，以影片描述历史事件时，既无法作注解、下定义，也难以提出反对或批判的意见。这种假设，原则上纯属无稽之谈。我们看不出任何法则足以妨碍历史影片完成上述的几种功能。怀特氏的这一见解，还是证据不足，看来难以释疑。

对于上述海登·怀特的识见，见仁见智，自当别论。但六点中最值得提出来议论的是第一点，即他为“影视史学”所下的“定义”。此见一出，迅即在美国学界引发了激烈的争论，并很快由美国向外扩散，这里只谈及海峡两岸的回应。

我们在前面的注文中提到，海登·怀特的“Historiophoty”，由台湾学者周樑楷首译为“影视史学”，但周氏把它的内涵扩大了，他说这个名词所勾画出的视觉影像（简称影视），还应包含各种视觉影像，凡是静态平面的照相和图画，立体造型的雕塑、建筑、图像等，都属于这个范畴，从古代世界各地的岩画，到最现代的电影、电视及电脑中的“视觉现实”（visual reality），凡是所有影像视觉的媒体和图像，只要能呈现某种历史论述，都是影视史学所要研究的对象①。

据此，在笔者看来，我们现在用“影视史学”，可以分为两个层面。一为狭义，很显然，海登·怀特的影视史学定义是狭义的，他在这个定义中所强调的视觉影像，明显地突出了电影的重要性，而近来美国历史学界所关注的也恰恰是历史影片的史学价值问题。国内学界一般的直觉理解也属于此类。

另一为广义，即上述周樑楷所议。周氏之论，笔者认为是可以接受的。因为一切视觉影像材料，倘能传达某种历史理念，在笔者看来，从宽泛的意义上而言，当是影视史学的题中之义。倘此论不谬，最近国内学界的某些识

---

① 周樑楷：《影视史学与历史思维》，（台湾）《当代》1996 年第 118 期。

见，似乎与此有关。一是来新夏倡导的“照片学”（或扩称为“图片文献学”）①。来先生这里说的“照片”（或图片）指的是能传达某种历史理念的“老照片”。所谓“照片学”（或“图片文献学”）当属广义的影视史学之列。另一是有学者呼吁构建“视觉史料学”②。此见与来新夏的“照片学”有关，实际上是把它的外延扩大。这里的“史料”指的是照片和影视图像所提供的视觉材料。如此说来，所谓“视觉史料学”也可以归入广义的影视史学的范畴。上述这种呼吁，当然与“图文时代”的客观因素紧密相关，从扩展的意义上而言，也可以认作是对海登·怀特的影视史学的一种间接回响，尽管这两位倡导者也许并不知晓他的 Historiophoty，或是周樑楷对 Historiophoty 所作的阐述。倒是在研究当代西方新史学的中国大陆学人群里，对此有过直接的回应，不再赘述③。

影视史学作为当代西方新史学的一个“新同盟军”——克丽奥的当代形象，自问世以来，就格外引起人们的关注。因为它有其自身的特征。在这里，笔者想以历史影片④《鸦片战争》为个案，揭橥与书写史学的同类题材相比它所显示出来的优越性。

其一，更具震撼力。众所周知，历史影片《鸦片战争》于 1997 年香港回归前酝酿、拍摄，1997 年香港回归时上映。如今，香港回归也已十多年了，倘若重看此片，重温那段令人心碎、令人屈辱、令人难忘的历史，真是别具意义。其初看这部电影时的震撼力，不仅不会稍减，反而会越加强烈。这是为什么？除了影片本身的世界性的题材之外，主要应归之于电影艺术家挖掘的内在的思想力度，一种超越时空的思想张力。正如剧作家宗福先所说，这

---

① 来新夏：《呼吁建立“照片学”》，《文汇读书周报》2003 年 4 月 18 日。

② 冯尔康：《史学著作的图文配合与构建视觉史料学》，《学术月刊》2006 年第 7 期。

③ 在大陆学界，笔者撰《影视史学：历史学的新领域》（《学习与探索》1996 年第 6 期），首次将 Historiophoty 的概念引入内地，并对它作了最初的阐述。1998 年笔者在台湾出版《影视史学》（台北杨智文化事业股份有限公司版），借以回应台湾学者周樑楷的相关论见。此后，陆续有这方面的作品问世，如吴紫阳的《影视史学的思考》（《史学史研究》2001 年第 4 期）、蒋保的《影视史学刍议》（《安徽史学》2004 年第 5 期）以及赵敏、沈扬、陆旭、朱少雅等人的作品。个人以为，国内对“影视史学”的研究，应当开阔视野，突破陈说，并理应走出这个狭小的圈子，扩充队伍，方能趋向深入。

④ 其实，历史影片也有狭义与广义之分，前者指的是有历史记载与历史事实根据，在这基础上，也可以虚构，进行艺术加工，如由谢晋执导的《鸦片战争》可为显例；后者指的是，凡表现反映古代社会人们的生活，表现某一历史时期有可能发生的事情和有可能出现的人物，即根据历史发展的可能性原则与逻辑原则去综合、概括和反映社会生活，由张艺谋执导的《满城尽带黄金甲》等或许可归入此类。

种强力会“对银幕前的观众产生冲击他们灵魂的、令他们无法承受的、深邃的震撼力，一个个把他们震在座位上动弹不得！”“振奋民族精神，振兴中华”，这个不是画外音的画外音，必将成为每个在场观众呼之欲出的共同声音，而那段紧接片名打出的字幕“只有当一个民族真正站起来的时候，才能正视和反思她曾经屈辱的历史。”更是会令众人刻骨铭心。相信凡看过由史蒂文·斯皮尔伯格执导的《辛德勒名单》或国产影片《红樱桃》（广义的历史影片）等影片的人，对此也会有同样的感受吧。当然，这种思想震撼力还得依赖电影话语的力量。

其二，更具表现力。电影之存在的基本元素是影像，犹如音符之于音乐，色彩之于绘画，历史影片《鸦片战争》亦然。看过这部电影的人，怎能忘却气势恢宏、场面壮观的虎门销烟这场戏。借助电影话语，借助这强烈的视觉冲击力，使每一个炎黄儿女感到一种从没有过的快感，这真是受百年烟祸之苦的中国人民族情感的一次大喷发，那多彩多姿的表现力足可以催人泪下。就电影艺术而论，《鸦片战争》所刻意营造的那些场景（画面），具有强烈的色彩与光线，这都是电影话语胜于书写史学的地方，因此历史影片《鸦片战争》比任何一部书写史学的鸦片战争更具魅力，甚至是难以忘怀的魅力。

其三，更具吸引力。历史影片《鸦片战争》之所以具有震撼力，在于它的表现力，前者主要是从这部电影所包含的思想内涵而言，后者主要是从电影艺术的特点而言，正因为有了这两者，才有了吸引力。个人以为，这部电影之所以比书写史学的鸦片战争具有难以企及的吸引力，一是在于它塑造了一批鲜活的而非脸谱式的历史人物，在这一点上，它比书写史学的平面型的、概念化的文字表述，的确要胜出一筹。影片中对历史人物林则徐、道光皇帝、琦善的塑造，以及对虚构人物蓉儿的塑造，都十分成功，亦十分感人。另一是生动的画面。事实上，电影是由许多流动的画面组合而成的。这些画面的优劣在一定意义上决定了一部影片的成败。法国学者杰·杜拉克不是有“让画面来主宰一切”[①]之论吗？倘此论可取，那么我觉得《鸦片战争》正是通过那些生动的画面，组合成精彩纷呈的场景，于是悬念迭出，好戏连篇，这就是我们通常所说的“好看”，比如林则徐查处吸毒官员的那场戏、英国议会通过对华战争拨款的那场戏，被观众视为“经典场景”，也十分好看。

法国电影大师罗贝尔·布烈松曾把当初由卢米埃兄弟发明的电影起了

---

① 李恒基、杨远婴主编：《外国电影理论文选》，上海文艺出版社1995年版，第84页。

一个名字："电影书写"(Cinematographe)①。它与通过语言文字来传达历史的"书写史学"的区别在哪里呢？布烈松认为："电影书写是一种运用活动影像和声音的写作。"②这真是言简意赅。电影也好，电视也罢，它们都是借助活动的、有声的影像，比起"书写史学"来说，自然会有一种强大的震撼力和感染力，那种如让·爱泼斯坦所说的"近乎神话般的巨大生命力"③，因此，它自然会拥有广泛的受众群体，也就一点也不奇怪了。

的确是这样，以书面文字为载体的中国古代文学经典《红楼梦》或现代文学名著《围城》拍成电影或电视剧，转换成视觉影像文化后，其实际效果已众所周知。可以说，人类从语言文字文化进入视觉影像文化，其意义及对人类文明发展的深远影响也许并不亚于从远古时代的结绳记事到文字的发明，对于这一重大的文化转型，人们是认识不足的，历史学家也不例外。

五、"新同盟军"的"边界"及其问题

影视史学是当代西方史学新趋势下的产物，因此它的基本定位应归属于史学的范畴，应为历史学家所研究；但影视史学又是历史学与视觉影像新匹配后的"混血儿"，它的这个特性也应当引起文学艺术家的关注。如此说来，这个新同盟军的界限还不甚分明，难以定位，这在其他"新同盟军"那里(如历史人类学)也变得日益模糊，由此引发了对历史学边界问题的一些思考。

如何划定历史学的边界，当然不像数学上的一条切线，那么容易，那么清晰。比如在古代，希罗多德写《历史》，从记神事发展到记人事，用批判精神发表"研究成果"，被后人称为"史学之父"。但是，在希罗多德那里，除了历史叙述体的编纂体例是前所未有的外，书中随时可见"荷马史诗"风格的影响与"史话家"的传统，怎么也不能把他与文学家的界限划得很清楚，其实在那时文史难分，而他本人也有一个从"史话家"向历史学家转变的过程。即使到了近代，也很难把历史学的边界划得一清二楚。又比如在近代，在19世纪兰克确立历史学边界之前，他早年深受影响的欧洲浪漫主义，在"西

① 〔法〕罗贝尔·布烈松：《电影书写札记》，谭家雄、徐昌明译，三联书店2001年版，第76页。
② 同上书，第5页。
③ 李恒基、杨远婴主编：《外国电影理论文选》，第76页。

方成为一个巨大的思潮，它表现在许多文化领域，如文学、艺术、政治思想、经济学、法律学、社会学、哲学和神学"①，在这种情况下，我们研究欧洲19世纪的浪漫主义史学怎能固守一隅，而不被这巨大的时代潮流冲破边界呢？

直至到了兰克那里，他倡导"如实直书"并确立严格的史料批判方法，由此划定了"科学历史学"的边界，他的史学理论也被此后将近一个世纪的西方史学界奉为"金科玉律"而不得越雷池半步。青年学者易兰在她的著作中曾这样描绘过兰克："于是，'科学史学之父'兰克放心大胆地吹动着'如实直书'的号角，发出令人着迷的魔咒，蛊惑着信徒们为实现科学史学而奋斗，并由此驱动着整个19世纪西方史学朝着科学史学的目标前进。在兰克的影响之下，19世纪的历史研究异常繁盛，取得了前所未有的成就。"②

这段对兰克史学的文字，乍看来，似褒似贬，似赞美似讥讽，似乎"边界"不清，但细细品味，作者对兰克还是褒扬与赞美的。因为他的"如实直书"，适应了历史真实性的要求；因为他把历史著作视为一种特殊的著作形式而与文学作品区别开来（文史分界）。

沿着这样的思路，以下对此继续展开讨论。

关于真实性。当代美国史学史家伊格尔斯归纳了西方史学自古希腊迄至兰克史学著作的结构，这就是"真实性、意图性和时间序列"，这似乎成了西方传统史学（从古代到兰克时代）的"边界"。

由此可见，在划定历史学的边界时，"真实性"居首位而且是不可或缺的。论者说在史学上保持"真实性"，仍是"独一无二"③的。但问题并不那么简单，这种对历史学家历史著作的"真实性"诉求，如今却受到了质疑，成了不是问题的问题。不管怎样，"真实与虚假之间的这种区别，对于历史学家的工作始终都是根本性的"④。笔者以为，伊格尔斯的这个意见应当视为历史学从业人员的一条"行规"，历史学家恪守的一条"边界"。

从历史学的本质来看，为了揭示历史的真相，它以"真实性"为其宗旨，并以此划定它的"边界"。这是历史研究所必备的基本原则。同时，"实录叙事"成了一切"书写史学写作者"所必须遵守的方法，这与"影视史学"制作者

---

① 朱本源：《历史学理论与方法》，人民出版社2006年版，第377页。

② 易兰：《兰克史学研究》，复旦大学出版社2007年版，第328页。

③④ 伊格尔斯：《二十世纪的历史学——从科学的客观性到后现代的挑战》，何兆武译，辽宁教育出版社2003年版，第14页。

可借助“虚构叙事”的做法不同，对此，不再展开论述①。但历史学家确立自己的“边界”，并不是“画地为牢”、作茧自缚，而是要放开眼界，像年鉴学派所倡导的那样，从方法论上而言，就是要“打破学科之间的围墙”，以历史学为中心，把自然科学和社会科学团结在自己的周围，也就是如前所引的：“把历史学提高到所有人文科学之上，赋予其协调各学科关系的‘一家之主’的地位。”但是，历史学家在进行跨学科、多学科的研究时，借鉴与运用其他学科的成果与方法时，必须是出于历史学家自愿的选择，亦即历史学应该获得更多的自主性，为“我”所用，而不能小视自己，丢掉历史学固有品格。这正如张国刚所说：“历史学的独立性与包容性，要求我们对各种社会科学和各种理论应保持开放头脑而不能盲目迷信。”②确实，我们对现代史学跨学科研究的产物——“新同盟军”也应持这样的态度，如对“影视史学”，既应“保持开放”，又不能“盲目迷信”。

在这里，引述一段巴勒克拉夫的“名言”，以作小结。他说：“关键的问题在于，新唯心主义的肥皂泡一旦被戳破——尤其是一旦明确了历史学家运用传统的描述性叙述方法叙述个别和独特的事件，并不是他们的资料强加在他们头上的逻辑必然性，而是一种自愿的选择，那么，历史学的眼光和历史学家的工作应当对来自自然科学、社会科学和人文科学的推动作出更加有效的反应，这样，新的道路便开拓了。”③年鉴学派正是这样的模范。倘如是，在恪守历史学的“边界”与好好加以利用历史学的“新同盟军”就不再相悖，而是融合了。这样，新的历史学研究的坦途就开拓了，其前景正如鲁滨逊所指出的那样：“不仅历史研究的范围可以大大加强和深化，而且在史学园地里将会取得比自古以来更有价值的成果。”这是一种多么值得期盼的史学景观啊！

关于文史关系。历史学与文学“结缘”，这是克丽奥与生俱来的特性。希罗多德是历史学家，但他也是文学家；司马迁亦然。这种文史难以割舍的联系，甚至还存在于兰克把历史学作为一种特定的著作形式而与文学划定边界的时候。19世纪英国历史学家托马斯·麦考莱（Thomas B. Macaulay）就认为历史是“文学的一个分科”。到了海登·怀特等后现代主义历史学

---

① 参见拙著：《影视史学》，第100—108页。

② 张国刚：《独立与包容：历史学与社会科学的关系略说》，《历史研究》2004年第4期。

③ 巴勒克拉夫：《当代史学主要趋势》，第63页。

家那里，更是模糊了历史与文学、事实与虚构之间的界限，把历史变成了一种“诗性的比喻”，认定“历史学不是一门科学，或者至多是一门原始的科学”①。

具体评述上述这些言论，尤其是后现代主义的“宏论”，不是本节的任务。这里要简单地说一下与本节题旨有关的想象力的问题。

历史学家需要不需要想象力？回答当然是肯定的。历史学对“真实性”的基本诉求，在相当大的程度上，制约了历史想象力的边界。我赞同这样的意见，历史学的想象力是“有限度的”，而不能像麦考莱所认为的“充分有力的”②。论者认为，“在边界之内，历史想象却是历史学不可缺少的思维”。又说：“在古往今来的历史写作中，历史想象与逻辑推论一直在共同构成人们接受的历史。”③如 1980 年，牛津大学史学教授 H. R. Trevor-Roper 作退休演讲，便以“史学与想象力”（History and Imagination）为题，指出没有想象力的人是不配治史的。

还是回到影视史学，回到历史影片与真实性，抑或历史想象力问题上来。符合历史真实，当然是一部历史电影（不管是广义的还是狭义的）的基本要求，但它不是历史教科书，它的制作还应遵循艺术创作的一般规律。正如吴晗在谈到历史剧与真实的历史之区别时，这样指出：“历史剧作家有充分的虚构的自由，创造故事加以渲染、夸张、突出、集中，使之达到艺术上完整的要求，具体一点说，也就是要求现实主义与浪漫主义相结合，没有浪漫主义也是不能算历史剧的。”④如《鸦片战争》是有想象和虚构的。如情节的虚构，影片中有怡和洋行买办何敬容私造行贿官员密账，继而林则徐烧毁密账以调动地方官员共同抗英的故事，乃神来之笔。又如人物的虚构，影片的女主角蓉儿是虚构的，这个人物在影片中不是一个可有可无的人物，她的存在不仅有其艺术合理性，而且有其历史合理性，是那个时代有可能出现的人物，具有历史的真实感。对于想象和虚构，周樑楷更有独到的解释：“历史剧情片含有虚构的成分，不一定就是影片的缺点。影片中的细节、对白以及情节，虚实夹杂在一起，都只能属于表现中的‘虚’。假使藉着这些表相的虚构，反而呈现历史的真实面，或人性及世间的普遍现象，那就是‘虚中实’

---

① 海登·怀特：《元史学：十九世纪欧洲的历史想像》，陈新译，译林出版社 2004 年版，第 27 页。
② 转见朱本源：《历史学理论与方法》，第 393 页。
③ 陈新：《逻辑推论与历史想象》，《人文艺术》第 4 期，贵州人民出版社 2003 年版。
④ 吴晗：《谈历史剧》，《文汇报》1960 年 12 月 25 日。

了……相反地，历史剧情片一味有‘虚中虚’或‘实中虚’，都应该归为劣作，不值得称赞。”①倘此见可取，笔者以为《鸦片战争》中虚构的人物蓉儿，“呈现历史的真实面”，那就是“虚中实”了。由此而引申，在符合历史真实性的这个“边界”内，历史影片中想象力的运用也就有其必要性了。

影视史学既是当代史学家族中的新生代与“新同盟军”，又是对克丽奥古典形象的一种传统的传承。所谓“传统”，说的是它在古代历史学的边界不甚分明的情景下，史学与文学的水乳交融、史家与艺术家的相映成辉；所谓“传承”，说的是影视史学这一当代史学的新品种，由它的个性凸显其时代变迁与史学发展的烙印，显示其继承传统而又超越传统的非凡活力。

1993年7月，台湾学者在讨论影视史学的时候，周樑楷教授放言：“影视史学的时代来临了。”②外国学者也有类似的惊人之语，埃娃·多曼斯卡(Ewa Domanska)指出：“因而我们可能想到，正如神话可以满足氏族部落、历史传说可以满足古代社会、书写历史可以满足国家，或许影视(指所有用胶片保留图像的媒介)将是未来处理过去的最好方式。”③笔者认为，当下就断定“影视史学的时代来临了”，说它是未来处理历史的“最好方式”，都还为时过早。影视史学虽然有一个广阔的发展前景，但它终究还是克丽奥的新生代，能否发展成一门新的历史学的分支学科，看来还有一段很长的路程，要确立它的边界，更有许多工作要做。对于以上所说的诸多的现代史学的“新同盟军”，亦可作如是观。

---

① 周樑楷：《历史剧情片的“实”与“用”——以〈罗马帝国沦亡录〉和〈神鬼战士〉为例》，(台湾)《当代》2001年第156期。

② 见《美国版〈太平洋世纪〉VS. 台湾华视版〈太平洋风云〉》，(台湾)《当代》1993年第88期。

③ 陈新主编：《当代西方历史哲学读本(1967—2002)》，复旦大学出版社2004年版，第361页。

第五章　西方史学与马克思主义史学

西方史学的发生与发展，不可能是特立独行的，特别是19世纪40年代马克思主义史学诞生以后，那就更是如此了。

在19世纪这个被称为“历史学的世纪”中，由于马克思主义史学的横空出世，冲破旧世界的束缚，引领人们拨开陈腐与偏见的历史阴霾，开辟了世界史学的新时代。从这以后，西方史学的新陈代谢始终与马克思主义史学发展的命运相关联。可以这样认为，西方史学与马克思主义史学之间的互相关联，是我们深入了解与认识西方史学所必备的一个重要方面，当然，反之亦然。

这里首先要对章题的两个概念作点说明。本书所说及的“西方”史学，不全是地域概念，也还是个政治概念。换言之，即从历史学的阶级属性而言，自文艺复兴运动以后的西方史学的历史进程，当属于西方资产阶级史学的范畴。本章论及的“马克思主义史学”在马克思主义史学发展史上，其各个时段的内涵不尽相同。在马克思主义史学诞生的年代可称之“经典的”；19世纪末20世纪初的早期马克思主义史学是前者的延续；20世纪风行于前苏联的马克思主义史学，实际上是斯大林主义的教条与僵化的马克思主义在史学上的表现。中国的马克思主义史学初时步苏版马克思主义史学之后尘，但新时期以来的中国马克思主义史学显示出了自身的特色。至于现当代西方马克思主义史学的诞生，则是经典马克思主义史学的一种现时代回应。笔者认为，“西马亦马”，其史学思想，别样而又传统，离异而又守护，总之，它也是一种类型的（或别具一格的）马克思主义史学。

一、在传承中革新

马克思是唯物史观的创始人，也是马克思主义史学的奠基者。马克思所创立的唯物史观，就其基本的方面而言，当是他留给后世最主要的史学遗产。倘若说马克思主义是"吸收和改造了两千多年来人类思想和文化发展中一切有价值的东西"①的结果，那么马克思主义史学及其唯物史观也不例外，它也是吸收和改造包括西方史学在内的人类一切优秀的史学遗产的结果。具体来说，马克思主义史学是在批判与继承西方史学，主要是批判与继承近代以来的西方资产阶级史学兼及前近代的史学遗产中形成的，并在这一传承过程中不断开拓与革新。

论述西方史学与马克思主义史学之关联，当要溯及马克思主义史学创始人（马克思和恩格斯）与西方史学的关系。在这里必须指出，马克思和恩格斯受过良好的西方教育，包括训练有素的史学修养，因此谙熟西方史学著作。他们曾对包括西方古典史家迄至他们同时代的西方许多一流史家及其作品有过评论，并从中汲取有益的思想养料。简言之，他们批判与继承西方史学遗产不遗余力，显示了马克思主义史学在其初创时就有的开放性的学术品格。譬如，马克思和恩格斯曾经浏览或钻研过的近代西方历史学家（或历史哲学家）就有：德国的康德、海尔德、黑格尔、席勒、罗特克、文克尔曼、施勒格尔、哥列斯、兰克、普芬多夫、施维格勒、蒙森等，法国的孟德斯鸠、伏尔泰、杜谷、孔多塞、圣西门、傅立叶、梯叶里、米涅、基佐、梯也尔、拉马丁、托克维尔、孔德、路易·勃朗、库朗热、泰纳等，英国的培根、休谟、吉本、艾利生、马考莱、卡莱尔、高德文、科贝特、斯塔布斯、格林、弗里曼、西蒙、斯宾塞等，意大利的马基雅弗里、维柯等，美国的班克洛夫特等②。马克思和恩格斯对近世以来西方史学的关注，涉及欧美诸国史家，包括诸多的史学流派、史观与史著，他们从中汲取"一切有价值的东西"，为唯物史观的确立奠定了基础，也为后世留下了丰厚的史学遗产。

可否这样认为，由马克思主义史学奠基人所确立和完形的唯物史观，是对人类历史发展客观进程的一种科学的归纳与总结，这是世界史学史上最为科学的历史理论。对此，学界论述甚多。限于篇幅，这里只能揭示两点。

一是1859年马克思在《〈政治经济学批判〉序言》中，对唯物史观的本质作出了精辟的表述，并下了著名的经典性的定义：

人们在自己生活的社会生产中发生一定的、必然的、不以他们的意

① 《列宁选集》第4卷，人民出版社1972年版，第362页。
② 谭英华：《关于促进西方史学史研究的几点意见》，《史学史研究》1985年第2期。

> 志为转移的关系，即同他们的物质生产力的一定发展阶段相适合的生产关系。这些生产关系的总和构成社会的经济结构，即有法律的和政治的上层建筑竖立其上并有一定的社会意识形式与之相适应的现实基础。物质生活的生产方式制约着整个社会生活、政治生活和精神生活的过程。不是人们的意识决定人们的存在，相反，是人们的社会存在决定人们的意识。社会的物质生产力发展到一定阶段，便同它们一直在其中运动的现存生产关系或财产关系(这只是生产关系的法律用语)发生矛盾。于是这些关系便由生产力的发展形式变成生产力的桎梏。那时社会革命的时代就到来了。随着经济基础的变更，全部庞大的上层建筑也或慢或快地发生变革。①

马克思还指出：

> 无论哪一个社会形态，在它所能容纳的全部生产力发挥出来以前，是决不会灭亡的；而新的更高的生产关系，在它的物质存在条件在旧社会的胎胞里成熟以前，是决不会出现的。所以人类始终只提出自己能够解决的任务，因为只要仔细考察就可以发现，任务本身，只有在解决它的物质条件已经存在或者至少是在生成过程中的时候，才会产生。②

后来，恩格斯从 1872 年开始给这一新的历史观正式命名为“唯物史观”③。

---

① 《马克思恩格斯选集》第 2 卷，人民出版社 1995 年版，第 32—33 页。

② 同上书，第 33 页。

③ 最近有学者认为，这种唯物史观是一种“传统的唯物史观理论形态”，正是马克思本人所要超越的旧唯物主义，并认为唯物史观的理论应当充分反映出人是历史主体这一中心思想。参见邹诗鹏：《开放唯物史观的理论研究》，《学术月刊》2005 年第 5 期。该刊首栏刊发了令人瞩目的一组以“唯物史观在当代的发展和创新”为题的学术笔谈，颇可参看。从历史哲学的视角进一步阐释马克思的历史观，近来屡有作品发表，不乏新见，比如郭艳君的《历史与人的生成——马克思历史观的人学阐释》(《学习与探索》2005 年第 6 期)。哲学界的同志于此多有贡献，且为先行。当然，中国史学界对此也并不滞后，早在 2001 年《历史研究》第 4 期就发表了蒋大椿的《当代中国史学思潮与马克思主义历史观的发展》，对唯物史观作了系统的理论分析，他认为唯物史观自身存在着理论缺陷，应当在新的社会实践中加以改造。是年，北京师范大学史学理论与史学史研究中心举办了“唯物史观与 21 世纪史学研讨会”。于是，新一轮的对唯物史观的学术讨论在史学界兴起，各地相继发表了不少争鸣文章。参见李振宏：《近五年来国内史学理论研究热点问题述评》，《史学理论研究》2004 年第 1 期。

二是唯物史观的基本原理是常青的，诸如我们所熟知的社会存在与社会意识之间的关系、历史发展的终极原因、历史发展的矛盾运动与动力、人民群众在历史上的作用等问题的唯物史观的识见，仍具有强大的生命力，但它又绝不是凝固的与一成不变的，因为其个别部分或具体内容都是有待丰富与发展的。正如一位论者所指出的："马克思的历史理论必须既对以往的历史开放，又对今天的现实开放；既对社会实践开放，又对一切科学开放；既对马克思主义以前的人类思想文化遗产开放，又对它产生以后的新探索、新学科、新成果开放；既对赞同或合乎马克思主义的思想、观点开放，又对非马克思主义甚至反马克思主义而有价值的学说开放。"①倘如是，唯物史观作为马克思历史理论的主干与核心部分，它所要面对的极其开放性的品格，不也应当作如是观吗？

马克思主义的史学遗产，就其主要的和基本的方面而言，当然是如上所说的唯物史观。但是，倘把马克思主义史学遗产仅仅归之为唯物史观，这是不够全面的。在宏富的马克思主义史学创始人那里，也有史学理论方面的成就，即作为历史学家的马克思，他的撰史旨趣、史料运用、谋篇布局、遣词造句等方面的才干也引人注目，对此我们应当从历史学自身的视角去关注马克思在这方面的史学业绩。

为了进一步说明马克思主义史学的创始人与西方史学批判与继承的关系，以下通过马克思主义的唯物史观与西方史学之关联的几个侧面，略说一二。

其一是与唯物史观理念的吻合。例如，马、恩对古代史家阿庇安(Appian，约公元95—165年)及其名著《罗马史》的评价即为显例。

阿庇安是罗马帝国时代卓越的历史学家，24卷的《罗马史》是他的毕生之作，此书因其独特的史学风格而备受马克思和恩格斯的关注。阿庇安的《罗马史》十分注意历史事件发生的社会经济背景，为古代史家在这方面树立了卓越的范例。他着力描述罗马共和国晚期无产者和小土地所有者同大土地所有者之间的斗争，并体现在他的"内战记"的整个叙述之中。对此，马克思高度评价阿庇安的《罗马史》，称它是"一部很有价值的书"②，并指出："他(阿庇安)极力要穷根究底地探索这些内战的物质基础。"③恩格斯也指

① 庄国雄等：《西方历史哲学》，复旦大学出版社2005年版，第20—21页。

②③ 《马克思恩格斯全集》第30卷，人民出版社1975年版，第159页。

出:“在关于罗马共和国内部的古代史料中,只有阿庇安一人清楚而明确地告诉我们,这一斗争归根到底是为什么进行的,即为土地所有权进行的。”① 又,阿庇安在《罗马史》中生动翔实地记载了共和末年的斯巴达克奴隶大起义,马克思称赞“他(阿庇安)笔下的斯巴达克是整个古代史中最辉煌的人物。一位伟大的统帅(不像加里波第),高尚的品格,无产阶级的真正代表”②。这些论断,正是马克思在读了阿庇安《罗马史》的有关章节后得出来的。

由此可知,马克思和恩格斯关于阿庇安史学的评述,显然与其唯物史观的理念相合拍。

其二是与唯物史观理念的比较。例如,马克思对意大利历史学家维柯(G. Vico)及其《新科学》的解读即为显例。

维柯是18世纪意大利的“天才”,具有广博的学识,是著名的美学家、法学家和语言学家,但正如柯林武德所说,“他首先是一个训练有素而又非常出色的历史学家”③。一般说来,他被认为是近代历史哲学的开山之祖。

在维柯宏富的思想中,马克思慧眼识珠,赞扬他“有不少天才的闪光”④。对此,当需另作评论⑤。概括说来,他所提出的实践观点、历史发展具有规律性的观点、人类在创造世界的同时也创造自身的观点、阶级斗争的观点等,与马克思的思想确有一定关联。例如,马克思在《路易·波拿巴与雾月十八日政变》中开篇就这样说道:“人们自己创造自己的历史。”⑥这一观点也恰恰与维柯的“人类世界确实是由人类自己创造出来的”⑦这一识见一脉相承。关于对人及人性的看法,由于维柯认识到人在不断创造实践中形成各种社会关系,创造人自己,因此就否定了人性不变的说法,正如《新科学》英译者之一M·H·费希所指出的,“维柯和马克思主义者以及存在主

---

① 《马克思恩格斯全集》第30卷,第253页。

② 同上书,第159页。

③ R·G·柯林武德:《历史的观念》,中国社会科学出版社1986年版,第73页。

④ 《马克思恩格斯全集》第30卷,人民出版社1956年版,第618页。

⑤ 关于维柯史学思想的进一步讨论,参见拙文:《“天才的闪光”——维柯史学思想述论》,《史学史研究》1987年第4期。又,拙文在前面说到马克思的阶级斗争学说时,追溯了它与法国王朝复辟时期诸史家论见之间的关系。但是,一读维柯的《新科学》,我们察觉阶级斗争学说的提出似乎还应该追溯到更早些的年代,距马克思于1852年3月5日致约·魏德迈的信一百二十多年以前的维柯,似乎更符合马克思信中所用“以前很久”这一时间概念,当然维柯关于这方面的认识还比较稚拙,不如梯叶里、基佐、米涅、梯也尔等人那样明确与成熟。

⑥ 《马克思恩格斯选集》第1卷,人民出版社1972年版,第603页。

⑦ 维柯:《新科学》,第1108段,人民文学出版社1986年版,第573页。

义者都有一个同是否定的看法，认为从单纯个体中找不到人的本质，维柯和马克思主义者倒有一个一致的肯定或积极的看法，认为人的本质就是社会关系的总和，或是各种制度在发展中的体系”①。的确，马克思思想与维柯思想之关联，引起了当代西方学者的广泛关注②。我国学者张隆溪在《维柯思想简论》一文中这样认为：“在研究马克思与欧洲文化传统的关系方面，维柯的意义或许并不亚于黑格尔和德国古典哲学。”③是的，维柯的历史观对马克思唯物史观的形成有其不可忽视的意义。

其三是与唯物史观理念的发展。例如，马克思对法国王朝复辟时期诸史家关于阶级斗争学说的传承及深化即为显例。

这里所说的法国王朝复辟时期诸史家，主要包括梯叶里、基佐、米涅、梯也尔等人，由这些人所组成的历史学派，也就属于被恩格斯所说的不断揭示阶级斗争的事实“是理解中世纪以来法国历史的钥匙”④的历史学家群体。在他们看来，阶级斗争是历史发展的主要内容与动力；阶级斗争源于利益的对立；资产阶级是历史发展的决定性力量，资产阶级统治地位的确立就是阶级斗争的终止；资产阶级同封建贵族阶级之间的斗争，是理解中世纪以来英法两国历史的一把钥匙等⑤。他们的历史思想，尤其是关于阶级斗争的学说，形成于马克思的唯物史观之前，突破了前人关于历史演变的陈说，是西方资产阶级史学家历史观中令人注目的思想火花，为马克思唯物史观的形成提供了积极的思想材料。对此，马克思并不讳言，他在1852年3月5日致约·魏德迈的一封信中这样写道：

> 无论是发现现代社会中有阶级存在或发现各阶级间的斗争，都不

---

① 《新科学》英译本引论，维柯：《新科学》，人民文学出版社1986年版，第38页。

② 如美国学者L. H. Simon在“Vico and Marx: Perspectives on Historical Development”一文中，阐述了马克思和维柯之间的关系。维柯的四个原理与马克思的看法有其相似与可比之处：(1) 人类创造历史，换言之，人的力量是历史发展的主要推动者和决定性因素；(2) 必须把人类的历史理解为各个社会的历史，历史学家应该关注的合适的单位是社会，而不是个人；(3) 在人类历史的大部分时期内，人民并不是在有意识地创造历史，历史并非是人类自由活动的有意识的结果；(4) 在结构严格的科学范围内，人类是有可能获取历史认识的。作者在这四个方面作了详尽的阐述。载*Journal of the History of Ideas*, Vol. 42 (Apr. - Jun., 1981), p. 317。

③ 张隆溪：《维柯思想简论》，《读书》1985年第11期。张文识见多具新意，而且提供了国外学术界诸多的研究维柯的信息。

④ 《马克思恩格斯全集》第21卷，人民出版社1965年版，第344页。

⑤ 进一步论述，参见：《陈说的突破》，拙著《克丽奥之路——历史长河中的西方史学》，复旦大学出版社1989年版，第140—148页。

> 是我的功劳。在我以前很久，资产阶级的历史编纂学家就已叙述过阶级斗争的历史发展，资产阶级的经济学家也已对各个阶级作过经济上的分析。我的新贡献就是证明了下列几点：(1) 阶级的存在仅仅同生产发展的一定历史阶段相联系；(2) 阶级斗争必然要导致无产阶级专政；(3) 这个专政不过是达到消灭一切阶级和进入无阶级社会的过渡……①

显然，马克思在这封信里所说的“资产阶级的历史编纂学家”，主要指的就是法国王朝复辟时期的梯叶里、基佐、米涅、梯也尔等西方史家。马克思这封致约·魏德迈的信，直言不讳地说明了他的阶级斗争学说的思想来源，揭示了其在继承前人思想的基础上所作出的“新贡献”。

马克思主义史学的诞生，在世界史学史上的意义是非凡的，因为这是历史学的一次革命。

在马克思主义史学及其唯物史观诞生以前，人们对于社会历史发展进程的认识，始终被唯心史观的阴霾所笼罩着。这种历史观的缺陷，已被列宁揭橥：“第一，以往一切历史理论，至多是考察了人们历史活动的思想动机，而没有考究产生这些动机的原因，没有发现社会关系体系发展的客观规律性，没有看出物质生产发展程度是这种关系的根源；第二，过去的历史理论恰恰没有说明人民群众的活动，只有历史唯物主义才第一次使我们能以自然历史的精确性去考察群众生活的社会条件以及这些条件的变更。”②列宁的如上论述，精到地点明了旧史学之要害，马克思主义史学的产生对后世史学的发展必将带来革命性的影响。

二、先贤的遗产

马克思批判地继承与汲取了西方史学的遗产，创立了唯物史观，又以其史学著作进而丰润了前者，同时也在西方史学一统天下的 19 世纪为马克思主义史学争得了一席之地。作为历史学家的马克思和恩格斯，他们的历史著作体现出马克思主义史学的风格与魅力，完全可以与当时一流的西方资

① 《马克思恩格斯选集》第 4 卷，人民出版社 1995 年版，第 332—333 页。
② 《列宁全集》第 21 卷，人民出版社 1959 年版，第 38 页。

产阶级历史学家相媲美。这里介绍一些马克思和恩格斯在19世纪40年代中期以后的代表性作品，借以显现先贤的史学遗产之丰厚。

《共产党宣言》，马克思与恩格斯合撰，1948年发表。

此书是“无产阶级所负的世界历史革命使命的学说”（列宁语）①，也是一部历史著作，它以唯物史观的基本原理贯穿全书，深刻地分析了人类社会各个发展阶段的历史进程，它们的物质生产、经济结构以及政治、法律、思想等；深刻揭示了从原始公社解体时开始的阶级斗争的历史，尤其是资本主义社会兴衰的客观规律；深刻地指出了无产阶级的历史地位和它的历史使命。《共产党宣言》不仅是无产阶级革命运动的“教科书”，它总结了1848年欧洲革命发生前政治斗争的经验，而且也是马克思主义创始人史学研究工作的出色成果，不愧为马克思主义史学创始人在发轫时的经典名著。

《1848年至1850年的法兰西阶级斗争》，1850年发表。

在近代法国历史舞台上，各种历史事变风云变幻，各式历史人物来去匆匆，演绎了色彩斑斓的历史场景。马克思非常熟悉近代法国历史的变革，尤其对当前发生的事变有一种很深刻的洞察力，因此他卓越地总结与分析了1848年法国革命的经验，形象地提出了“革命是历史的火车头”②，以充分发挥人民群众的创造力，从而加速社会的发展进程。在这里，马克思第一次运用史学研究的成果来验证唯物史观的正确性。

《路易·波拿巴的雾月十八日》，1852年发表。

本书是马克思《1848年至1850年的法兰西阶级斗争》的续编。这部历史著作典型地反映了马克思的史学天才，笔者已另文述说，此处不再赘述③。需要补充说明的一点是，马克思以1851年12月2日路易·波拿巴发动政变这段法国阶级斗争史，检验了由他最先发现的历史运动规律：“一切历史上的斗争，无论是在政治、宗教、哲学的领域中进行的，还是在其他意识形态领域中进行的，实际上只是或多或少明显地表现了各社会阶级的斗争，而这些阶级的存在以及它们之间的冲突，又为它们的经济状况程度、它们的生产的性质和方式以及由生产所决定的变换的性质和方式所制约。”④（恩格斯为《路易·波拿巴的雾月十八日》1885年第三版所写的序言）

---

① 《列宁全集》第21卷，第30页。

② 《马克思恩格斯选集》第1卷，人民出版社1995年版，第456页。

③ 参见拙文：《关于马克思主义史学遗产传承中的几个问题》，《复旦学报》2005年第5期。

④ 《马克思恩格斯选集》第1卷，第583页。

可以这样说，马克思和恩格斯合撰的《共产党宣言》及上述马克思的两本历史著作，标志着马克思主义历史科学的正式诞生。

《法兰西内战》，1871 年发表。

1871 年 3 月 18 日，巴黎无产阶级举行武装起义，宣布成立巴黎公社，在它存在的 72 天中，为无产阶级革命留下了丰富的历史遗产和经验教训。马克思这部杰出的历史著作如同他的"天才著作"[①]《路易·波拿巴的雾月十八日》一样，恩格斯说它表现出作者的"惊人的才能，即在伟大历史事变还在我们眼前展开或者刚刚终结时，就能准确地把握住这些事变的性质、意义及其必然后果"[②]。

需要特别指出的是，晚年马克思（大约于 1881—1882 年间）为我们留下了《历史学笔记》[③]这部珍贵的手稿。它共有四个笔记本，内容宏富，其中马克思对公元 1 世纪到 17 世纪的世界历史，既有摘抄，亦多评论，在很大程度上反映了马克思的历史观，乃是其存留给后人的宝贵的史学遗产，值得引起我们的关注。

由此可见，马克思的史学实践及其成果，既是服务于无产阶级革命事业的，又是为马克思主义史学奠基的。恩格斯的史学实践及其成果也同样如此。

恩格斯（1820—1895 年）与马克思一起，同为马克思主义史学的创始人。马克思主义的唯物史观，是马克思和恩格斯两人共同的思想成果，恩格斯"在马克思主义唯物史观创立后，通过对唯物史观命题的界定及其阐述，极大地丰富和发展了马克思主义历史观体系"[④]。此外，恩格斯的史学实践工作也是历史研究与社会现实紧密结合的范例。除上述与马克思合撰《共产党宣言》之外，恩格斯其他代表性的历史著作有：

《德国农民战争》，1850 年发表。

1525 年的德国农民战争是近世欧洲历史上的一件大事。恩格斯在这部著作中，通过历史比较方法，指出 1525 年革命与 1848—1849 年革命失败

---

① 《马克思恩格斯选集》第 1 卷，第 582 页。

② 同上书，第 1 页。

③ 《马克思历史学笔记》，红旗出版社 1992 年版，中国人民大学出版社 2005 年出版了该书的修订版。

④ 张艳国在《恩格斯与唯物史观命题》一文中，通过考察恩格斯在三个历史时期对唯物史观的几次界定以及对它所作的发挥，论证了恩格斯的卓越贡献。参见张艳国：《唯物史观与史学理论》，华中理工大学出版社 1997 年版，第 117 页。

的共同原因,揭示了无产阶级革命必须与农民结盟的重要性。这是运用唯物史观研究历史事件一个成功的例证。

《德国的革命与反革命》,1851—1852 发表。

在这部历史著作中,恩格斯正确地阐述了革命的前提、性质、阶级力量的对比、各个阶级的作用以及革命失败的原因等,更是一部用唯物史观系统研究 1848—1849 年德国革命的杰作。在这里,恩格斯以其丰富的材料,深刻地分析了 1848 年德国革命,其体现出的史才确可与马克思在《1848 年至 1850 年的法兰西阶级斗争》一书中对 1848 年法国革命所作出的卓越分析相媲美。

《家庭、私有制和国家的起源》,1884 年发表。

此书缘起于马克思的写作计划,当年马克思曾打算根据美国学者摩尔根的《古代社会》一书的研究成果,从唯物史观出发撰写一部关于人类童年时代的作品,后未果。恩格斯的这本书,从一定意义上是为了实现马克思的遗愿。此书内容早为我国历史研究工作者所熟悉,也曾对中国的马克思主义史学的建设工作产生过重大的影响①。

三、熹微的晨光

传播是文化的一种特质,史学文化亦然,马克思主义史学的传播也是如此。事实上,当马克思主义史学起于青蘋之末,马克思主义的唯物史观就开始蔓延,向外扩展它的影响了。不过,马克思主义史学在初创时的影响,如同熹微的晨光初照,虽充满了朝气,但就其威力与影响而言,还是相当有限的,尽管如此,由于有了一批早期的马克思主义历史学家的努力,才使马克思主义史学在欧洲得到了最初的传播。

马克思主义史学在欧洲的最初传播及其影响,有其时代条件。19 世纪下半期,随着资本主义的发展,资本主义国家间矛盾日深,国内无产阶级的状况不断恶化,国际工人运动在经过巴黎公社失败后的短期沉寂之后,从 70 年代开始又获得了广泛的开展。随之而来的是,以科学社会主义理论为

① 这里略举一例,以见一斑:例如郭沫若曾潜心研读过恩格斯的《家庭、私有制和国家的起源》等马克思主义经典著作,并运用唯物史观研究中国古史,1930 年他出版了《中国古代社会研究》,并把它称作是《家庭、私有制和国家的起源》的"续篇"。参见瞿林东:《郭沫若在中国史学上的地位——为纪念郭沫若诞生 100 周年而作》,《中国史研究》1992 年第 3 期。

基础的工人阶级政党在德国及其他欧美国家纷纷建立，在80年代末成立了国际无产阶级新的组织——第二国际。1883年马克思逝世后，恩格斯承担了领导国际无产阶级与工人阶级政党的重大使命，捍卫与进一步发展马克思主义的学说，与此同时，各种非马克思主义思潮也日益泛滥起来。马克思主义史学就是在这种蓬勃与错落、繁茂与杂沓的时代氛围中，从西方资产阶级独霸的史坛中争得了它的一席之地。

是的，马克思主义史学在19世纪下半期欧洲的最初传播及其影响，首先得归功于马克思和恩格斯的理论贡献，马克思主义的唯物史观自诞生后更趋丰富，马克思和恩格斯的史学实践又为后来者树立了榜样；其次还得益于欧洲早期的一批马克思主义历史学家的工作业绩。这批马克思主义历史学家，他们中有的是马克思和恩格斯的战友，有的是他们的学生，有的受到过他们的影响。在马克思和恩格斯直接关怀和指导下，这批早期的马克思主义历史学家，为宣传和发展马克思主义的唯物史观，为马克思主义史学的最初实践和传播，作出了各自的贡献，在马克思主义史学发展史上留下了他们的足迹。在曙光初照的年代，就其与史学实践相对更为切近的人物有：德国的弗兰茨·梅林、卡尔·考茨基，法国的保尔·拉法格，意大利的安东尼奥·拉布里奥拉和俄国的格·瓦·普列汉诺夫等诸家。

同马克思和恩格斯一样，上述诸家都不是一些职业历史学家，马克思主义史学的职业化要远晚于西方资产阶级史学的职业化①。从史学史的发展进程看，19世纪下半期还是马克思主义史学的初始阶段，而西方资产阶级史学已走过了好几百年的路程了。弗兰茨·梅林等人都是一些马克思主义者，是马克思主义的政治活动家、思想家、理论家，作为学者身份，他们学识渊博，涉及领域众多，有过多方面的业绩，其中当然有作为历史学家的贡献。以下对此逐一作些简单的介绍。

弗兰茨·梅林(1846—1919年)，德国社会民主党人，社会活动家、理论家、历史学家、文艺评论家，他为后人留下了许多领域的思想遗产。在他丰硕的著作中，大体属于历史学著作的有《德国社会民主党史》、《中世纪末期以来的德国史》、《马克思传》、《莱辛传奇》及《论历史唯物主义》等，后两书曾

① 马克思史学的职业化，其开始大约不会早于20世纪的"一战"之后。如果以西方资产阶级史学职业化的代表人物兰克1824年进入柏林大学时算起，马克思主义史学职业化与前者相比，时间差距大约为一个世纪左右。

得到了恩格斯的好评①。他的中文版的《保卫马克思主义》，闪烁着马克思主义的理论光彩与战斗锋芒，在当时有力地宣传和捍卫了马克思主义的唯物史观。他早就明确指出："历史唯物主义并不是一个封闭的，以最后真理为其终点的体系；它只是研究人类发展过程的科学方法。"②重温这位先哲的话，会让我们对历史唯物主义的真谛有一番新的认识。

卡尔·考茨基(1854—1938年)，德国历史学家，德国社会民主党人，社会活动家、理论家。在一战前，他是一位马克思主义者，一战后思想蜕变，成为被列宁所斥责的无产阶级的"叛徒"。不管怎样，他前期对马克思主义唯物史观的阐释与理论贡献不容泯灭。作为历史学家的考茨基，他的许多著作，我们仍不能遗忘。他的《伦理学和唯物史观》，力图用唯物史观探讨伦理道德，在正误交错的论述中，也提出了许多马克思主义的道德伦理观，发人深省。他的《基督教的起源》，阐述了早期基督教的历史，迄今为止它仍是我们历史研究和宗教研究的必读书目之一。他的《社会革命》和《取得政权的道路》两书，也是运用唯物史观分析无产阶级革命的佳作，后书曾被列宁称作考茨基"最后也是最好的一部反对机会主义的著作"③。

然而，被所谓"叛徒"的声名所累，在1914—1916年的战争以前，对于作为"马克思主义历史学家"的考茨基，对于他的《伦理学和唯物史观》、《基督教的起源》、《社会革命》、《取得政权的道路》等"始终是无产阶级的可靠的财富"的那些著作，迄今为止，极少有人从历史学的角度作出过认真的辨析与梳理。事实上，考茨基这个历史人物的"多面性"已被"叛徒考茨基"的恶名的单面性所掩盖了，因而他作为"马克思主义的历史学家"的史学成就也就更被"叛徒考茨基"的恶名所掩盖了。现在我们应当在认真梳理与辨析的过程中，拨去阴霾，还其历史学家的本相。

保尔·拉法格(1842—1911年)，法国工人党创始人之一，社会活动家、理论家。他积极投身于法国的社会主义运动，在实践中为捍卫马克思主义作出了贡献。在理论上，他是科学社会主义的天才而又渊博的传播者和学者，列宁曾评价他是"马克思主义思想的最有天才、最渊博的传播

---

① 《马克思恩格斯选集》第4卷，人民出版社1995年版，第725页。
② 梅林：《保卫马克思主义》，吉洪译，人民出版社1982年版，第25页。
③ 《列宁全集》第25卷，人民出版社1958年版，第468页。

者之一”[①]。拉法格把马克思主义学说运用于许多具体的研究,成果颇丰,其中有《财产及其起源》、《唯心史观和唯物史观》、《思想起源论》等,“它们全部都属于那些有永久意义的马克思主义的文献之列”[②]。梅林的这一评价是恰如其分的。

安东尼奥·拉布里奥拉(1843—1904 年),意大利早期马克思主义思想家、社会活动家、罗马大学教授。他为了把马克思主义的一般原则与意大利的实践相结合做了不少工作,主要有:他把马克思和恩格斯的主要著作翻译成意大利文,这就大大加快了马克思主义在意大利的传播进程;他走出书斋,投身意大利的工人运动之中,研究与分析意大利社会发展进程中的种种问题;此外还有他对马克思主义唯物史观的阐述、解读和捍卫。他的识见多见之于他的名著《关于历史唯物主义》一书,此书是他的代表作《唯物史观论丛》之一,另几种是《纪念共产党宣言》、《社会主义和哲学家丛谈》、《从一个世纪到另一个世纪》。这位意大利最早的马克思主义思想家为马克思主义唯物史观在意大利的传播作出了重大的贡献,影响深远,克罗齐曾说:“安东尼奥·拉布里奥拉的著作对当时的意大利政治文化和史学起了重大作用,我们这些青年从中了解到纯真的马克思主义。”[③]

格·瓦·普列汉诺夫(1856—1918 年),在我国读者中拥有很高的知名度。一是因为他是俄国马克思主义的先行者,如他同俄国最早的一批马克思主义者阿克雪地罗得、查苏利奇等人在瑞士日内瓦创立了俄国第一个马克思主义团体——劳动解放社;如他把马克思和恩格斯的许多著作译成俄文,国外刊印,国内流行。二是因为他前后期的变化[④]令人注目,前期作为俄国革命者、马克思主义理论家作出了卓越贡献,并对民粹主义予以深刻批判,后期则成为孟什维克机会主义者和社会沙文主义者。三是因为他作为学者的出色成就令人注目,他著作宏富,我国历史学界流行且广为人知的中译本就有《论唯物主义的历史观》、《论一元论历史观的发展》、《论个人在历史上的作用问题》等。其中,普列汉诺夫对历史唯物主义观点的阐述与宣

---

① 《列宁全集》第 17 卷,人民出版社 1959 年版,第 286 页。

② 拉法格:《思想起源论》,王子野译,三联书店 1963 年版,第 4 页。

③ 董进泉等:《历史学》,四川人民出版社 1989 年版,第 231 页。

④ 普列汉诺夫的一生,一般可分为三个时期:1883 年以前为革命民粹主义者;1883—1903 年为马克思主义者;1903 年以后转向孟什维主义,1914 年大战后“堕落”为社会沙文主义者。转见陈启能:《史学理论与历史研究》,团结出版社 1993 年版,第 280 页。

传，都是相当精彩的，对此论者甚多，不赘①。

四、从对抗到对话

自19世纪40年代经典的马克思主义史学诞生以来，对近世以来的西方史学日渐形成了一种巨大的挑战。至20世纪，马克思主义史学与现代西方资产阶级新史学成为20世纪国际史学的两大潮流，正如居伊·布瓦所说的是史学的“两支巨流”②，两者之间既对立又接近，既接近又较量，既较量又交流，既交流又共建，矛盾而又糅合，斗争而又融通，令人瞩目地影响与左右了20世纪历史学的发展。这两者160余年的关联史，其历史轨迹可以用从对抗走向对话来描述。具体说来，它经历了如下三个阶段。

第一，对立，从19世纪40年代马克思主义史学诞生至1917年的俄国十月革命。

正如前已指出的，马克思主义史学在其诞生最初的年代里，影响甚微，举一个典型的例证是，英国史学家古奇在1913年初版的论19世纪史学的经典之作《十九世纪历史学与历史学家》一书中，甚至连马克思的姓名都没有提及③，遑论马克思主义史学的其他方面了④。事实上，经典马克思主义史学在一段不短的时间内，受到了西方资产阶级史家的仇视、疑惧与曲解。对此，当代西方历史学家杰弗里·巴勒克拉夫曾作过一些很中肯且有见地的分析。他写道，马克思主义史学受到敌视，“其中有多种多样的原因，但最根本的一个原因是1848年以来欧洲大陆普遍存在着对共产主义的仇恨和疑惧。在包括沙皇俄国在内的大多数国家里，高等学校的教学组织实质上排斥了马克思主义者和社会主义者。只有在具有长期革命传统的法国比较宽容，从饶勒斯到马蒂埃，从拉布鲁斯到费弗尔，马克思主义学者一代一代地沿袭下来。但在其他国家，尤其在德意志帝国，大多数职业历史学家既不

---

① 我国哲学史家与史学史家对此都曾予以很多的关注。例如，黄楠森主编：《马克思主义哲学史》第四章第一节（高等教育出版社1998年版）；又见庞卓恒：《唯物史观与历史科学》第一章第二节（高等教育出版社1999年版）。

② 居伊·布瓦：《马克思主义和新史学》，《国外社会科学动态》1981年第4期。

③ 杰弗里·巴勒克拉夫：《当代史学主要趋势》，第31页。

④ 这里再举恩格斯的例子。创刊于1856年的德国权威性的《历史杂志》，发行至19世纪末时，仅仅在一篇文章的注释中才以讽刺的口吻提到了恩格斯的名著《家庭、私有制和国家起源》，足见在整个19世纪下半叶马克思主义史学在西方国家的境遇了。

懂又不想去弄懂马克思主义原理或历史唯物主义的解释。人数不多的马克思主义历史学家——例如梅林——又遭到排斥。如果说马克思主义在十九、二十世纪之交终于崭露头角的话，也还是被‘当成流行的崇拜实证主义的变态形式，是一种特别有害的形式’。许多反对者在竭力加深这种假象，其中包括施塔姆勒和里克特这样一些批评家。直到1918年——而且事实上在那以后——马克思和马克思主义在英国的大学历史研究和教学中依然被完全忽视。1917年的俄国革命迫使俄国以外的历史学家开始认真地对待马克思主义对历史所作的解释。即使如此，他们的反应本质上仍然是敌意的”①。

总之，在马克思主义史学诞生至1917年俄国十月革命这将近80年的时间里，马克思主义史学与西方资产阶级史学总体上处于对立状态，其主要表现为后者对前者的敌视态度。这种情况，直至第一次世界大战和俄国十月革命之后才开始发生变化。

第二，接近，从1917年俄国十月革命至第二次世界大战结束。

马克思主义史学与西方史学逐步消弭对立状态，大概从20世纪初就开始了。早在1902年，美国哥伦比亚大学教授塞利格曼(E. R. A. Seligman)就出版了《历史的经济解释》一书，专论唯物史观的发生、发展及其影响。虽则他把唯物史观片面地归结为“经济史观”，因而也就不可能全面理解它的精髓，但这位西方史家却承认“我们全都必须承认它在激励学者们的思想和扩展历史学与经济学的观念与概念方面已经起到的有益影响……它将在精神发展和科学进步的记录上占有一个尊荣的地位”②。

1912年，现代美国新史学派代表人物鲁滨逊在《论历史学》中这样评价马克思的史学贡献：“第一个对于科学的历史学作出巨大贡献的是来自一个意想不到的角落，这也是当时迫切需要一种合乎实际的学说的反映。……作出这样贡献的是一位哲学家、经济学家、社会改革家，而不是一位职业历史学家。他提出了一系列的新奇问题。这些问题都是历史家研究过去时所应该注意的。他并且对于以前大家所不很了解的事情提供了科学的解释。”③

从以上两位西方史家此时的言论来看，他们对马克思及其唯物史观虽

---

① 杰弗里·巴勒克拉夫：《当代史学家主要趋势》，第31—32页。

② 转引自庞卓恒：《唯物史观与西方史学的危机和变迁》，《世界历史》1984年第4期。

③ 鲁滨逊：《论历史学》(英文版，1912年)，转引自齐思和为鲁滨逊著《新史学》一书中译本所写的序言，Ⅶ—Ⅷ。

不能作出科学的认识,但敌意似乎不见了,对峙状态开始消解,这就为马克思主义史学与西方史学的对话创造了条件。

这是1917年俄国十月革命之前的情况。1917年之后,特别是在1929—1930年世界性大萧条和资本主义社会的深刻危机之后,不仅使马克思的历史判断的正确性得到了证实,而且迫使西方史家开始认真地对待马克思主义及其唯物史观,从而在总体上结束了前一阶段敌视马克思主义及其唯物史观的对立状态,开始真正地直面马克思主义史学。例如,1946年英国历史学家劳思指出:"在今天要成为一个好的历史学家,就要懂得一点马克思主义。"[①]西德弗里茨·凯恩(他是10卷本《世界史》的发起者)在谈及马克思主义的影响时,也这样说:"总之,这种论断(即马克思主义)是对今天具有巨大意义的历史力量。"[②]这是20世纪40年代末西方学者对马克思主义的一种回应,应当说还是一种比较积极的回应,而有别于这之前的敌视或漠视。

第三,对话,二战后迄今。

第二次世界大战结束之后,马克思主义及其唯物史观对当代西方史学的影响更是得到了明显的加强,并更多地被运用于历史研究之中。由于时代的巨大变革,并为了应对这种变化了的世界形势,不管是马克思主义史学还是西方史学,都需要"与时俱进",为此在两者已经接近的状态中,它们之间更需要进行平心静气的对话,相互学习,携手共进,而不能相互诘难,彼此敌对。

二战后史学发展的事实证明,无论是马克思主义史学还是西方史学都颇为明智地接受了对话,且多有成效。这里以法国年鉴学派为例,阐述马克思主义史学与西方史学之间的对话,以及前者对后者的深刻影响。

从整体上看,法国的年鉴学派不能归属于马克思主义史学,他们的一些代表人物也从不以此自居。然而,他们从不讳言从马克思主义那里所受到的巨大影响。"可以说,没有马克思主义,就没有年鉴派。"[③]年鉴学派创始人之一吕西安·费弗尔早在1935年就明确地说过:"任何一个历史学家,即使他从来没有读过一行马克思的著作,或者他认为除了在科学领域之外自

① 劳思:《历史的用途》(伦敦,1946年),转引自康恩等:《穷途末路的资产阶级历史哲学》,张书生等译,三联书店1962年版,第60页。

② 转引自康恩等:《穷途末路的资产阶级历史哲学》,第73页。

③ 姚蒙:《法国年鉴学派》,何兆武、陈启能:《当代西方史学理论》,中国社会科学出版社1996年版,第507页。

己在各方面都是狂热的'反马克思主义者'，也不可避免地要用马克思主义的方法来思考和了解事实和例证，马克思表达得那样完美的许多思想早已成为我们这一代精神宝库的共同储蓄的一部分了。"[①]另一位创始人马克·布洛赫也这样说："如果有一天，革新派的历史学家们决定为自己建设先贤祠的话，那么，那位来自莱茵河畔的先哲的银髯飘然的半身塑像一定会端坐于殿堂之首列。"[②]年鉴学派第二代大师费尔南·布罗代尔更深入地研读过马克思的原著，他确认正是马克思首先从历史长时段出发，构建了自己的史学理论，这使他从中得益匪浅。年鉴学派第三代代表人物之一雅克·勒高夫说："在很多方面(如在带着问题去研究历史、跨学科研究、长时段和整体观察等方面)，马克思是新史学的大师之一。马克思和马克思主义的历史分期学说(奴隶社会、封建社会、资本主义社会)虽在形式上不为新史学所接受，但它仍是一种长时段的理论。即使关于经济基础和上层建筑的概念不能说明历史现实不同层次间的复杂关系，但这里毕竟揭示了代表新史学一个基本倾向的结构概念。把群众在历史上的作用放在首位，这与新史学重视研究生活于一定社会中的普通人也不谋而合。但是马克思主义把经济因素当作解释历史的首要因素，把心态列入上层建筑的范畴，并将历史看作是按照一种单纯演进模式直线发展的；而新史学则认为，心态虽然不是历史因果关系中的一个主要因素，但在新史学中占有较重要的地位。新史学又强调历史经验的差异性和历史研究途径的多重性，所有这些问题都表明，新史学可能被正统马克思主义认为是对自己的一种挑战。"[③]勒高夫这段话既说明马克思主义史学对年鉴学派的多种直接的影响，也表明两者在一些问题上的分歧，这说明他们之间有融合，也有分歧，但两者之间不乏真正的对话。事实上，法国马克思主义史学也有与年鉴学派等相互合作的例子。总之，"正是在马克思主义史学的影响下，年鉴派史学逐步重视当代史、社会阶级、阶层史等领域的研究，同时还在新的基础上开始重新研究政治史、人物史、思想史及历史短时段的变动"[④]。

我们在上面不厌其烦地引证了年鉴学派几代领导人的言论，旨在从一个侧面显示马克思主义学说主要是它的唯物史观对现当代西方新史学所产

---

① 吕西安·费弗尔：《技术、科学和马克思主义》，《国外社会科学》1982 年第 5 期。
② 转引自陈启能：《史学理论与历史研究》，团结出版社 1993 年版，第 129 页。
③ 〔法〕J·勒高夫等主编：《新史学》，姚蒙编译，上海译文出版社 1989 年版，第 35 页。
④ 姚蒙：《法国年鉴学派》，何兆武、陈启能主编：《当代西方史学理论》，第 548 页。

生的深刻影响。在这方面，还是巴勒克拉夫阐述得更为具体些，他从五个方面比较系统地谈到了马克思主义对历史学家同时也对现代西方史学所给予的巨大影响，这就是：

(1) 研究方向的转变，从孤立的政治事件转向对社会和经济复杂而长期的过程的研究。

(2) 重视物质生活条件，从整体上研究工业体系，并在这个背景下研究技术和经济发展的历史。

(3) 促进对人民群众历史作用的研究。

(4) 马克思关于社会阶级结构的观念以及他对阶级斗争的研究，对历史研究产生了广泛的影响。

(5) 重新唤起对历史研究的理论前提以及对整个历史学理论的兴趣。①

这是巴勒克拉夫在 1978 年说的话，迄今已有 30 多年了，世界史学发展的进程，既验证了这位西方史家的论断，也进一步验证了马克思主义史学的问世及其对后世史学所作出的开拓性的贡献。这种开拓性的贡献对未来历史学的发展尤其对西方史学的发展将会带来恒久不息的影响。

五、一个历史缩影

在马克思主义史学发展史上，苏联史学作为第一个社会主义国家的马克思主义史学，在 70 余年的发展进程中，成就与失误交织，经验与教训杂糅，曾在 20 世纪国际史坛上扮演过重要的角色，产生过重大的影响。如今，苏联这个国家虽已解体，但苏联的马克思主义史学作为一份遗产，并不随之而消失。对于马克思主义史学史的研究而言，进行认真回顾与总结，这对于马克思主义史学如何正确认识与处置西方史学提供了一个可供借鉴的历史“样本”，也可从中看出前述西方史学与马克思主义史学从对抗走向对话的历史缩影，这是不乏学科价值与现实意义的②。

---

① 杰弗里·巴勒克拉夫：《当代史学主要趋势》，第 27 页。

② 我国学者陈启能、于沛、黄立茀合撰《苏联史学理论》(经济管理出版社 1996 年版)，可称得上是这方面的“开山之作”。但正如他们自己所言，这项研究是一个阶段研究的总结，还需继续深入研究。又，在陈启能等多人合撰的《马克思主义史学新探》(社会科学文献出版社 1999 年版)中，由陈启能执笔的第八、九两章，对苏联马克思主义史学的解体及其经验教训也作过一些很有见地的理论分析。但总的说来，研究这个历经 70 余年的苏联马克思主义史学发展史，我们的工作还只是起步，仍有更多的工作需要我们去做。

1. 曲折坎坷的行程

苏联马克思主义史学的发展，经历了70多年的曲折而又坎坷的历史进程，我们可以把它试分成三个阶段来叙述①。

第一阶段：初创时的艰辛(1917年俄国十月革命至20年代)。

在陈述本阶段苏联史学的发展进程前，我们首先要提到列宁(1870—1924年)。众所周知，同马克思、恩格斯一样，列宁作为无产阶级革命的导师，不仅毕生致力于无产阶级革命运动和无产阶级政权建设，而且还毕生致力于人类精神文化的批判与继承，可以说，他的英名同这两个方面的贡献是紧紧地联系在一起的。作为历史学家的列宁，在史学上也贡献卓著。这种业绩，首先突出地表现在他对马克思主义唯物史观的捍卫与发展上，论者云："列宁的贡献不在于基本理论方面，而在于运用马克思主义世界观和历史观研究帝国主义新时代，得出了一系列新的结论，从而把马克思主义推上一个新阶段。"②对此，学界论述很多，此处不再复述。

其次，纵观列宁五十多年的生涯，多半是在相当激烈而又繁忙的斗争生活中度过的，因此列宁的史学思想体现出一个很明显的特征便是政论(或时论)即史论，史学与政治的紧密结合，如1912—1913年他在《真理报》等报刊上发表的《中国的民主主义和民粹主义》、《亚洲的觉醒》、《落后的欧洲和先进的亚洲》等时文，既是政论，亦是史论，是一篇篇精粹的史学佳作。即使像《纪念赫尔岑》(1912年)、《欧仁·鲍狄埃》(1913年)这类纪念性的"时论"，也很值得我们从史学意蕴上吸取它的营养。

第三，作为历史学家的列宁，在他的生涯中，也有史学实践活动，也有为此而写出的历史著作(或者是准历史著作)，这是列宁留给我们后人宝贵的史学遗产。列宁于1899年问世的《俄国资本主义的发展》，论证了俄国资本主义的国内市场是如何形成的，史料翔实，分析透彻，是我们研究俄国历史的典范之作。此外，他的《帝国主义是资本主义的最高阶段》(1917年出版)，其意义不仅在于在"马克思主义史和政治经济学史上具有划时代意义"③，而且对于世界历史(尤其是世界近现代史)的研究，也具有指导意义。列宁的其他一些名著，例如《国家与革命》、《无产阶级革命和叛徒考茨基》、

① 这里的分期参考苏联学者莫吉利尼茨基的意见。见陈启能等合撰《苏联史学理论》，第35—39页。

② 黄楠森主编：《马克思主义哲学史》，高等教育出版社1998年版，第176页。

③ 同上书，第177页。

《共产主义运动中的"左派"幼稚病》等,亦可视为与史学关联的"准历史著作"。总之,列宁在史学上的业绩和实践跨越十月革命前后,在马克思主义史学发展史上留下了浓重的一笔。

十月革命胜利以后,苏联史学的确也取得了不少成就。但是,在列宁逝世以后,苏联的马克思主义史学非但没能很好地理解与继承列宁的史学思想,相反却在史学与政治等关系的问题上偏离正确的轨道,违背了列宁的马克思主义也应当是"吸收和改造了两千多年来人类思想和文化发展中一切有价值的东西"的教导,逐渐滋长了简化、僵硬化和教条化等不良倾向,尤其在对待西方资产阶级史学遗产的认识上出现了偏差,以致使苏联的马克思主义史学走上了一条曲折发展的道路。

比如,马克思主义史学官方化。毋庸讳言,十月革命胜利后的马克思主义史学,在苏联是"唯一的统治流派",并演变为"官方史学"①,由此带来了一些严重的问题,历史学或许成了被西方学者所嘲弄的那样:"为党的当前政治利益服务的那种历史编纂学"、"历史研究的写作要服从于党的每日的战略"②。苏联史家科瓦利钦科也这样揭示过:"从20年代末开始,在这过程中起作用越来越大的,不是属于科学认识的内部趋势,也不是社会上对历史的广泛兴趣,而是政治意识形态和党政机构对历史科学的压力。历史科学的任务被归结为论证当前推行的政策,结果历史学家经常被迫成为官方对过去事件解释的简单的注释者和说明者。"③科瓦利钦科这段话所揭橥的问题,确切地说,从十月革命之后就开始了,"史学政治化"④在20年代有了最初的表现,虽则与30年代开始的恶性发展,还是有程度上的不同的。

第二阶段:坎坷中的前行(20世纪30年代至1956年)

苏联马克思主义史学70余年的发展之路,确实并不平坦,史学政治化的恶性发展,"那里的严格控制和历史学家方面非凡程度的驯服听话结合在

---

① 陈启能等:《苏联史学理论》,第9页。

② 伊格尔斯:《二十世纪的历史学——从科学的客观性到后现代的挑战》,第92页。

③ 转引自陈启能等:《苏联史学理论》,第5页。

④ "史学政治化"这一概念,见陈启能等合著的《马克思主义史学新探》,第326—327页。陈启能指出:"史学政治化是史学与现代,史学与国家,史学与政治,史学与社会实践之间的一种特殊类型的关系。这种关系反映的是两者之间的不正常的、不恰当的关系,是史学受到政治的过多干扰而影响自身健康发展的状况。苏联史学在这方面有很多经验教训,主要是反面教训,值得严重注意。"陈氏之论甚是。笔者将借鉴这一术语,用来分析苏联马克思主义史学的兴衰。

一起"①，自由思考的空间变得相当逼仄，学术环境令人感到压抑与窒息。

这是与当时苏联国内的政治环境相联系的。1929 年，斯大林挫败党内最后一个反对派布哈林，同年托洛茨基也被驱逐出国，可以这样说，联共(布)党史上的"斯大林时代"开始了。是年岁末，斯大林 50 岁寿辰的纪念活动，成了对他的个人迷信的起点。如果苏联马克思主义史学史的分期可以某个事件作为界标的话，我们认为 1931 年斯大林写给《无产阶级革命》杂志编辑部的信是个信号。

此事缘由如下：历史学家斯卢茨基的学术论文《布尔什维克论战前危机时期的德国社会民主党》刊发在《无产阶级革命》杂志 1931 年第 6 期上。斯大林以书信的形式，发表了一篇文章《论布尔什维克主义历史中的几个问题——给〈无产阶级革命〉杂志编辑部的信》，文中点名批判了斯卢茨基，不分青红皂白地给一位学者扣上"反党"、"托洛茨基私货"等一大堆吓人的政治帽子，自此难逃厄运的不只是斯卢茨基个人，而且扩及整个史学界，并祸及整个学术界，包括社会科学与自然科学各个学界。

由此开始的史学政治化的恶性发展，在 20 世纪 30 年代可以举出两个一正一反的案例以资佐证。

一是波克罗夫斯基冤案。

苏联在 30 年代制造的冤假错案遍于国中，在史学界前已提及的波克罗夫斯基蒙冤可谓"第一要案"。

波克罗夫斯基是苏联早期马克思主义历史学家的代表人物之一，他笔耕不辍，著述甚丰，事实上苏联早期马克思主义史学的发展与他的卓越贡献是分不开的。当然，初创时期的苏联马克思主义史学的一些缺陷，也在他身上得到了体现。波克罗夫斯基死后，对他及其学派的批判随即开始，并逐步升级，至 1938 年达到高潮②，联共(布)中央在有关决议中似乎对他作出了政治判决："在历史学科直到最近还存在的反马克思主义的歪曲和庸俗化现象，是和所谓的波克罗夫斯基'学派'有联系的。这一'学派'歪曲地解释历史事实，并且违反历史唯物主义，用今天的观点而不是根据产生历史事件的条件来说明历史事实，因而歪曲了历史真相。"③自此，波克罗夫斯基俨然成

① 伊格尔斯：《二十世纪的历史学——从科学的客观性到后现代的挑战》，第 93 页。
② 陈启能：《三十年代苏联对波克罗夫斯基的批判》，《世界历史》1987 年第 2 期。
③ 转引自陈启能等：《马克思主义史学新探》，第 342 页。

了一个反革命集团的头目，使不少历史学家受到了株连，遭到了灭顶之灾。

由此，顺便指出，苏共执政者在对待知识分子的政策上，犯了严重的错误，比如斯大林总是把知识分子作为“阶级敌人的代言人”，要把他们从肉体上消灭，于是，历史学家作为知识分子群体中的一员，其命运之惨就可想而知了。

二是《联共（布）党史简明教程》（以下简称《教程》）的出版。

这部由苏联共产党（布）中央特设委员会编、联共（布）中央审定、1938年出版的书，实际上是在斯大林的一手策划下完成的，从编纂的指导思想到历史分期等都是如此，斯大林还亲自撰写了后来闻名于世的《辩证唯物主义与历史唯物主义》作为书中的一节①。《教程》从另一角度验证了 30 年代史学政治化恶性发展的程度，自此带有教条的和形而上学的“斯大林主义”，浸润于历史学之中，对学术界产生了严重的负面影响，于是在斯大林高压政策时代下的历史学的境遇就可想而知了。可以这样说，从这开始至 1956 年苏共二十大前，这种“政治意识形态和党政机构对历史科学的压力”（前引科瓦利钦科语）的情况，不可能发生本质的变化。

第三阶段：曲折中的进步（1956 年苏共二十大至 20 世纪 90 年代初）。

本阶段苏联政坛多变，斯大林死后，先是经历赫鲁晓夫的“解冻时期”和改革年代，继而又陷入勃列日涅夫的“停滞时期”和保守岁月，最后以戈尔巴乔夫开创的“新思维时代”而终止，苏联社会主义史学的行程也随苏联的解体而停步。一般说来，这期间由斯大林在上一阶段所奠定的政治体制及其对意识形态控制的模式，也不可能发生本质的变化，故历史学的进步总是在曲折中前行的。

然而必须指出，二战后的世界形势在变化，二战后的世界史学也在变化，国际形势的变革与国内学术环境的某些时候的宽松，都会促使苏联历史学家努力地寻求历史学作为一门独特学科的自身地位与价值，因而也取得了为国际（西方）同行所公认的业绩，如众所周知的多卷本《世界通史》、历史

① 斯大林写作的《辩证唯物主义与历史唯物主义》原是《联共（布）党史简明教程》第 4 章第 2 节，后来以《辩证唯物主义与历史唯物主义》为书名单独成册，1940 年，博古的译本《辩证唯物论与历史唯物论》由大众出版社出版。1946 年，唯真的译本《辩证唯物主义与历史唯物主义》由莫斯科外国文书籍出版局出版。参见《中国现代史学大事编年》，张书学：《中国现代史学思潮研究》，湖南教育出版社 1998 年版，第 522 页。该书在 20 世纪 50 年代初的中国流传甚广，对中国史学界也产生了深刻的影响。

方法论、比较研究方法与计量方法的研究等，都取得了不俗的成绩。

这里有必要陈述一下与苏联史学本阶段进程相关的一些事件：

1956年苏共二十大，会上提出反对个人崇拜，在思想文化领域，首先在文学领域出现了“解冻文学”，在史学界也“开始涌现出新生命的激流”[①]，开始清理与消除个人崇拜及教条主义在史学中的影响。这成了本阶段史学开始的一个标志性事件。

1961年苏共二十二大，为30年代蒙冤的马克思主义历史学家波克罗夫斯基平反昭雪，推翻了当年加在他身上的一些不实之词，肯定了他在苏联马克思主义史学创建中的地位与贡献[②]。

1962年12月全苏历史学家会议，2 000余人参加，会议揭露了个人崇拜在史学领域中的种种表现[③]，并对被歪曲的历史事件作出了新的评估，“拨乱反正”的清风一度激活了多少个“新生命的激流”，历史学家的前进步伐因而得以快行。

60年代末，政治上又开始出现徘徊，已激活的“新生命的激流”，此时缺少了活力，显现出滞缓的步态[④]。

80年代中期以后的“历史热”，发生在戈尔巴乔夫当政时期，全民的“历史热”“像一股巨大的龙卷风席卷整个社会，而且越刮越凶猛”[⑤]。由这种不正常的状态引发出来的历史“空白点”，导致人们疑团丛生，思想混乱，结果呢？“历史热”消退了，步履艰难的苏联马克思主义史学也终止了它曲折蜿蜒的发展历程。

2. 成就与失误的双重思考

苏联马克思主义史学的行程，不管多么坎坷，也不管多么曲折，但总还是做出成就的，我们务必要看到这一点，切不可一笔抹杀。即使在斯大林时代也不是一无是处的。但是，在那里老是冷暖失常、阴晴不定，更兼几番暴风骤雨，摧落花枝凋零，遑论于风雨憔悴中煮字烹文、备受折腾的苏联历史学家，总是在苦苦地寻求历史学作为一门科学的自身价值与地位，不论是在斯大林时代的政治高压政策下，还是在80年代中后期发生的那场虚幻的

---

① 伊格尔斯主编：《历史研究国际手册》，陈海宏等译，华夏出版社1989年版，第366页。
② 董进泉等：《历史学：当代国外社会科学流派丛书》，四川人民出版社1989年版，第285页。
③ 同上书，第282—283页。
④ 同上书，第296—298页。
⑤ 陈启能等：《马克思主义史学新探》，第289页。

“历史热”中，其发展进程中的历史教训是值得我们去认真总结的。这里略说一二。

第一，如何看待马克思主义。

这是一个十分庞杂而又老生常谈的问题，但是，正是在这一点上，苏联的马克思主义史学有过沉痛的经验教训。中国学者陈启能在这方面作过较为精到的分析[①]，在他看来，苏联历史学家把马克思主义教条化、公式化、庸俗化和神化；苏联史学在其长期存在的岁月中，所宣传的马克思主义并不都是真正的马克思主义，而是以马克思主义名义推行的斯大林主义，或别的什么东西。以这样的马克思主义，怎么能正确指导马克思主义史学的发展呢？

这里以“历史发展的客观规律性”为例作一说明。对于“历史发展的客观规律性”的承认与否，历来被认为是马克思主义史学与非马克思主义史学的分水岭。按照苏版的马克思主义史学模式，它把五种社会形态的演进视为世界历史发展的普遍规律，又把历史规律理解成像达尔文的生物进化规律那样宏观的社会进化规律，它是不以人的意志为转移的。换言之，五种社会形态的更替是必然的、不可改变和不可逆转的历史顺序[②]。事实上，世界历史的发展是多样性的，不可能套用同一个“公式”，遵循同样的“模式”。这里不由让我们想起青年马克思在抨击普鲁士的封建官僚制度、努力捍卫作家思想和创作的自由时说过的话：“你们赞美大自然悦人心目的千变万化和无穷无尽的丰富宝藏，你们并不要求玫瑰花和紫罗兰散发同样的芳香，但你们为什么却都要求世界上最丰富的东西——精神只能有一种存在形式呢？”[③]那么，人类社会的历史顺序又怎么“只能有一种存在形式”（五种社会形态的更替）呢？

苏共二十大后，曾有学者发出“重读马克思”，“回到真正的，未被歪曲的马克思主义去”的呼吁，但在苏维埃的国土里，它最终也成了空谷足音。对于历史学家来说，马克思主义不是教条，不是如恩格斯所批评的“当作标签贴到各种事物”上的“套语”，更“不是按照黑格尔学派的方式构造体系的诀窍”，而是“进行研究工作的指南”[④]。恩格斯当年对德国一些青年作家的批

① 陈启能等：《马克思主义史学新探》，第363—365页。

② 朱本源：《朱本源史学文集》，陕西师范大学出版社2005年版，第570页。

③ 《马克思恩格斯全集》第1卷，人民出版社1956年版，第7页。

④ 《恩格斯致康·施米特信》（1890年8月5日），《马克思恩格斯选集》第4卷，人民出版社1995年版，第692页。

评所揭示的问题，对后来的年轻的苏联马克思主义史学也是完全适用的。但这些“忠告”都被他们“遗忘”了。由此，我们想到这一口号——“回到马克思，发展马克思”，当代西方马克思主义历史学家行进的历史轨迹，再一次回应了苏联马克思主义史学沉浮兴衰的历史教训，值得我们认真记取。

第二，如何看待西方资产阶级史学。

马克思主义史学的发展，需要正确处理与本国传统史学的关系、正确处理与外来（西方）史学的关系。在这方面，苏联马克思主义史学的教训极其深刻。十月革命胜利后不久，列宁针对波格丹诺夫等人所谓的“纯无产阶级文化”的谬言，在《共青团的任务》、《论无产阶级文化》等文章中，严厉驳斥了这种错误观点，指出：“马克思主义这一革命的无产阶级思想体系赢得了世界历史性的意义，是因为它并没有抛弃资产阶级时代最宝贵的成就，相反地却吸收和改造了两千多年来人类思想和文化发展中的一切有价值的东西。”①列宁在1920年的这个教诲似乎有某种预见性，然而令人遗憾的是，他揭示过的波格丹诺夫等人的错误，后来又被年轻的没有经验的苏联马克思主义史家重犯了。在他们看来，马克思主义史学既要与革命前的旧俄史学脱离联系，又要与西方资产阶级史学划清界线，如以后者为例，他们动辄就给西方资产阶级史学扣上“历史伪造者”、“反动的”、“腐朽的”等大帽子，从中国学者熟知的诸如《穷途末路的资产阶级历史哲学》、《为战争贩子服务的反动史学》等吓人的书名，可见一斑②。总之，他们故步自封，骄傲自满，自以为马克思主义史学高人一等，无须与时俱进，学习与借鉴西方资产阶级史学中一切有价值的东西；他们闭目塞听，总是以静止僵化的观点看待前者，或简单粗暴，或全盘否定，结果呢？“沉舟侧畔千帆过，病树前头万木春。”以非马克思主义史学的西方新史学而言，从20世纪50年代勃兴，至60—70年代兴旺，取得了为国际史学界所公认的成就③。当他们如梦初醒，深切地感到以前对待西方史学犯了“把小孩和水一起倒掉”的常识性的

① 《列宁选集》第4卷，人民出版社1972年版，第362页。

② 《穷途末路的资产阶级历史哲学》，康恩等著，张书生、乔工等译，三联书店1962年版。《为战争贩子服务的反动史学》，阿尔帕托夫著，王以铸译，中华书局1953年版。后书作者在论及19世纪以来的西方资产阶级史学时，说它“已经走上了伪造历史的道路”（第8页），又说：“为了要履行帝国主义者底社会指令，现代资产阶级史学便以极狂妄的方式伪造历史。”（第22页）从这本小书（共102页）中可见，苏联史家对西方资产阶级史学的偏见已表现得淋漓尽致，毋需多加解释了。

③ J·勒高夫等主编：《新史学》，第1—40页。

错误时[1]，已付出了沉重的代价。

珠辉散去归平淡。当我们拨去了附在苏联马克思主义史学上的种种神圣光环之后，还其原貌，我们发觉，它与世界史学园地中的许多史学派别一样，也互有轩轾，各有短长。总之，我们应当运用马克思主义的历史主义态度，批判地继承这笔史学遗产，特别是在与西方史学从对抗走向对话的进程中，我们可从中引出深刻的历史教训。

六、背离·回应·交融

二战后，世界史学发生了新的变化，其中一个重要的方面是西方马克思主义史学的迅速崛起，它作为后马克思时代的马克思主义史学，给国际史学界吹来了一股清风，增添了许多活力。如果从卢卡奇 1923 年发表《历史与阶级意识》算起，那么西方马克思主义史学的历史至今也不过八十八年，但它真正发生影响，还是要等到二战之后。

西方马克思主义史学正是在时代变革的感召下，呈现出一种新的史学发展的趋向，诸如历史视野与研究领域的拓宽、"自下而上"历史观的新取向、多元的历史研究方法、以天下为己任的现实关怀等[2]。总之，置身于西方社会环境之中的西方马克思主义历史学家在新的历史条件下，作出各种应对，在这过程中对马克思主义史学作出了种种新的思考与诠释。

其一，背离：西方马克思主义史学与斯大林式的教条主义的马克思主义。

二战后，西方马克思主义史学在一些发达的资本主义国家获得了迅速的发展，与经典马克思主义史学相比，他们中的有些人的思想，别样而又新奇，离异而又守护，它当然不是"残余的乡愁"[3]，而是"时代的变奏"。这"时代的变奏"所"奏"出的"音符"，确与当时流行的占据支配地位的马克思主义很不协调，亦即西方马克思主义史学对斯大林式的马克思主义提出了挑战，反映在史学上则是对教条主义与僵化的马克思主义史学的一种背离。

这种史学上的变革是与时代背景、政治转向及哲学思潮等相关联的。

---

① 陈启能等：《马克思主义史学新探》，第 16 页。

② 参见拙文：《关于马克思主义史学遗产传承中的几个问题》，《复旦学报》2005 年第 5 期。

③ "残余的乡愁"(a residual nostalgia)，这是西方学者斯图亚特·西姆对"后马克思主义"的感言。转见周凡：《后马克思主义：概念的谱系学及其语境(上)》，《河北学刊》2005 年第 1 期。

二战后，世界政治形势大变，两大对立阵营相峙，尤其是国际共产主义运动在20世纪50年代的动荡，1956年苏共二十大的召开以及对斯大林的个人崇拜与个人迷信的批判，匈牙利事件，在各国共产党内部激起了广泛的回响，并引发各国马克思主义者的深刻反思，于是，“马克思热”以及寻求对马克思主义的新诠释便应运而生。尤其是西方马克思主义思潮的发端者卢卡奇、葛兰西①等人的思想和他们的著作在西方流行，西方马克思主义的政治思潮与哲学思潮的泛滥，对西方国家的一些马克思主义历史学家的史学思想及其史学实践产生了重大的影响，这便成了某些马克思主义史家思想发生转变的契机，正如论者所指出的，“这种转变是对前苏联在国际共产主义运动中家长制作风的反抗，是对宗教式地对待马克思主义的一种反抗，也是对机械地教条主义地对待马克思主义的批判。他们试图对马克思主义作新的理解与解释，试图用马克思主义来解释时代出现的新问题，从而使马克思主义恢复新的生机”②。这不就是要“回到马克思，发展马克思”吗？

其二，回应：西方马克思主义史学与经典马克思主义史学。

正如梅林早就指出过的，“历史唯物主义并不是一个封闭的、以最后真理为其终点的体系”③。马克思不可能穷尽全部真理，虽则他被人称为“千年第一思想家”。同样，马克思主义包括它的唯物史观也是要发展的，而且

---

① 由于西方马克思主义这一概念内涵与外延的不确定性与学界的不同用法，本文采陈学明教授的建议，沿用由柯尔施、梅劳-庞蒂的“本来意义上的”西方马克思主义概念，突出从思想路线的视角观察问题，既包含地域性的含义，又不仅以地域性为唯一标志。参见陈学明：《西方马克思主义教程》，高等教育出版社2001年版，第14—16页。又，关于西方马克思主义创始人的问题，当今我国哲学界也颇具争议。由于对西方马克思主义这一概念用法的不同，从而会界定不同的代表人物。我们采陈氏之建议，因为在西方马克思主义的各种不同的用法中数柯尔施、梅劳-庞蒂的用法为优。据此，把卢卡奇、葛兰西作为西方马克思主义的创始人，我个人以为是合适的，参见同上书，第16—20页。另需要明确的一点是，面对西方马克思主义思潮的萌发与泛滥，面对西方马克思主义的诸多派系及其代表人物，身处于西方的马克思主义历史学家怎么可能对其置若罔闻呢？怎么可能不对西方马克思主义史学发生影响呢？这里，可以举一个很典型的例证，例如当代英国著名的马克思主义史家E·P·汤普森曾与法国的西方马克思主义者阿尔都塞展开了一场激烈的辩论，汤氏的《理论的贫困或谬误的太阳系仪》(The Poverty of Theory or an Orrery of Errors)这篇200多页的长文即缘于此。但是，本文所说的西方马克思主义史学，大体上指的是西欧北美地区发达资本主义国家的那些坚持用马克思主义理论研究历史的史家，他们与西方马克思主义相关但又有不同的研究对象。依照学科分类，在我们国内学界，西方马克思主义研究属于哲学学科，而西方马克思主义史学研究则归于历史学学科。国内学界从事西方马克思主义研究的学者，事实上鲜有涉足西方马克思主义史学的，楚河汉界，泾渭分明，这的确令人十分惊奇。

② 姜芃：《关于英国马克思主义史学的新思考》，陈启能等：《马克思主义史学新探》，第257页。

③ 梅林：《保卫马克思主义》，人民出版社1982年版，第25页。

也必须结合各个国家的具体情况“与时俱进”，它也有一个本土化的问题。

因此，西方马克思主义史学的崛起，是对19世纪40年代诞生的经典马克思主义史学的一种现时代的回应。这与西方马克思主义史学在二战后勃兴的社会与时代原因，尤其是20世纪50年代以来所发生的新技术革命浪潮，由之而引发的对社会政治体制、经济结构、观念形态乃至生活方式等方面的变化相关联的。面对这样的时代变革的大浪潮，西方马克思主义历史学家必须作出回应，倘若仍抱残守缺、墨守成规，势必会被时代潮流所抛弃。

在此，有一点必须指出，即西方马克思主义历史学家生活于当今西方发达的资本主义国家中，与我国马克思主义在意识形态领域处于指导地位不一样，如张芝联所论，“马克思主义史学在西方国家只是一个学派，因为马克思主义在西方国家并不是指导的，居于领导地位的，官方的意识形态，而只是一种研究方法，不是作为世界观来考虑的，它不是直接地和政治联系起来的。我们国家所说的马克思主义者的含义，和譬如说法国人在法国所说马克思主义者是不一样的”①。是的，当代西方马克思主义史学，不仅同我们所彰显的马克思主义史学准则有异，而且细究一下，也与这些国家传统的马克思主义史学有别，如E・P・汤普森、霍布斯鲍姆为代表的当代英国马克思主义史学与20世纪前期的英国马克思主义史学(如从莫尔顿及其《英国人民史》来看)也是不完全一样的。

但是，西方马克思主义史家依然恪守马克思的历史理念，信奉历史唯物主义，他们仍按照马克思主义传统来研究与撰写历史，E・P・汤普森的夫人多萝西・汤普森在回忆他时这样说：“他时常表示，他和他从事的历史学总的说来受惠于马克思，但是，对于把自己称为一个‘马克思主义者’，他越来越踌躇。他喜欢说，他按照马克思主义传统写作。”②从这段话来看，E・P・汤普森面对那种“经济主义和简单化的经济决定论”，他感到困惑，他感到“踌躇”，于是“希望把更为丰富的文化范畴引进历史学”③，你能说那是“离经叛道”吗？要说是，那不是对经典的马克思主义，而是对教条主义与简单化的马克思主义或打上斯大林印记的马克思主义。倘不告别后者，不

① 张芝联：《历史学与社会学》，氏著《从〈通鉴〉到人权研究》，三联书店1995年版，第175页。

② 见多萝西・汤普森为E・P・汤普森《共有的习惯》中译本所写的序言，沈汉、王加丰译，上海人民出版社2002年版。

③ 此句与上句“经济主义和简单化的经济决定论”，均见刘为：《有立必有破——访英国著名史学家E. P. 汤普森》，《史学理论研究》1992年第3期。

“离”斯大林主义式的“经”，不“叛”教条主义与简单化的“道”，历史学老是被禁锢在这种陈腐的说教与设置的旧框框内，怎能前行？

至于E·P·汤普森常被人扣上的“文化的马克思主义”(Culturalist Marxism)或“文化社会主义的人道主义”(Cultural-socialist Humanism)的帽子，那是有失公正的。E·P·汤普森确实以其史学实践，反对经济决定论，寻求突破传统的政治经济学或“马克思主义经济主义”的模式，着力于一种文化的历史研究。他在其名著《英国工人阶级的形成》[①]一书中，与通常的马克思主义史家研究劳工史的方法不同，更倾向于从传统、道德、价值体系、意识形态等文化因素来分析问题，力图阐明英国文化传统对工人阶级统一意识形态的形成所起的积极作用。在《英国工人阶级的形成》一书出版20多年之后，汤普森出版了《共有的习惯》，乃是研究18世纪英国大众文化的一部力作。所有这些，汤普森的史学旨趣与学术路数难道与马克思主义的唯物史观相悖吗？要是说“相悖”，那不是与马克思主义的唯物史观，而是与那种机械地、简单化地看待马克思主义的经济基础决定上层建筑的原理相悖。“我仍然坚持历史唯物主义”[②]，1992年汤普森在回答中国学者的访谈时这样明白无误地说道，这也是汤氏对那些无端地给他扣上“文化的马克思主义”帽子的一种回应。

可以这样说，从总体上看，E·P·汤普森的史学思想并未与经典马克思主义史学思想背道而驰，而是一种对它的“现时代回应”，遑论“激进的”汤普森之外的西方其余的马克思主义历史学家，比如霍布斯鲍姆了。

其三，交融：西方马克思主义史学与西方资产阶级史学。

西方马克思主义史学，是经典马克思主义史学的现代派系，但“西马亦马”，既然它归属于马克思主义史学的范畴，当然与现当代西方资产阶级史学(即我们在这里所说的西方新史学)有矛盾、有争论，如前已涉及的马克思主义史学与法国年鉴学派(年鉴学派就其阶级属性而言，当然不是马克思主义史学，似应归入资产阶级史学)之间的关系。但两者的交融却是主流。马克思主义史学影响了西方新史学，而后者也影响了前者，在一定意义上，我们也可将西方马克思主义史学作为西方新史学潮流的一部分。这当然不是“同流合污”，而是“异流共建”，其结果显然有利于推动现代历史学的发展。

① E·P·汤普森：《英国工人阶级的形成》，钱乘旦等译，译林出版社2001年版。
② 刘为：《有立必有破——访英国著名史学家E. P. 汤普森》，《史学理论研究》1992年第3期。

这里的“异流共建”，笔者要说的意思是：马克思主义史学的源流是马克思与恩格斯，西方史学的源头可以追溯得很久远，西方新史学的源流至少可以追溯到伏尔泰，如此说来，两者的源头不同，流向不一，故曰“异流”。但是，处于“异流”的马克思主义史学与西方史学，也可以寻求对话与合作，就像“人”字形需要相互支撑，取长补短，互相学习，以共同推进学术事业的发展，并非一定要彼此敌视与对立。这就是“共建”。用时下时髦的话来形容，是一种“双赢”的关系，马克思主义史学与西方史学应当寻求共同发展的途径与愿景。这里还需要补白一句的是，在这种“共建”中，倘若对西方史学采取亦步亦趋的盲目崇拜的态度也是不可取的。

这里略举一例，以说明上述所说的这种关系。

米歇尔·伏维尔(Michel Vovelle)是当代法国著名的马克思主义历史学家，他的代表作《巴洛克的虔诚与非基督教运动：启蒙时期普罗旺斯人对死亡的态度》(1973 年出版)，是一部典型的心态史之作，他以当时的遗嘱为材料，运用计量方法，从法国南部部分居民在 17—18 世纪的这一长时段内对死亡态度的变化中，说明了从 18 世纪 60 年代起，随着遗嘱内容的世俗化，人们精神状态的变化。这位赫赫有名的法国马克思主义史家的这一课题的研究与年鉴学派的一些研究心态史的著作可谓如出一辙。事实上，法国马克思主义史学在更多的方面保持着与其他史学派系的对话与合作①。这种“异流共建”，亦即既相互交叉又互相影响的交融，不也是一种值得期待的史学文化景观吗？难道伏维尔们不“可以同时是马克思和费弗尔的门生”②吗？伏维尔在《存在着集体无意识吗?》一文中说得好：“长期以来，在马克思主义和非马克思主义者之间有一种君子协定，那就是，前者只限于研究政治经济史和阶级斗争史，后者则献身于集体意识和心态问题。我坚决反对这样一种职能划分，认为马克思主义历史学家必须有勇气说，精神史纵然有那么多特殊的难题，但同样是他研究的范围。”③因此，既恪守马克思主义史学的基本原则，而又开放兼容，比如既研究政治、经济和阶级斗争，也探讨意识和心态，两者兼备互补，这有什么不好呢？总之，扩而言之，“合力”创造历史，“合力”也利于史学的发展，对话与交融总比对抗与蔑视要好，由此

---

① 参见姚蒙：《法国年鉴学派》，何兆武、陈启能主编：《当代西方史学理论》，第 548 页。

② J·勒高夫等主编：《新史学》，第 35 页。

③ 转自阿龙·I·古列维奇：《历史和历史人类学》，《对历史的理解》(《第欧根尼》中文精选版)，商务印书馆 2009 年版，第 96 页。

也可看出西方马克思主义史学的双重性(或多重性)的特征。现当代西方史学中这种趋同发展的趋势及其走向如何,我们且拭目以待,暂不忙下结论。

末了,还要说到两点,或许可以对本章的论题作一点小结。

第一,文化的生成与发展不可能单独行进,史学文化也是这样。以上对西方史学与马克思主义史学关联的历史考察,可以加深我们对这一论断的认识。事实上,西方史学与马克思主义史学互相影响,恰如"人"字形需要相互支撑,而不能片面夸大这一"撇"或那一"捺"。这不仅是史学,而且也是任何学术史发展进程中的一种常态。无论如何,学术研究的空间应是多维的,我们研究西方史学,也应当研究马克思主义史学,反之也是一样。

第二,关于史学研究的"异中之同"和"同中之异"。黑格尔在论及比较研究时这样指出过:"我们要求的,是要能看出异中之同和同中之异。"①于是,我个人想到,我们的史学史研究,尤其是本章说及的西方史学与马克思主义史学关联史的研究,也应着力比较研究,不管这种比较是历时性的还是共时性的,都应关注黑格尔所寻求的"异中之同"和"同中之异"的哲学意蕴,对此,我们还大有文章可做。

---

① 黑格尔:《小逻辑》,第253页。

第六章　西方史学的中国回响

我们研究西方史学史，主要是研究自古迄今的西方史学的历史进程，研究它发生发展和不断变化的历史，这自然是必要的，但仅局限于此，还是不够的。因此，西方史学史的研究既要从其史学自身“探幽”，还要从它的外传“索微”，后者即是所说的“影响研究”，探讨其外传之时间、途径及其在异域所激起的回响等。唯其如此，我们的研究才会比较完整深入。

本章阐述西方史学自 19 世纪末输入中国，直接与中国史学碰撞以来，近一百多年间对后者所产生的深刻影响。

一、发轫岁月的回音(19 世纪末至 1919 年)

众所周知，近代意义上的西学之输入中国，可以追溯到明万历年间。1580 年，意大利传教士利玛窦首先把“西学”带入中国。这时所谓的西学，不外乎天文、历法、数学、地理等近代西方的一些自然科学常识，当然没有历史学。鸦片战争后，随西方列强的炮火而步入中国大门的西方传教士，通过译书，输入宗教和实用知识，继而引入了西方哲学社会科学的各种学说，而此间的有识之士，由于亡国之祸迫在眉睫，纷言变法图强，因而对外国的兴亡史颇为关注，并以此为鉴戒激发国人的爱国思想与救国热情，西方史学的引进还没有提上议事日程。总之，它大晚于西方自然科学的引进，亦晚于西方社会科学(哲学、政治学、社会学等)的引进，或至多只能作为这些学科传入时的伴生物。

至 19 世纪末，有着各自史学传统和史学体系的中西史学，终于在经历了长期平行的发展之后相遇了，它们日渐互通资讯并开始了长达一个多世纪冲突与回应的历史进程。在中外史学交流史上，也终于告别了“传教士时代"[①]，开创了新的篇章。

从学科分期而言，这一历史进程可以 1949 年为界划分为前后两个时期，而前后两个时期还可分成若干时段。本章只是约略勾画下列几个时段的基本情况和主要特征，并以该时段若干代表性史家的业绩为例，借以阐明西方史学在中国各个时期所激起的重大回响。至于 1949 年之后的台港澳地区的情况，囿于资料方面的原因，略过不谈。

从 19 世纪末至五四前，即西方史学踏上东土最初的岁月里，对中国史学发生重要影响的，首先是西方的文明史学之东传。清季学界盛行的文明史学，其源头来自法国文明史学（以伏尔泰、基佐为代表）和英国巴克尔的《英国文明史》。西方的文明史学一度在中国学界造势，这与那时的社会环境息息相关。"这种带有批判启蒙性质的文明史学正适应了晚清学术、政治要求变革的需要，而迅速得到广泛传播，许多新史家批评传统史学都从文明史学中借用资源。"[②]梁启超就是最为典型的例子。

其次是国外历史教科书的译介。1902 年和 1904 年，清政府先后颁布《钦定学堂章程》和《奏定学堂章程》，全面引进西方教育制度，在大学、中学与小学都广设历史课程，因此，编写历史教科书的任务成为一时之急需，引译国外教科书便提上了议事日程。这些移译的域外历史教科书，出自欧美的多是西洋史、万国史，出自日本的则是支那史、东洋史。国外历史教科书的翻译，对于当时中国史界反思旧史、批判传统史学、编纂新史、奠立近代史学理论起到了一定的借鉴与促进作用。

此外，倘若说到西方史学流派在当时中国的传播，则一为兰克史学，另一为西方文化形态观。不管是兰克史学还是文化形态史观，都与 20 世纪中国史学的发展变化有着千丝万缕的联系。兰克史学在中国的早期传播，其主要途径是通过日本的间接介绍。19 世纪末 20 世纪初，时值国人留日高潮之际，以输入的历史教科书为媒介，留日学人将兰克史学介绍到中国。兰克史学理论和方法最初输入中国的基本路径为：兰克—伯伦汉《史学方法

---

① 笔者注意到邹振环的《西方传教士与晚清西史东渐》（上海古籍出版社 2008 年版）一书，以 1815 年至 1900 年间若干具有代表性的新教传教士（如傅兰雅、李提摩太等人）的历史译著为实例，阐述了西方史学这一时段在中国的传播及其对晚清史学界产生的影响，颇具识见。不过，笔者以为，中外（西）史学交汇与对话的重任，还得由本土历史学家担当，如果说最初人选，大概非梁启超莫属了。

② 参见张广智主编：《20 世纪中外史学交流》，北京师范大学出版社 2007 年版，第 38 页。

论》—坪井九马三《史学研究法》—中国[1]。日本学者坪井九马三的《史学研究法》缘于德国学者伯伦汉的《史学方法论》，他的《史学研究法》引入中国后，对传播兰克史学起到了促进作用。不过兰克史学对中国史界真正产生影响，则要到20世纪30年代前后的傅斯年。

文化形态史观之东传也有类似的地方。文化形态史观作为20世纪西方史学的一种新说，由斯宾格勒与汤因比奠立后，迅即在西方学界产生了广泛的影响，这种影响在现代中国也很快地有了回应，并在中国的留欧（尤其是留德）学生中找到了最初的知音，这主要体现在斯宾格勒其人其作的东传上[2]。另外，汤因比的《历史研究》首三卷于1934年出版后，即有人在国内作了介绍。不过，致力于西方文化形态史观的中国早期传播者，则是20世纪40年代初的战国策学派。

在西方史学东传史上的发轫年代，这一史学潮流的领军人物当属梁启超无疑，论者指出："毫无疑问，五四运动之前，在中国宣传西方思想最有影响的人物是梁启超。"[3]因为在他那个时代，无论是来华传教士编译的史书，如英国传教士慕维廉编译的《大英国志》、李提摩太编译的《泰西新史揽要》等，还是近代前期中国人编写的外国史地著作，如魏源的《海国图志》、徐继畬的《瀛环志略》等，其对西方史学的识见与影响都难望梁氏之项背。

戊戌变法失败后梁启超流亡日本，1899年在横滨创办《清议报》，1902年又创办《新民丛报》，利用这些舆论阵地，继续鼓吹资产阶级改良主义路线；与此同时，他广泛地涉猎近代西方资产阶级的各种学说。1902年他的名篇《新史学》在《新民丛报》上发表。该文激烈批判封建主义的旧史学，倡导"史界革命"，并进而提出了新的历史观念，为闭塞的中国学术界带来了近世西方资产阶级史学的最初信息，使我国读书界人士"粗闻西洋近世新史学之要义"[4]。同年，他在《新民丛报》上介绍文明史学，使国人知晓基佐的《欧洲文明史》及其他西方史家的名字，成为在当时情况下"吾国史学引纳西说之权舆"[5]。

---

① 参见张广智主编：《20世纪中外史学交流》，第52页。

② 参见李孝迁、邬国义：《斯宾格勒〈西方的没落〉在中国的传播》，瞿林东主编：《史学理论与史学史学刊》（2004—2005年卷），社会科学文献出版社2005年版。

③ 〔美〕伯纳尔：《1907年以前中国的社会主义思潮》，丘权政等译，福建人民出版社1985年版，第76页。

④ 卢绍稷：《史学概要》，商务印书馆1930年版，第108页。

⑤ 同上书，第109页。

这里需要特别指出的是，从世界范围来说，梁启超写作《新史学》的时代，历史学正酝酿着巨大的变革，当然不可低估这时的传统史学仍有很大影响，但东西方新史学的思潮都在萌发，其势不可阻遏。倘我们进一步开拓学术视野，从比较史学的角度把梁启超1902年的《新史学》与1912年问世的美国现代新史学派的奠基者詹姆斯·鲁滨逊的《新史学》作一点比较，更可见梁氏在这一世界史学变革的潮流中传播西方史学的重要地位①。

不过，梁启超此时获知的西方史学，主要是通过东邻日本的间接输入。他不谙西文，于不惑之年才开始学习英文，但他精通日文，在他所接触到的日文书籍中，史书所占比重甚大，以其《东籍月旦》介绍的日文书为例，在总共70种书中，史书达50种之多。可见，梁启超撰著《新史学》，构建他的史学理论体系，在相当大的程度上要得益于日本的间接介绍。明治维新后，日本在输入西学（包括史学）方面走在了中国的前面，20世纪初年，日本简直成了中国学人了解西方乃至世界的一个窗口。如1902年至1913年间，系统介绍西方资产阶级史学的浮田和民的《史学原论》，经一些留日学生竞相翻译介绍，先后有多种中文译本问世②。

梁启超直接吸纳西方史学，是在他的《新史学》问世16年之后。1918年冬到1920年春，梁启超漫游欧洲，足迹遍布英伦三岛及欧陆的法、德、意及瑞士、荷兰、比利时等国，其中在法国逗留时间较久。杜维运说："此时正值班汉穆(E. Bernheim)、郎格诺瓦(Ch. V. A. Langlois)与瑟诺博司(Ch. Seignobos)的史学方法最为盛行的时候，他所请留法学生给他讲述的各门学问，史学方法是其中的一项，应是不容置疑的。"③这点可从当时身处巴黎的李宗侗的记载中得到验证。归国后，梁启超于1921年在天津南开大学讲演，翌年即把讲演稿汇集出版，名为《中国历史研究法》。这部专门研究中国史学方法论的名著，有其欧陆之行所感受到的近世西方史学方法的深刻痕迹，进而言之，这也是他运用近世西方史学方法论来研讨中国史学的一种结晶。杜维运曾将梁启超的《中国历史研究法》与朗格诺瓦、瑟诺博司合著的

---

① 进一步的论述，参见张广智、张广勇：《现代西方史学》，复旦大学出版社1996年版，第355—356页。当然，梁启超史学与鲁滨逊史学的内涵不尽相同，因而他们两人提出的"新史学"的内涵也是这样，不可简单类比，需作深入的分析。

② 参见邬国义：《梁启超史学思想探源》，载〔日〕浮田和民：《史学通论》（四种），李浩生等译，华东师范大学出版社2007年版。

③ 杜维运：《变动世界中的史学》，北京大学出版社2006年版，第17页。

《史学原论》作过很细微的比较，其结论说：深觉二者关系密切，梁氏突破性的见解，其源大半出于朗、瑟二氏，“所以在西方史学输入中国的过程中，梁氏应是第一功臣”①。

当然，西方史学最初通过日本的“中转”间接引进，不免疏漏，不免粗陋，具有很大的局限性。随着留美中国学者的归国，逐渐改变了这一情况。1917 年，胡适留美归来。在他的努力下，杜威的实用主义在当时中国非常盛行，“在哲学上，胡适所标榜的实验主义占了一时代的上风”②。他输入了西方的治史方法，对当时的中国历史学（尤其是古史研究）也产生了不小的影响，“古史辨派”便在这种情况下出现了。不过。胡适忙于宣扬他的实用主义历史观，从总体上考察，他于西方史学输入的具体业绩不多，在此不再赘述。

二、草创时期的成就（1919 年至 1949 年）

1919 年后，中国史学发展进入了新的阶段，西方史学的东传也揭开了新的一页。从 1919 年至 1949 年这 30 年中，尤其在 30 年代前后，出现了第一次输入西方史学的高潮，这是草创时期的突出成就。这一情景似可与 20 世纪 80 年代那次大规模地输入西方史学的高潮遥相呼应。

归纳起来，在这一时期输入的西方史学，可谓异彩纷呈，并呈现出以下一些显著的特点。

1. 新的输入途径

以欧美直接输入为主，取代了从日本的间接输入。与前一时期（发轫的岁月）的“无组织、无选择，本末不具，派别不明”③不同，这时输入的西方史学较为明确、有序，晚年梁启超吸纳西方史学，可为之佐证。

2. 新的留学时尚

此时，中国学人留学欧美成为时尚，从欧美学成归国的留学生在西方史学输入中国的过程中，发挥了不可或缺的作用，上文讲的胡适是这样，下文说的何炳松、傅斯年更是如此。

---

① 杜维运：《变动世界中的史学》，第 17 页。

② 艾思奇：《二十二年来之中国哲学思潮》，《中华日报》第 2 卷第 1 期，1933 年。

③ 梁启超：《清代学术概论》，朱维铮编校：《梁启超论清学史二种》，复旦大学出版社 1985 年版，第 80 页。

3. 新的理论方法

这里首先要提及的是马克思主义的唯物史观，在五四时期的中国得到了广泛的传播[①]。但更为庞杂与丰厚的是西方史学理论与方法的传播，欧美相关史学名著纷纷被译成中文面世[②]。因此，这一时期称得上是西方史学输入中国历史上的“名著时代”，并由此形成了西方史学直接输入中国的第一次高潮。

4. 新的传播媒介

近代传播媒介的问世为中西史学交流提供了更便捷的通道，诸如报纸、出版、期刊等。比如出版机构在本时期中西史学交流中起到了重大的与显著的作用，这一点也是有别于“发轫期”的，商务印书馆在这方面的出版业绩可为例证。

5. 新的地域特色

从20世纪二三十年代的“北派”与“南派”之分，至40年代的“国统区”、“解放区”和“沦陷区”之别，这一时期，日益彰显的地域性特征产生了不可忽视的影响，也与它的前后时期形成了明显的对照。

正如前述，推动这一时期西方史学输入中国的是一批留学欧美的中国学人，他们的代表人物当是何炳松与傅斯年。此外，还有李大钊的业绩。

在西方史学输入中国史上，何炳松的名字是与鲁滨逊紧密联系在一起的。论者指出：“就学术立场言，何氏是近代中国史学界输入西洋治史方法之一重要人物。”[③]在本时段中西史学的交汇中，他起了相当积极的作用，与梁启超一起被称为当时“中国新史学派的领袖”。

何炳松入美国大学就读的那一年，正是鲁滨逊《新史学》刚发表的时候。何氏于1916年归国后，先任北京大学文预科讲师，继任史学系教授，并任北京高等师范学校英语科教授及史地系主任等职。他在北大与北高师讲授《西洋史学原理》一课，急需教材，在北大史学系主任朱逖的鼓励下，着手翻译鲁滨逊的《新史学》。在《新史学导言》中，他对全书八篇的内容逐一介绍，写道：“研究历史的人，应该知道人类是很古的，人类是进步的。历史的目的在于明白现在的状况，改良现在的社会。当以将来为球门，不当以过去为标

① 参见张广智主编：《20世纪中外史学交流》，第67—69页。

② 同上书，第76—77页。

③ 黄俊杰：《史学方法论丛》增订再版代序，第16页。

准。‘古今一辙’的观点同‘盲从古人’的习惯统应该打破的，因为古今的状况，断不是相同的。”①

何氏译本《新史学》于1924年由商务印书馆推出，成为“吾国史学界所译有关西洋史学理论及方法的第一部著作，历史意义至为重大”。商务印书馆在史学新书介绍中说，该书“凡所论列，颇足为我国史学界之指导”。

大体说来，何炳松接受了鲁滨逊一派的观点。他对史学问题的认识及其作品，如《中古欧洲史》、《欧洲近代史》等大多以鲁氏作为蓝本衍化（编译）而成。平心而论，以鲁滨逊为代表的新史学派的思想包含着不少合理因素，如他们主张历史运动由经济的、地理的、心理的诸多因素决定的“多因论”，强调史学的综合研究，注重史学与其他学科之间的联系，重视史学的社会功能，留意历史知识与历史教育的普及以及力求把历史著作写得既内容丰富又明白晓畅等，对于史学研究都是颇有积极意义的。

何炳松输入现代美国新史学及其翻译《新史学》的工作，对中国史学的影响，从总体上看是积极的，其具体表现为以下几个方面。

第一，鲁滨逊及其弟子的著作纷纷被翻译成中文出版，较著名的有：约翰逊的《历史教学法》（1926年版），绍特威尔的《西洋史学史》（1929年版），桑戴克的《世界文化史》（1930年版），班兹（巴恩斯）的《史学史》（1930年版）、《西洋史学进化概论》（1932年版）、《新史学与社会科学》（1933年版），海斯的《欧洲近代政治思想史》，海斯与穆恩合编的《近代史》，海斯、穆恩和韦兰合编的《世界史》等。

第二，广泛使用这些译作或原作作为大中学校的教材，对当时的中国读书界影响甚大。

第三，20世纪30年代前后，中国学术界出版了许多“史学概论”一类的书，如李则纲的《史学通论》、卢绍稷的《史学概要》、朱谦之的《历史哲学》等，在相当大的程度上沿袭了鲁滨逊这一派的史学思想或方法。

《新史学》现已有新的译本，但何炳松译书仍如周谷城所言，“有史学史的价值，可以作为学术文献来研读”。其在西方史学输入中国的历史进程中占有重要的一席之地。

何炳松于1924年起任职于上海商务印书馆，并从次年起兼任上海光华大学、大夏大学等校教授，曾主编《中国史学丛书》、《社会科学名著选读》（英

① 刘寅生等编：《何炳松论文集》，商务印书馆1990年版，第62—63页。

文）、《社会科学小丛书》等，并积极筹划《西洋史学丛书》的翻译与出版工作，向国内史学界系统介绍西方史学。1925 年他在光华大学执教期间，结识该校学生郭斌佳，同年后者协助其翻译美国史学史家绍特威尔的名著《西洋史学史》，翌年译毕。1929 年春，何炳松开始翻译英国史学史家古奇的名著《十九世纪历史学与历史学家》。何氏认为："吾得此二书，则译者计划中之《西洋史学丛书》可谓规模粗具矣。"古奇的《十九世纪历史学与历史学家》一书，据何氏 1929 年 8 月 7 日称：已译过半，不期年当可脱稿。但不知什么原因，古奇之书未能译就面世，直到 1989 年才出版了耿淡如师据美国波士顿灯塔出版社 1959 年平装本译成的中文本。

不管怎样，何炳松的"西洋史学丛书"计划开西方史学名著翻译之先河，对传播西方史学功不可没。特别是绍特威尔的《西洋史学史》，是我国最早出版的西方史学的译著，由此改变了中国学人通过日本间接引进西方史学的状况。

除以译作传播西方史学外，何炳松还留意中西文化的比较研究，尤其关注中西史学文化的比较研究。他推崇鲁滨逊的新史学，但并不摈弃中国的史学。金兆梓所撰《何炳松传》载："君治学始虽程、朱，迨掌教北大、北高师两校文史时，尝手抄实斋章氏之《文史通义》以与其所译之《新史学》相印证。"的确，何氏潜心研究过浙东学派集大成者章学诚的史学，并写有多篇专文，如《读章学诚〈文史通义〉札记》、《章学诚史学管窥》、《增补章实斋年谱序》等。在何炳松看来，以章学诚为代表的中国浙东学派的史学与以鲁滨逊为代表的美国新史学派，在史学思想的诸多方面是可以相互比较研究的，而在时间上前者为早；并认为章氏之思想要胜于西哲黑格尔、赫尔德等人的学说。他指出："就我个人研究世界各国史学名家所得到的知识而论，我以为单就这'天人之际'一个见解讲，章氏已经当得起世界上史学界里面一个'天才'的称号。"①

此外，何炳松还尝试把现代西方史学理论与方法同中国传统史学的理论结合起来，以建立自己的理论体系。他于 1927 年出版的《历史研究法》、1930 年出版的《通史新义》等书，参考西方史家伯伦汉的《史学方法论》、朗格诺瓦与瑟诺博司的《史学原论》等作品，同时融入中国史学的知识，着意把中西史学的治史理论与方法融会在一起，试图建立自己的理论体系。他的

① 《何炳松论文集》，第 144 页。

这种早期尝试与努力是值得肯定的。

再说傅斯年。在现代中国史学界，引入德国兰克及其学派的史学，进而为中西史学的沟通与交融作出重大贡献的当属傅斯年，他本人并俨然成了兰克学派在中国的分支，被学界称之为"中国的兰克"。

傅斯年少时受过中国传统文化的严格训练，打下了深厚的国学根底。1920年，他入英国留学，三年后又转入德国柏林大学攻读，留学生涯长达7年之久。在欧洲，他系统地学习了现代哲学社会科学、人文科学与自然科学的理论与知识，并受到了西方传统史学主要是兰克学派的治史理论与方法论的影响。1926年归国。1928年国立中央研究院历史语言研究所正式成立，傅斯年任所长，直至1950年逝世。历史语言所集刊首册发表傅氏《历史语言研究所工作之旨趣》一文，宣告要以该所为基地构建"科学的东方学之正统"，宣称"要把历史学语言学建设得和生物学地质学等同样"①，并就此奠立了日后该所的学术方向。

以下就傅斯年与兰克史学的一些相似之处，陈述一二，以窥傅斯年在输入西方史学过程中的足迹以及他在这方面的贡献。

关于史料观。兰克治史，崇尚史料。在这位德国历史学家看来，史家撰史必须掌握第一手资料，只有凭借这些可靠的材料，才能写出真正的历史。因此，他笃信原始史料，主张用档案文献、活动者的记录、来往信件等来编写历史，尤其重视目击者的"最高见证"。此说被晚出的实证主义史家奉为经典，如朗格诺瓦与瑟诺博司所说："史料者，历史知识之唯一源泉也。"

傅斯年服膺兰克学派的这种主张，他的《历史语言研究所工作之旨趣》的要点，正是引入了兰克所标榜的"史学旨趣"，并进而明确提出了"史学便是史料"的主张。

"史料即史学"是傅氏史学理论的最基本点。他声称："近代的历史学只是史料学，利用自然科学供给我们的一切工具，整理一切可逢着的史料。"又说："坚实的事实，只能得之于最下层的史料之中"②，"史料的发现，足以促成史学的进步，而史学之进步，最赖史料之增加"③。类似论述，不胜枚举。于是，他也像兰克一样，不辞辛劳，多方寻觅史料，号召大家"上穷碧落下

---

① 载《历史语言研究所集刊》第一本第一分册，1928年10月。

② 傅斯年：《史料与史学》发刊词，《历史语言研究所集刊》：外篇第2种，1943年11月。

③ 傅斯年：《史学方法导论》，《傅斯年全集》第2册，台北：联经出版事业公司1980年版，第39页。

黄泉，动手动脚找东西”。傅氏一再强调说：“一分材料出一分货，十分材料出十分货，没有材料便不出货。”可见，傅氏之论与兰克的主张是如出一辙的。

关于兰克治史之旨趣。在整个19世纪，西方史学是“科学的历史学”执牛耳的时代，从德国史家尼布尔发端，最终由兰克确立了它的历史地位，他也成了西方科学派史学最著名的代表。科学派史家除崇尚史料、奉行史料至上以外，还竭力标榜史学的客观性和科学性。正如前引兰克在《拉丁与条顿民族史》一书的序言里就这样表白过：“历史向来把为了将来的利益而评论过去、教导现在作为自己的任务。对于这样崇高的任务，本书是不敢企望的。它的目的仅仅在于如实直书而已。”直至晚年，他在《世界史》一书的序言中，继续鼓吹把自己的观点毫无保留地从书中排除出去。有道是，“历史是一门不折不扣的科学”，为了达到这样的目的，历史学家就应该像兰克所说的那样去消除自己的主体意识，以达到“完全的客观”。这当然是客观主义史学及其后的实证主义史家的一种主观愿望，实际上是不可能达到的。

但傅斯年对此却奉行不悖，他笃信史学是一门独立学科，认为：“史的观念之进步，在由主观的哲学及伦理论变做客观的史料学。”①他坚信在剥除了附在历史记载上的道德意义之后，由这一件件“赤裸裸的史料”就可以显示其历史的客观性。于是，他认为：“断断不可把我们的主观价值放进去……既不可以从传统的权威，又不可以随遗传的好尚。”②这与兰克所标榜的不偏不倚之说正相吻合。但有一点不同的是，晚年的傅斯年醒悟到追求史学的绝对客观只是一个“理想的境界”，而兰克直至晚年还在鼓吹要“消灭自我”。

兰克史学的方法，对后世影响甚大。如他的以“内证”(internal criticism)和“外证”(external criticism)为特征的历史考证方法，经后来的德国历史学家伯伦汉所著《史学方法论》，日趋发展为一门严密的学科，为西方资产阶级的实证科学研究确立了规范。在史学方法上，傅斯年更是得近世西方实证主义治史方法之真传，并有新的创造。他深谙兰克的史料互勘与比照纠误之道，把史料归纳为八对十六种，即：直接材料对间接材料、官家记载对民

① 傅斯年：《史学方法导论》，《傅斯年全集》第2册，第5页。
② 傅斯年：《中国古代文学史讲义·史料论略》，《傅斯年全集》第1册，第57页。

间记载、本国记载对外国记载、近人记载对远人记载、不经意的记载对经意的记载、本事对旁涉、直说对隐喻、口说的史料对著文的史料。傅氏引进兰克的一套治史方法，再纳入中国传统史学的考证方法，写出了《明成祖生母记疑》等作品，在当时史学界影响甚大。当然，他的治史方法（包括考辨、比较方法以及由语言文字入手辨析史料的方法等），只是为了寻求个别历史事实的真实性。

由此可以看到，兰克史学与傅斯年史学之间有着史学旨趣上的同调与学理上的相连，人们称傅斯年为"中国的兰克"，并非空穴来风。不管怎样，傅斯年从近世西方输入了科学的治史方法，并在胡适之后，又具体地将这种方法运用于历史学的实践。

顺便指出，兰克史学对同在德国留学达五年之久的陈寅恪，也产生过重大影响。的确，"寅恪虽未曾特别介绍兰克及其史学，但就寅恪的著作看，他颇能抓住这位大师的好处，原因是能融会贯通，而后由'通'而'悟'"[①]。换言之，陈寅恪追求的是中西融通，他有意将兰克史学的精髓体现在他的作品中，他与兰克史学的关系，也许是一种"神似"。总之，不管是傅斯年也好，陈寅恪也罢，他们中究竟谁更像"中国的兰克"，谁更得兰克史学之真传，固然有待于我们继续进行深入的研究，但更重要的是，兰克史学之东传后，在多大程度上影响了中国史学，并在中国历史学家的实践中产生了怎样的影响。

此外，本阶段引入外国史学，也还有马克思主义历史学家的功绩。如李大钊，作为我国马克思主义史学的奠基人，不仅为马克思主义的唯物史观作出过巨大的贡献，而且也为西方史学的东传开创了业绩。

从20世纪20年代起，李大钊在北京大学史学系等相继开设了《唯物史观研究》、《史学思想史》、《史学要论》等课程，致力于西方史学尤其是近世欧洲史学的研究，以为其理解与传播唯物史观寻求理论根据与学术渊源。与此同时，他连续写了《史观》、《今与古》、《鲍丹及其历史思想》、《鲁雷的历史思想》、《孟德斯鸠的历史思想》、《韦柯及其历史思想》、《孔道西的历史思想》、《桑西门的历史思想》、《马克思的历史哲学与理恺尔的历史哲学》、《唯物史观在现代史学上的价值》、《唯物史观在现代社会学上的价值》等十一篇文章，结集为《史学思想史》。这本《史学思想史》最初是以讲义的形式发给

① 汪荣祖：《陈寅恪评传》，百花洲文艺出版社1992年版，第50页。

学生的①。

李大钊对西方史学的了解与认识，是超越其同时代人的。《史学思想史》中有七篇专论近世西方史学的文章，广泛涉及了近30位西方历史学家与历史哲学家，介绍了近代西方史学中许多有价值的思想，如今胜于古、历史是不断前进的、产业者阶级是历史的原动力、经济因素是历史变化的重要因素、知识的进步也可决定社会历史的进行等许多发人深省的观点。他的这些论述，旨在阐明马克思主义唯物史观产生的必然性及其深远意义②。

需要指出的是，李大钊首先是一位无产阶级革命家，他对西方史学的研究并不是书斋式的，而是为中国新史学大厦奠基的全部工作的一个组成部分，他输入西方史学的目的，在很大程度上是服务于整个革命事业的需要的。重要的是，他为中国的西方史学史研究所作的描述、所开辟的研究途径以及所奠立的研究原则，对于当代中国的西方史学史研究，都具有一定的指导意义。

在本阶段直接输入西方史学的进程中，我们不能遗忘活跃于20世纪40年代前后的"战国策派"学人群，即林同济、雷海宗、陈铨、贺麟等人在引进西方文化形态史观等方面所作出的努力。斯宾格勒与汤因比的文化形态史观于40年代在中国流传，是时代之使然也。其时神州大地战火纷飞、中华民族处在生死存亡的历史紧要关头，战国策派学人既要在那个战乱频仍的年代挑起"建设学术的责任"，又要提出一套现代政治文化的构想以救世③，显示了中国知识分子兼济天下的情怀。对此，有论者这样认为，这是"近代西方文化哲学理论在中国知识界的一次移植，是思想界试图解决近代中国文化危机的必然结果，也可看到在西方现代性的冲击下中国知识群体的一种民族主义的回应"④。应当说，这是从学术观照的角度出发，对"战国策派"学人所作出的一种公允之论。不管怎样，"战国策派"学人在那样困难的岁

---

① 李大钊的这本讲义所收各篇，最初辑录收入人民出版社1984年版的《李大钊文集》(下)，1999年5卷本的《李大钊文集》收录在第三卷。本处引述李大钊的文字，见1984年版。

② 进一步论述，参见吴怀祺：《史学理论与史学史研究》，福建人民出版社2006年版，第88—91页。

③ 有论者这样表述："战国策学派在民族存亡续绝的紧急现代性处境中，提出了一套充满权力意志色彩现代政治文化的构想，表现了那一辈知识分子振作民族精神、强化竞争意识的责任感，尤其是体现了他们积极谋求解决中国现代性问题、保卫自己的社会之良知。这套现代政治文化的言说，散发着激越的民族意识。"胡继华：《中国现代性视野中的文化哲学——论中国20世纪30—40年代对斯宾格勒的接受与转换》，《史学理论研究》2002年第3期。

④ 江沛：《战国策派思潮研究》，天津人民出版社2001年版，第263页。

月里，能及时把一种西方史学理论直接引入中国，在20世纪中西方史学交流史上应留下他们的身影。

三、曲折坎坷的行进（1949年至1978年）

1949年新中国成立后，中国的史学发生了重大转折，马克思主义史学占据了主导地位。从中外史学交流史的角度而言，此时也发生了转折，这种转折的主要标志是从前一阶段引进西方的资产阶级史学，转而从苏联引进马克思主义史学，实质上是打上了斯大林印记的马克思主义史学。

从1949年至1978年，在新中国成立后的近30年的时间里，就其史学史的分期而言，至少还可以分为前17年与后十多年两个小阶段。前17年的中外史学交流，其总体情况是苏联史学的大量涌入，而西方史学的直接交流被阻断，其特点也表现为间接引进，不过这一次不是通过日本，而是借助苏联。从1966年开始，整个中国的文化事业几乎走向绝境，遑论中外史学的交流。

这里稍稍谈一下前17年域外史学引进的情况。

其时，通过苏联，引进了苏版的马克思主义史学。在20世纪中外史学交流史上，中国的马克思主义史学于20世纪20年代发端之际，就主要受到了苏俄史学的影响；随着中国的马克思主义史学于50年代初开始进入勃发时期，苏联史学更是以迅猛之势传入中国，深深地影响着新中国的史学发展。需要指出的一点是，中外史学交流的这种转折，有其历史必然性，苏联史学输入中国，不全是消极影响，对它的积极意义也应当看到，不能一笔抹杀。这里还要提及的另一点是，借助苏联史学，在那个特定的历史时期，竟成了西方史学进入中国的主要渠道，让我们从夹缝中看到了被扭曲了的西方史学；历史地看，这对于我们当时了解西方史学仍起过一点积极作用的。60年代之后，随着中苏政治关系上的恶化，不仅通过这种渠道引进西方史学被阻止了，而且连苏联史学自身的来华也被切断了。从这一方面来说，中国的西方史学史之输入，在本阶段，可称之为“曲折时期”。

其时，西方史学被批判，中西史学交流受阻。50年代以来，冷战时代的中西敌对的国际政治形势，日益严重的国内“左”倾思潮，使原本在上一时期（发轫与草创期）中越来越逼近的中西史学交流变得生疏与隔膜起来，与外界尤其是与西方学术界的交流基本上处于停滞与隔绝状态。是时，我国史学界曾对兰克的客观主义史学、美国鲁滨逊新史学派、斯宾格勒—汤因比的文化形态史观等近现代西方资产阶级史学理论大张挞伐，进行了无情的批判。这种批判更被上纲上线到“消灭资产阶级思想的影响，捍卫和发扬马克思主义，在我国历史学界插红旗”的高度。通过大批判，西方资产阶级史学在表面上受到了清算，但这种批判实际上只是以简单的政治否定方式来取代严肃的学术研究，在这种情况下，西方史学之引进受到了极大的限制，更谈不上中西史学的交流了。这是当时相对闭塞和极“左”思潮影响的必然结果。从这一方面来说，中国的西方史学之输入，在本阶段大体处于停滞状态。

1961年前后，我国在经济、政治、文化等各个方面都发生了一些重大的变化。在学术文化方面，重申“双百方针”，贯彻“三不主义”，使当时整个哲学社会科学出现了一种求新务实的学术氛围，哲学上的“合二而一论”、文艺领域的“人性论”与“时代精神汇合论”等新论竞相提出，无不对史学界产生重大的影响，60年代初出现了科学史学思潮的勃发。

科学史学思潮推动了历史研究的发展，也引发了对历史学自身的反省。于是，中国的西方史学史学科建设也被提上了议事日程。在这里，我们必须有必要作一番历史回溯。

中国的西方史学史，作为一门独立的学科发展史，可以追溯到20世纪20年代初，从那时开始至50年代为萌芽阶段。在本阶段，中国的西方史学研究可从兰克史学、鲁滨逊史学、文化形态史观等及“苏版”的历史唯物主义及其在中国的回响中、从那时出版的译著与著作中略知其貌。由于这些学术成果的积累，催发了西方史学史作为一门学科的萌发。这一萌芽阶段的情况，在此应当集中作一点回顾，因为它为20世纪60年代初中国西方史学史学科地位的正式确立奠定了基础，可将它作为中国西方史学史之史的“前史”来进行分析探讨。

(1) 李大钊的开创性贡献。中国的西方史学史，或可从李大钊说起。前面已经谈到他的《史学思想史》，此书，究其内容，实际是一门西方近代史学史课程的讲义，也是我国第一部以马克思主义思想为指导的西方史学史作品。李大钊为中国西方史学史的学科建设作出了开创性的贡献。

(2) 30年代前后西方译著与国人著述的学术成就。关于译著，除何炳松译《新史学》(1924年)外，另有不少与西方史学史相关的译作，在30年代前后，有格朗诺瓦与瑟诺博斯的《史学原论》(1926年)、弗林特的《历史哲学概论》(1928年)、伯伦汉的《史学方法论》(1937年)和鲁滨逊弟子们的译作

(见前)等。这些译著的出版,增加了国人对西方史学发展进程的认识与了解。也正是在这些西方史学史翻译作品的影响下,我国学者也在相关著述中关注与介绍西方史学史。在一些史学概论的书中,大多述及了西方史学史的概况,如罗元鲲在其《史学概要》一书中,将西方史学的发展史分成若干阶段作了有序的介绍;卢绍稷在其《史学概要》一书中,以西洋史学之萌芽、希腊之史学、罗马之史学、中古时代之史学、十七八世纪之史学、19 世纪之史学等为历史脉络把西方史学的演化辨析很清晰[①];再如朱谦之 30 年代在《现代史学》杂志上连续载文[②],以其西方史学的渊博知识,在文中以"故事的历史"、"教训的历史"和"发展的历史",将西方史学之史的发展有条不紊地演绎成"一个极有规律的极有条理的阶段发展"[③]。另外,翦伯赞的《历史哲学教程》在当时颇具影响,也有不少涉及西方史学史上的史家、史观与史著的内容,对于我们学科史的研究也不无意义。

(3) 50 年代苏联史学模式引入的借鉴价值。前已述及,尽管苏联版的马克思主义史学传入中国,给我们带来了一些消极影响,但还是有一定的积极意义的,它也影响到中国的西方史学史研究和它的学科建设[④]。50 年代以来,俄文版的史学理论作品纷纷在华出版发行,如葛利科夫的《斯大林与历史科学》(1953 年)、康士坦丁诺夫的《人民群众和个人在历史上的作用》(1953 年)、孔恩的《历史科学的特性与任务》(1954 年)、《苏联史学家在罗马第十届国际史学家代表大会报告集》(1957 年)等。更有一些熟谙俄文的中国学者,直接从俄文原著或俄文杂志中,援引苏联学者关于史学史学科的诸多论述(这从耿师的《什么是史学史?》一文中可知一二)。所有这些,均对中国西方史学史学科的建设带来很大的影响,从积极的方面来看,它至少为我们提供了一种参照系,不乏借鉴价值。

此外,在萌芽阶段,还有少数高校(如清华)在 1949 年前开设过西方史学名著介绍等类似西方史学史雏形的课程。如前辈史家刘崇鋐(1897—1990 年)开设有西洋各国史,每节课都要评介一批外国史学名著和新著,使

---

① 卢绍稷:《史学概要》,商务印书馆 1930 年版,第 70—92 页。

② 20 世纪 40 年代,朱谦之的这些文章以《现代史学概论》为名,作为中山大学的学生参考用书,由该校铅印结集出版,现载《朱谦之文集》第六卷,福建教育出版社 2002 年版。

③ 《朱谦之文集》第六卷,第 34 页。

④ 进一步的情况,可参见拙文:《珠辉散去归平淡——苏联史学输入中国及其现代回响》,陈启能等主编:《消解历史的秩序》,山东大学出版社 2006 年版,第 217 页以次。

学生大开眼界①。又如朱谦之也在30年代开设过“西洋史学史”之类的课程，尽管这在当时还难成气候。但从总体上而言，这一阶段西方史学史作为一门独立的学科，即使到了50年代也一直未能形成。

从60年代初开始，中国的西方史学史学科建设进入了它的奠基阶段，其契机源于一次重要的会议。1961年4月，在北京召开了全国高等院校文科教材会议，此次会议的一个突出贡献就是明确提出既不照搬苏联，也不照搬西方，要建设自己的教材的任务，会议确定由耿师主编《外国史学史》。是年底，又在上海召开了该教材的编写会议，与会者除耿师之外，另有一批享誉国内学界的治西方史学的名家，如齐思和、吴于廑等。于是，“史学史热”因此兴起，中国史学界开展了关于史学史问题的大讨论②。这就有力地促进了史学史（也包括西方史学史）的学科建设。

在笔者看来，中国的西方史学史学科地位的奠立应具有以下一些条件，而这些在60年代初都大体齐备了，它们是：应当充分认识到西方史学史的重要性，并应把它们列入高等学校历史系的教学计划，这一点在上面所说的那次会上得到了一致的意见，此后在不少高校中得到了贯彻；教材的编纂与起步，耿师在上述会议前后即为编写外国史学史教材做了许多前期的准备工作；研究生的招生与培养也在起步，经教育部批准的以西方史学史专业方向为培养目标的研究生招生计划在1964年得到了兑现；不可或缺的是，西方史学原著的移译增强了，西方史学学术研究水平提高了（如在1961年之后的两三年中，耿师、齐思和先生和吴于廑先生等都写出了至今看来仍颇有价值的学术论文），吴于廑主编的《外国史学名著选》，更是为那时的西方史学史的学科建设推波助澜。如果没有后来的“文革”，以当时的发展势头，上述诸项当会取得更多的成绩。

从历史的角度来看，在那时为中国的西方史学史学科建设作出重大贡献的，当数“南耿北齐”③。

耿淡如师作为新中国西方史学史学科的奠基者，作出了许多开创性的

① 参见齐世荣：《攀登世界史研究的高峰——我国世界史学科中青年同志的历史重任》，《历史教学问题》2005年第3期。

② 参阅《历史研究》1962年第2期。

③ 指复旦大学历史系耿淡如先生与北京大学历史系齐思和先生。他们两人有许多相似之处：都曾在哈佛留过学；学成归国后，在20世纪50年代都以治世界史而享誉中国史坛；在50—60年代，都致力于西方史学的输入，译著宏富，且多为后人不断征引的西方史学名著。

贡献：受命主编《外国史学史》，为史学史尤其是西方史学史的学科建设提出了许多有建设性的构想，在国内招收与培养了首名西方史学史专业方向的研究生，翻译了许多的西方史学名著等。他的史学业绩尤其对西方史学史的学科建设所作出的重大贡献，将会发生持久的和深远的影响①。

齐思和先生对西方史学输入中国的贡献亦多，除重译现代美国新史学派鲁滨逊的名作《新史学》一书外，在20世纪60年代初全国范围的“史学史热”中，他发表了著名的论文《欧洲历史学的发展过程》②，对于当时西方史学的传播起到了积极的作用。该文有一点值得我们注意，这就是文中所倡导并初步付诸实践的中外史学的比较研究。文章指出，中国与欧洲在世界史学发展史上不仅各成一体，且可以进行比较研究。他说：“中国是世界上历史学最发达的国家。除中国外，欧洲作为一个集体来讲，它的历史学也有很久的传统和相当丰富的内容。”“中国和欧洲的史学传统，是世界上两个主要的历史学传统，我们正可以加以比较研究。”

齐思和认为，与中国历史学的传统相比，欧洲历史学的传统有以下四方面明显的特点：第一，在发展进程方面，中国史学的发展，从萌芽到发达，一脉相承，逐步提高，封建主义历史学在中国达到了它的最高水平；欧洲的历史学因为是在古代东方国家的基础上发展起来的，因而一开始便出现了比较完整的历史著作，在奴隶社会与资产阶级上升时期，它的史学都达到了一个最高水平。第二，在历史著作的体裁方面，在中国，司马迁创立纪传体后，历代史家奉行不衰，成为中国传统史学的正规体裁；欧洲史学的正宗体裁为叙述体。第三，从历史著作的内容来看，在欧洲主要是由私人历史学家来编写历史，这就使欧洲历史存在着许多空白点；在中国，自古以来就由国家设置史官，负责为前代修史，这是中国历史学的另一个优良传统。

此外，齐思和在1956年1月19日《光明日报》上发表的《〈史记〉产生的历史条件和它在世界史学上的地位》一文中，还从中国史学的角度主张应对司马迁与希罗多德的著作加以比较，惜齐氏未就此详加阐发。在当时的条件下，不管从宏观上还是微观上对中外(西)史学进行比较研究，齐氏之论都很难获得一种积极的回应”。对中外(西)史学的比较研究在新时期到来后，方才迈出具有决定性意义的一步。

---

① 耿淡如师为西方史学史专业的学科建设作出的具体贡献，详见本书第七章第一节。

② 载《文史哲》1962年第3期。

此外，在本阶段与西方史学的输入有着间接或直接联系的还有周谷城先生。

这里着重要说到他对欧洲中心论的批判。周氏在20世纪30年代初的上海开始其学术生涯，毕生著述宏富，尤以在国内学者中一人独著《中国通史》和《世界通史》而闻名遐迩。周著《世界通史》于1949年出版，正是他教授世界通史一课的结晶。

周谷城在他的《世界通史》中贯穿的一个基本思想就是：反对欧洲中心论，倡言世界编纂的整体观念。他在"弁言"中开宗明义地指出："世界通史并非国别史之总和"，"欧洲通史并非世界通史之中心所在"，"进化阶段，不能因难明而予以否认。世界各地历史的演进，无不有阶段可寻"①。周氏的这一思想，在以后的论著中多有阐述，日渐丰满。1958年他的《世界通史》修订再版。1959年他撰《史学上的全局观念》，论述了历史中部分与全局的关系，明确指出："研究世界史不能不利用国别史；但国别史之和，究竟与世界史不同；我们不能把国别史之和看成世界史。"②1960年撰《论西亚古史的重要性》③，从论证西亚古史之重要，说到迫切要纠欧洲中心论之弊。1961年撰《论世界历史发展的形势》④，概述了从古代迄至当代的整个世界历史发展的形势大要；并运用《史学上的全局观念》一文中所说的方法论，具体讨论了世界历史的发展进程，以说明欧洲中心论之错误。1961年又撰《没有世界性的世界史》⑤，猛烈地抨击了欧洲中心论，指出其种种表现，揭示其实质，认为"世界整体的历史，应该具有世界性"，"客观的历史正在改变之中；主观的历史亦必力求改变，以加速客观历史的大改变。否定以欧洲为中心的世界史，建立具有新观点、新体系的世界史的时候已经到了"⑥。1961年再撰《迷惑人们的欧洲中心论——评〈世界史简易丛编〉》⑦，指出《世界史简易丛编》是一本足以迷人却混淆是非的"以欧洲为中心的历史"。

周谷城从世界历史的全局观念或统一整体出发，断定欧洲中心论是谬

---

① 周谷城：《世界通史》，商务印书馆1949年版，弁言。

② 周谷城：《史学上的全局观念》，原载《学术月刊》1959年第12期，后连同本段所提及的其他四文均收入《周谷城史学论文选集》，人民出版社1983年版。

③ 载《文汇报》1960年11月20日。

④ 载《历史研究》1961年第2期。

⑤ 1961年2月7日在《光明日报》与《文汇报》上同时发表。

⑥ 周谷城：《评没有世界性的世界史》，《周谷城史学论文选集》，第151页。

⑦ 载《文汇报》1961年9月10日。

误的，其思想是全面的而非偏激的。周氏曾着重指出："第一，反欧洲中心论，并不抹杀世界史上某一时期某一区域成为突出的重点，把贯通全部历史的中心与一时突出的重点混为一谈，是错误的；第二，我著《世界通史》第三册，集中精力叙述了16、17、18世纪的欧洲这个重点"，"反对欧洲中心论，并不等于抹杀世界史上某个时期欧洲是重点。若没有重点，不仅没有世界史，也将没有历史本身"①。

以上是周谷城在其《世界通史》一书中提出并在20世纪50—60年代初不断阐发的史学理论。周氏所论，在中国的西方史学仍处于冷寂的年代里，传达与透露出当代西方史学在50年代以来企图用宏观视野来写作世界历史的史学新潮流；在我国，并由此而生发出60年代关于世界史体系的大讨论，其核心显然是反对欧洲中心论的。由于这场学术讨论不久被掺入了不健康的因素，随着周谷城的学术观点在1964年开始遭到不公正的批判，倡导批判欧洲中心论的周谷城，到头来被指斥为宣扬欧洲中心论，历史跟他开了一个大玩笑，这场关于世界史体系的大讨论也就不了了之了。不管怎样，在当时的时代条件下，周氏之论与这场讨论，对于西方史学的输入（当然是间接的输入）也是不无意义的。

此外，周谷城对西方史学的输入之功还在于他在新时期所积极倡导的比较方法②。1981年，周氏在《光明日报》发表《中外历史比较研究》③一文，在学术界产生了深远的影响。此文乃中外历史自西方"古典时期"（希腊、罗马）经中世纪迄至现当代的比较研究的大纲，文中所议正是他在《世界通史》一书中所一贯主张的思想。在周氏看来，对"白种人之负担"之类欧洲中心论的谬说，"我们如果不采取比较研究的方法，或者自始即读世界史，而不研究一点中国史，换句话说，即不拿中外历史对照着看，就很不容易看得清，就很不容易作进一步的考虑，或更切合现实的考虑"④。应当说，周氏此文的发表对80年代以来多种西方史学方法尤其是比较研究方法的引进产生了积极的作用。

令人感动的是，周谷城在耄耋之年仍保持着年轻人一般的热情，致力于

---

① 周谷城：《我是怎样研究世界史的》，《周谷城史学论文选集》，第115、114页。

② 为了集中展示周谷城对西方史学引进的贡献，故他在中国新时期的有关业绩也一并在这里陈述。

③ 载《光明日报》1981年3月24日。

④ 周谷城：《中外历史比较研究》，《周谷城史学论文选集》，第78页。

学术事业，主编“中国文化史丛书”与“世界文化丛书”，对我国新时期的“文化热”起到了某种推波助澜的作用。周氏之举，旨在推动发展我国的社会主义新文化，他为此而执意于比较研究。他在“世界文化丛书”总序中说，文化“发展的方向或理想的前途是不易明确的，这就要诉诸比较研究。即使诉诸比较研究，如果只拿现在与过去比，或拿中国与外国比，充其量只能了解文化的大势；必须进一步有具体细致的比较，才能把方向找出来”。又云：“今天谈比较，不过希望把比较的范围扩大再扩大，使比较的对象力求更具体。果能如是，则研究文化的方向或追求理想的前途决不会落空”①。

由上可见，不管周谷城力破欧洲中心论的陈腐观念以创立世界通史的新体系，还是积极倡言比较方法以推动中外文化研究的深化，都有助于促进西方史学的输入与中西史学的交汇，当然不只限于史学而已。

四、兴盛年代的光华(1978年至今)

从1978年开始，春风煦荡，我国实行改革开放政策，极大地推动了西方史学引进的步伐，并迎来了中西史学交流的第二次高潮，兴盛年代，光华四射，迄今仍方兴未艾。西学输入三十年，中外史学多交流，从中显示出了以下一些最基本的特征。

第一，重新评估，正确对待西方史学遗产，这是新时期中西史学直接交流与大量引进的前提。中国新时期的拨乱反正与思想解放的潮流，有力地推动了对西方史学遗产的重新评估，从而也就进一步促进了中西史学的交流与融合。这种重评，涉及了“文革”前所有被批判的西方史学派别，尤其是近现代的西方资产阶级史学。比如，对汤因比史学的重评，不但有助于中国历史学家全面认识汤因比史学(这方面的研究成果数不胜数②)，而且有助于汤因比著作的进一步引入，如《历史研究》(新版)、《文明经受着考验》、《一个历史学家的宗教观》、《人类与大地母亲》、《展望二十世纪——汤因比与池田大作对话录》等面世后，迅即在学界及坊间流传。重评推动了西方史学的引进，尤其突出地体现在对20世纪西方新史学的大力引进上。

---

① 周谷城：《世界文化丛书·总序》。本丛书由浙江人民出版社自1987年起分册陆续出版，现已出40册。

② 鲍绍霖编：《西方史学的东方回响》，社会科学文献出版社2001年版，第111—117页。

第二，门户开放，直接交流。20世纪70年代末以来中国政治环境的变化，为中西史学直接交流营造了一种如沐春风的时代氛围和客观环境，多年来国门紧锁的封闭状态被打破了，历史学家从这种封闭状态中走了出来。一方面，他们迈步走向世界，有机会亲自同外国学者交流，亲自接触西方史学；另一方面，外国学者也应邀纷纷来华访问讲学，直接传播域外的史学新说，人数之多，实属空前①。加之现时代条件下图书资料与信息传递等都较以前大为改观，所有这些都为中西史学的交流与对话创造了良好的条件。这种直接的对话，是20世纪30年代前后的那一次所不能企及的。

第三，大量翻译与引进西方史学著作。在20世纪中西史家的交流中，本阶段，尤其在80年代，与20世纪二三十年代那次相比，引进的西方史学著作无论在数量上还是在范围上，都要大大地超越了。我们仅从商务印书馆出版的"汉译世界名著"、三联书店出版的"学术文库"、华夏出版社出版的"二十世纪文库"、上海译文出版社出版的"当代学术思潮译丛"等丛书目录中就可略知其貌了。在这些翻译作品中，尤其重视西方史学经典作品的移译，出版了历代西方著名史家的代表作，其中尤以西方古典史学著作的配套出版引人关注；重视西方史学理论方面作品的移译，特别是现当代西方史学界流行的最新著作，如巴勒克拉夫的《当代史学主要趋势》、伊格尔斯《欧洲史学新方向》等。杜维运说过西方史学输入中国的四种途径，也是以翻译为首途的。中国新时期中西史学交流的频繁与深入，在相当大的程度上得益于译书工作的推动。

第四，中国几代学者为输入西方史学而共同努力，这是我国新时期中西史学交流的最显著特点。由于历史的原因，我国老一辈治西方史学的学者，在80年代个个重新焕发出青春的活力，从事西方史学的引进工作，这里可以列出如吴于廑、张芝联、郭圣铭、谭英华、何兆武、朱本源等许多名字，他们

① 仅据张芝联在《当代中国史学的成就与困惑》(《史学理论研究》1994年第4期)一个注释中所提供的名单就有一大批，特将这个注的原文移录于此："就我所能记住的而言，最著名的来华讲过学的历史学家有：Georges Duby，Helene Ahrweiler，Jacques Le Goff，Madeleine Reberiouxs，Francois Furet，A lbert Soboul，Michel Vovelle，Maurice Avmard，Francois Bedarrida，Immanuel Wallerstein，Charles and Louis Tilly，Fritz Stern，Georg Iggers，Bill Bouwsma，Bob Foster，John Hope Franklin，E. B. Smith，Michael Kammen，Lynn Hunt，Arthur Schlesinger Jr，Akire Iriye，Philip Foner，Eric Hobsbawm，E. P. Thompson，Ralph Harrison，Jugen Kuscynsky，Wener Conze，Karl Dieter Erdmann，等等。此外还有许许多多来自日本和其他国家的学者。"

老而弥坚、精神抖擞地从事这方面的工作，业绩非凡。在 80 年代初也刚刚步入不惑之年的我辈，虽说正是从事学术事业的“黄金时代”，但众所周知，在那场破坏文化的大“革命”中，我们的青春和所学专业都已付之流水，待到大地重光，等闲白了少年头的我们，还得从头学习（一些人还考上研究生，重新当起了学生）。因此，我们在前行中，不免感到苦涩，不时遇到困惑，各种甘苦，难以分说。所幸我们年轻一辈，学逢盛世，于是国内成才，国外深造，在欧风美雨的浸润下，不少人已成为英才俊彦，由他们从事西方史学的输入，得天独厚，游刃有余，中国留美青年学者的论文集《当代欧美史学评析》一书中所显露出的才华即为显证①。在涌现出来的新一代的“何炳松们”中，如华裔美国历史学家王晴佳、旅法青年学者姚蒙等更是佼佼者，在中西史学交流中起着桥梁作用，他们为中西史学的交流与发展作出了贡献。

综上所述，20 世纪中西史学交流史呈现出以下的整体性特征：(1) 20 世纪是中西史学联系密切与交流最为频繁的历史时期，换言之，是两者直接对话与接触的历史时期。(2) 20 世纪中西史学交流主角的移位，由中国的知识分子（主要是留学生）取代了外国的传教士，这使中西史学交流呈现出了与昔日迥异的文化景观。(3) 由于史学传播的滞后性，严格意义上的西方史学著作的翻译在 20 世纪中国才有了大规模的开展，因之只有在 20 世纪，中西史学的交流才有了名实相符的意义。(4) 正由于有了大规模的译介与西方史学的直接接触，才使西方史学在中国史学界广布，才使西方史学对中国历史学家产生了更加深刻的影响。

以上诸点，我们不能说全是从 20 世纪才开始发生的，但只有到了 20 世纪才发生了令人耳目一新的变化。

以下需要论及的是上述吴于廑等前辈历史学家，在中国新时期为引进西方史学所作出的贡献。

在现代中国史坛，对国外的世界史新说作出积极反应的，除周谷城外，当推吴于廑。他在中国新时期，为世界史的学科建设作出了重大的贡献，超越了他的前辈。

这里首先要说的是吴于廑对世界史的重构。他在这方面的论述，其基础有赖于他对西方史学多年的潜心研究。1959 年他发表了《巴拉克劳的史

---

① 人民出版社 1990 年版。又，《世界历史》1990 年第 6 期载有《中国留美历史学会论文专辑》，亦可参看。

学观点与对欧洲历史的末世观》[①]，抨击了欧洲中心论的谬误。1963年，他撰写《论西方古今的两个"客观"史学家》[②]，把古希腊史学家修昔底德与奉前者为祖师的近代德国史学大师兰克对照起来写，迄今仍不失为一篇颇有深度的论文。他于60年代初主编的《外国史学名著选》分册陆续出版，他亲自担任修昔底德《伯罗奔尼撒战争史》与普鲁塔克《名人传》的选译工作。1964年，他撰《时代和世界历史——试论不同时代关于世界历史中心的不同观点》[③]，提出了古今历史学家对世界历史的不同认识，是其宏观世界史理论的雏形。新时期以来，吴于廑继续关心西方史学的输入，除写有《吉本的历史批判与理性主义思潮》[④]等评析西方史学的力作外，历经几十年的努力，在80年代出版了由他主编的《外国史学名著选》(上下卷)，此书是西方史学引入与研究的权威性著作。

吴于廑对世界史体系的探索，重构世界史成果的最初体现，是他60年代初与周一良共同主编的《世界通史》(四卷本)。这部书比较系统地叙述了自人类起源迄于20世纪之初的整个世界的历史发展进程，标志着我国世界史学科的奠立。

1978年，吴于廑在武汉召开的一次全国文科教材会议上，作了题为《关于编纂世界史的意见》[⑤]的演讲，评析了苏版《世界通史》之弊，更着力阐述他的"世界历史是宏观历史"的世界史观，其后这方面的理论阐发一直没有中断，可以刊发在《中国大百科·外国历史》卷首的那篇名为《世界历史》的宏论为代表。

吴于廑世界史理论的最显著特点是他的整体观念与宏观视野。他认为："研究世界历史就必须以世界为一全局，考察它怎样由互相闭塞发展为密切联系，由分散演变为整体的全部历程。"[⑥]当我们具体考察他的世界史理论时，就会发现他的研究是以15、16世纪为中心，前后推溯，左右延伸，逐渐扩展的。他之所以看重这两个世纪，是因为"15、16世纪是历史发展为世界历史的重大转折时期。转折之所以发生，是因为亚欧大陆农耕世界的内

① 载《武汉大学人文科学学报》1959年第8期。
② 载《江汉学报》1963年第6期。
③ 载《江汉学报》1964年第7期。
④ 载《社会科学战线》1982年第1期。
⑤ 载《武汉大学学报》1978年第5期。
⑥ 《世界历史》，载《中国大百科全书·外国历史》，中国大百科全书出版社1990年版，第1页。

部，首先在西欧，社会经济发生了前所未有的根本变化，人类历史的前资本主义时期因这个变化而归于结束，资本主义开始以其新的生产力和生产关系出现在历史的地平线上”①。从西欧的一隅之地率先开始的由农本向重商的变化、由封建主义向资本主义的变化一旦发生，古老的以亚欧大陆偏南地带为主的农耕世界都不能阻挡这一变化对它们的影响和渗入，也都不能不依其自身的条件对这种影响和渗入作出各式各样的反应。吴氏主编《十五十六世纪东西方历史初学集》②三卷，具体而又深入地反映了他的上述观点。

值得注意的是，吴于廑连续写了多篇相互关联的系列论文，透彻地论述了他的宏观世界史观，令中外学界注目。这就是《世界历史上的游牧世界和农耕世界》③、《世界历史上的农本与重商》④、《历史上农耕世界对工业世界的孕育》⑤、《亚欧大陆传统农耕世界不同国家在新兴工业世界冲击下的反应》⑥。此外，吴于廑与齐世荣还主编了新的六卷本《世界史》，并任《从分散到整体的世界史》（全书共有5个分册）一书的顾问，两书均体现了吴于廑所一贯倡导的整体世界史的理论色彩与学术旨趣。

第二次世界大战后，西方世界史的编纂出现了一股新潮流，涌现出了像W·H·麦克尼尔（W. H. McNeill）的《世界史》和L·S·斯塔夫里阿诺斯的《全球通史》这样一批崇尚整体与宏观视野的作品。吴于廑的世界史理论与实践，在相当大程度上是与这一国际学术思潮相合拍的。他的世界史观是对西方史家世界史观念的一种批判性借鉴、吸收与发展。由于他熟稔西方史学理论，用他自己的话来说，“只是为了使我们能够比较清醒地知所因承，知所开展”，更为了使我国的世界史研究“有所开拓，有所跨进”⑦。

其次要说及张芝联与现代法国史学的引进。

张芝联是当代中国研究法国史的著名学者，不仅对法国历史的客观进程颇有研究，而且对于法国历史学的发展乃至整个西方史学的演变也了然

---

① 《世界历史》，载《中国大百科全书·外国历史》，中国大百科全书出版社1990年版，第11页。

② 第一、二卷由武汉大学出版社于1985年、1990年出版。第三卷由湖南出版社于1993年出版，主编为童云扬、安长春。

③ 载《云南社会科学》1983年第1期。

④ 载《历史研究》1984年第1期。

⑤ 载《世界历史》1987年第2期。

⑥ 载《世界历史》1993年第1期。

⑦ 吴于廑：《世界史学科前景杂说》，《内蒙古大学学报》1985年第4期。

于胸，成绩卓越[①]。1978 年以来，他虽已步入花甲之年，仍以旺盛的精力，不辞辛劳，奔波于中国与欧美各国之间，为推进中外史学文化的交流，为中国史学走向世界，同时亦为西方史学，主要是现代法国史学之输入中国作出了不懈的努力。这里只说及一二。

年鉴学派是现代法国新史学的主流，在法国乃至整个西方史学界都具有举足轻重的影响。在我国史学界，"文革"前 17 年对这个学派的史学理论几乎是完全陌生的。年鉴学派之输入我国，大体是在我国改革开放的年代里。这首先得归功于张芝联。

1978 年，张芝联率先撰《法国年鉴学派简介》[②]一文，把年鉴学派分成三个阶段：第一阶段自 1929 年《年鉴》创刊到第二次世界大战结束，这是年鉴学派确立并与旧史学展开论战的时期；第二阶段从 1945 年到 1968 年布罗代尔辞去《年鉴》杂志主编为止，这是年鉴学派巩固地位并扩大影响的时代；第三阶段从 1968 年到现在，这是年鉴学派的流弊日益暴露并受到更多批判的时期。然后依次介绍了每个阶段的代表人物及其史学观点。此后，年鉴学派的介绍与研究在我国新时期引进的西方史学中，大有一枝独秀之势，成了我国西方史学研究中始终关注的一个热点。

年鉴学派到了第二代史学大师布罗代尔那里有了长足的发展。布氏以他的博士论文《菲利普二世时代的地中海和地中海世界》而著称。20 世纪 80 年代以来，介绍与研究布罗代尔史学理论与方法的作品甚多，但张芝联在布罗代尔谢世后即行撰写的《费尔南・布罗代尔的史学方法》[③]一文，堪称扛鼎之作。张氏在充分肯定了布罗代尔史学方法独特性的创造之后，进而指出，不论布氏的"三分法"如何机智，但并未真正阐明结构、局势与事件这三者之间的辩证关系；不论布氏所说的"历史"如何"全面"，政治、文化事件在他的体系中几乎不占什么地位；布氏在处理人与环境等关系时，往往过分看重后者的"决定"一面，而忽视人的"创造"一面[④]，这当然是对费尔南・布罗代尔史学理论与方法全面而公允的评价。

---

① 张芝联的著作主要有：《从高卢到戴高乐》(三联书店 1988 年版)、《从〈通鉴〉到人权研究》(三联书店 1995 年版)、《张芝联讲演精选》(*Renewed Encounter: Selected Speeches and Essays, 1979 - 1999*)，主编：《法国通史》(北京大学出版社 1989 年版)、《世界通史：近代部分》(上下卷，人民出版社 1962 年版)等。

② 此文最先刊于 1978 年第 1 期的《法国史通讯》上，后收入张芝联《从高卢到戴高乐》一书。

③ 此文最初发表在《历史研究》1986 年第 2 期上，后收入他的《从高卢到戴高乐》一书中。

④ 张芝联：《从高卢到戴高乐》，第 247—248 页。

在现代西方史学中，法国的马克思主义史家独树一帜，影响不小，他们与年鉴学派之间“有矛盾，有合作；有竞争，有融合；有斗争，有渗透”[①]。张芝联除与当代法国年鉴—新史学派的一些代表人物有交谊外，还与当代法国的马克思主义史家颇有往来，尤与著名的法国马克思主义史家阿尔贝·索布尔过从甚密。作为中国的法国史研究会理事长，张芝联曾为促成索布尔的中国之行作出过贡献。索布尔在中国作了关于法国革命史的系列学术讲演[②]，受到了中国法国史家的热烈欢迎。其向中国学者介绍了当代法国马克思主义史学对法国大革命的论见，使中国学者开阔了眼界。

此外，张芝联多年来担任中国法国史研究会理事长，致力于中外史学文化的交流[③]。他的学术组织能力同他的学术造诣一样富有建树。值得一提的是，1989 年 3 月，他在上海复旦大学成功主持了法国大革命二百周年纪念大型学术讨论会，来自法国和其他国家的法国大革命史家带来了当代国际史学的最新信息。他们与中国同行进行切磋，共同探讨，颇有助于中国的法国史研究，也就在更广泛的意义上有助于中国的西方史学的输入。在这些工作中，张芝联的努力与贡献功不可没。

张芝联为中国西方史学史的学科建设也作出过贡献。1984 年，他受国家教委(现教育部)委托，主持编纂《西方史学史》，这是耿淡如师在 23 年前奉命主持编纂同类书的未竟事业，当然也是在新的历史条件下的一次“学术重组”。他邀请 80 年代活跃于史坛的治西方史学的名家，如谭英华、郭圣铭、孙秉莹、杨生茂、卢文中、朱寰、李雅书、张蓉初、张广达及笔者等，于 1984 年开始实质性的启动。还须记上一笔的是，这一群体的大多数人，1985 年还在上海师范大学举办的全国性西方史学史教师进修班上授课，受过此次教泽的青年同志回校后很快成了西方史学史的教学与科研骨干，他们还联合编纂了《西方史学史纲要》。张芝联等一批前辈史家为输入西方史学而作出的贡献令后辈受益匪浅。

郭圣铭的名字是与《西方史学史概要》[④]一书紧紧地联系在一起的。的

---

① 张芝联：《漫谈当代法国史学与历史学家》，《内蒙古社会科学》1981 年第 1 期；后收入他的《从高卢到戴高乐》一书。此处引文见《从高卢到戴高乐》，第 192 页。

② 转见张芝联：《索布尔在中国》，《从高卢到戴高乐》，第 227 页。

③ 作为中外史学的“学术交流大使”，张芝联在这方面的业绩非凡，迄今都令中外学人赞叹不已。参见王晴佳：《张芝联先生与中外史学交流》，《史学理论研究》2008 年第 4 期。

④ 郭圣铭：《西方史学史概要》，上海人民出版社 1983 年版。

确，郭书于20世纪80年代初出版的时候，中国学界还处在正本清源、拨乱反正之际，一直被冷落的西方史学史领域，当时还是一片荒芜。在中国西方史学史研究的史册上，由国人撰写的西方史学史，郭著是第一部。《概要》是一部西方史学史简编，时间始于古希腊，迄于20世纪的汤因比，上下两千多年。作者以洗练的笔触，有限的篇幅，为读者勾勒出从古至今的西方史学发展与演变的历史，既为初学者提供必备的知识，也为深造者指点门径。作者文笔畅达，叙述生动，读起来颇为引人入胜，绝无佶屈聱牙之感。史学著作能写成这样，真是殊为不易了。此后，国内学界的西方史学史作品纷纷出版，但正如笔者当年为郭书写的书评所说的那样："筚路蓝缕，以启山林，《概要》在西方史学史的介绍与研究中所作出的贡献，将会与日俱增。"①这一点，实际上已为日后的中国西方史学史教学与研究的实践所验证。

郭圣铭的学术研究，跨越世界史的诸多领域，他的著作除了上书之外，还有《世界古代史简编》、《世界中世纪史讲稿》、《世界文明史纲要》、《文艺复兴》、《地理大发现》、《美国独立战争》等，另有《震撼世界的十天》、《俄国历史地图解说》等文笔优美的译作，这些都为中国读者了解与认识域外历史或历史学提供了帮助②。

前述张芝联主持编撰国家教委版的《西方史学史》，其副主编便是谭英华，他为这部教材所写的《导论》，内容丰富，涉猎广泛，纵论古今，是一篇出色的关于西方史学的导论。其实，谭氏早年是专治中国史的，直至我国新时期，才从事西方史学史的教学研究工作，其时虽已进入老龄，但仍用力甚勤，成就卓著。他虽然没有出版过一本系统的西方史学史专书，但于近代英国史学的研究，却颇有成绩，若干个案研究之作，堪称范文，比如《试论博克尔的史学》③、《试论马考莱的史学》④，无论就其材料之运用、论证之严密、行文之流畅，都可称佳作。他写的《十六十七世纪西方历史思想的更新》⑤，尤多发前人所未发，也可以称之为研究这一时段西方史学思想的范文。这些论文，至今仍被后学者奉为圭臬而难以超越。谭英华对西方史学引进的另一

---

① 拙文：《筚路蓝缕　以启山林——读郭圣铭〈西方史学史概要〉》，《史学史研究》1984年第2期。

② 此段叙述，参考了郭圣铭先生的弟子王晴佳教授的《怀念郭圣铭先生》一文，瞿林东主编：《史学理论与史学史学刊》2006年卷，社会科学文献出版社2006年版。

③ 载《历史研究》1980年第6期。

④ 载《世界历史》1983年第1期。

⑤ 载《历史研究》1987年第4期。

个具体贡献是为耿淡如师翻译的古奇名作《十九世纪历史学与历史学家》作校注，钩沉索隐，内证外考，甚见功力，为耿译本增辉。古氏之名著在华流传，我们不应遗忘谭英华的贡献。他在论及如何进一步促进西方史学史的研究时，有两点值得关注：一是应当重视中国思想文化对西方史学的影响以及西方史学对近现代中国史学的影响；一是要留意西方重要史学著作中有关中国的论述。谭氏之论分明说的是中西史学交流的工作，该文发表于1984年，应当说是很有先见之明的。

何兆武对新时期西方史学输入的贡献，一是他的许多译作，如与张文杰合译柯林伍德的《历史的观念》、沃尔什的《历史哲学》等书；二是他对西方历史哲学的研究。可以这样说，他是我国新时期全力引入西方历史哲学，也是从事这方面研究最为出色的历史学家。何氏的学术成果集中体现在他的《历史理性批判散论》①和《历史理性批判论集》②二书中。何氏对西方历史哲学家的评析，于细微处见精深，在平实处藏宏论，值得一读，他在这方面的学术成就代表了当代中国学术界在这一领域的研究水平。

朱本源与何兆武同为一代人，也是老一代的历史学家。他的马克思主义研究、西方史学研究、中西史学比较研究，均有建树③。尤其是他于20世纪80年代中叶发表的《近两个世纪来西方史学发展的两大趋势》④一文在学界产生了持久的影响。他于90年代发表的《“〈诗〉亡然后春秋作”论》、《孔子史学观念的现代诠释》、《孔子历史哲学发微》等系列论文，其旨趣既在于进行中西史学的比较研究，也在于批驳某些西方学者对中国史学的偏颇之见，立论大气，释论精微，在海内外学术界产生了深远的影响。这里值得一提的是被何兆武称为“我国史学界第一部完整的、全面的有关史学理论的著作”《历史学理论与方法》⑤，乃朱本源学术人生的“压卷之作”。该书从史学理论与方法论的视角阐述西方史学的发展史，无不渗透着思辨的乐趣，凸显学术的张力，并泽惠于中国学人，影响后来者的西方史学史研究。

在新时期，我们还可以从这一时期出版的学术杂志中，倾听西方史学在当代中国所激起的回音。这里只说及《史学理论》(其后为《史学理论研究》)

① 《历史理性批判散论》，湖南教育出版社1994年版。
② 《历史理性批判论集》，清华大学出版社2001年版。
③ 参见拙文：《为了寻求真谛》，《史学理论研究》2007年第2期。
④ 《世界历史》1986年第10期。
⑤ 人民出版社2006年版。

杂志[①]。

1987 年,《史学理论》杂志创刊,喜得天时、地利、人和,沐浴在改革开放的春风中,诞生于国内的史学理论热之时,汇九州才俊,聚各方能人,故甫一问世,即受到了学界欢迎。该刊有志于西方史学的引进,发表了许多这方面的专题文章、访谈、笔会、书评等,在新时期之初人们渴望了解西方、了解西方史学之际,"成了中国学者遥观西方史界万千景象的一个窗口"[②]。

《史学理论》和《史学理论研究》一路走来,就像一个孩子,从呱呱坠地正向"而立"之年迈步。记得在其创刊 20 周年之际,应编辑部之约,笔者以《新的开始,新的期盼》为题,写了一篇小文[③],祝愿"这本刊物办出特色、办出个性,像当年的《年鉴》杂志那样,并以此为中国史学走向世界做出贡献"。这不仅是笔者个人的一种期盼,也是时代的迫切要求。

① 《史学理论》1990 年停刊,1992 年以《史学理论研究》刊名重新出版。粗略计来,笔者在"两刊"已发表过 10 篇论文和文章了,比如《重评托马斯·卡莱尔的史学思想》(《史学理论》1989 年第 3 期)、《西方古典史学的传统及其在中国的回响》(《史学理论研究》1994 年第 2 期)、《二十世纪前期西方史学输入中国的行程》(《史学理论研究》1996 年第 1 期)、《二十世纪后期西方史学输入中国的行程》(《史学理论研究》1996 年第 2 期)等文,曾在学界产生过影响,这确实是笔者个人学术生涯中一段难以抹去也不应当被抹去的历史记忆。

② 庞卓恒:《立足中国,放眼世界,弘扬历史学的科学理性》,《史学理论研究》2007 年第 1 期。

③ 载《史学理论研究》2007 年第 1 期。

第七章　继承传统和开拓创新的双重使命

首先要说明的是，本章所言“传统”，是就中国的西方史学研究的视角而言，而不是西方史学自身的传统。继承传统而又不断地开拓与创新，这是学术研究工作永葆青春与不断进步的前提，对于中国的西方史学研究也同样如此。笔者对中国的西方史学研究的传统，尚未作过系统的梳理，这里所说的“继承传统”，只是就笔者就读、工作的复旦大学历史系而言，具体来说，就是耿淡如师在这方面的成绩和所确立的传统，但愿笔者的叙述不犯“爱屋及乌”的通病。至于中国的西方史学研究的开拓与创新这一问题，笔者则化大为小，化繁为简，所论肤浅，说的完全是个人的一孔之见。

另需要说明的一点是，这里所说的“研究”，实际上也包括“教学工作”。须知，离开了教学，其研究水平也是难以提高的，反之亦然。

一、探索者的足印

开拓不能割断历史，创新也需要继承传统，这就是说，开拓与创新离不开回顾与总结、反思与重构，总之，离不开前人的思想遗产。

从20世纪50年代末，笔者在复旦大学历史系就读时，就深切地感受到我系重视中外史学史的传统，曾记得，当时被称为“东西两周”的周予同先生与周谷城先生，都强调史学史是文化史的核心成分，史学专业应该同时设置中国史学史、世界史学史两门主课，以及与之相辅相成的原典教程；早年留美的耿淡如师与得到梁启超激赏的陈守实先生，各以自己的学术体系与独特风格，讲授外国史学史与中国史学史两门课程，吸引着青年师生，并且各自都在本系带出传人①。

① 关于复旦大学历史系重视中外史学史的传统，详见朱维铮：《史学史三题》，《复旦学报》2004年第3期。

我们应当珍视、继承与发展这份遗产。复旦大学历史系重视中外史学史的传统，在中国新时期得到了传承与发扬，这正如德国哲人汉斯-格奥尔格·加达默尔（Hans-Georg Gadamer）所指出的："一切人类生命由之生存的以及以传统形式而存在于那里的过去视域，总是已经处于运动之中。"[①]

"筚路蓝缕，以启山林。"当我们仰望先贤回溯传统时，不由在心中默默地祷念：在茫茫大漠，我们多么渴望能听到先行者的驼铃；置身浩浩丛莽，我们多么希望能发现探索者的足印。如今，在回顾与总结中国的西方史学史研究时，我们应重提耿淡如师作为先行者与探索者的卓越贡献。耿师作为中国第一代世界史学科的前辈[②]，更作为中国西方史学史学科方向的引路人与开拓者，他的学术贡献泽被后学，影响深远，在中国西方史学史研究的史册上，留下了浓重的一笔。

这里想集中叙述一下耿师在这方面的业绩，且从他的学术人生轨迹说起。他终其一生，淡泊名利，追求真理，勤奋治学，从不向困难低头，从不向权势屈服，在平凡的经历中又处处显示出他的不平凡。直至晚年，当病魔时刻在折磨他的时候，他仍在奋争、求索，笃学矢志，至死不渝，从中所折射出来的学者的人格力量，足以震慑一切邪恶与丑陋的东西，也使后世学人歆羡与崇敬。

1898 年 3 月，耿淡如出生于江苏省海门县的一个农家。虽然耿家贫寒，但不识字的父母都立意要把他培养成一个文化人。他最初在一家老式的私塾学堂里念书，后又进小学，毕业后，以工读方式在海门中学完成学业，1917 年，他只身来到上海，考入复旦大学文科。他的家庭无力供养他上大学，不得不继续以"勤工俭学"的方式，日间就读，晚间在学校图书馆做些管理或抄写工作，艰难地维持学业。大学三年级时，他曾一度中断学业，回故乡海门中学执教。1922 年重返复旦，至 1923 年以优异成绩获取"茂才异等"金牌。大学毕业后，相继在海门中学和复旦大学附中教授英文、史地等课程。1929 年，他在一位热心教育的同乡富商郁先生的资助下，去美国留

① 汉斯-格奥尔格·加达默尔：《真理与方法》（上卷），洪汉鼎译，上海译文出版社 1992 年版，第 390—391 页。

② 2004 年，齐世荣先生在《中国世界史研究论坛首届年会》的报告中，在回顾中国的世界史研究的历程时说中国的世界史研究，自 20 世纪初至今可分为两大阶段、六代人，耿淡如师是被齐世荣先生列为第一阶段第一代的代表人物之一。详见齐世荣：《攀登世界史研究的高峰——我国世界史学科中青年同志的历史重任》，《历史教学问题》2005 年第 3 期。

学，入哈佛大学研究院，研究政治历史与政治制度，获硕士学位，1932 年 5 月学成归国。

耿师回国后，开始在大学执教，从 1932 年直至去世，他在大学讲台上度过了整整四十余年的教师生涯。1932 年至 1937 年任复旦大学和光华大学政治系教授，兼任暨南大学教授，讲授西洋通史、政治史、外交史、政治思想、政治学、国际公法等课程，并担任《东方杂志》、《外交评论》杂志评论员，撰写有关国际问题的论文①。抗日战争爆发后，复旦大学内迁，由于老母年迈，无人照顾，他只好滞留在上海"孤岛"，任光华大学政治系主任，兼任大夏大学历史社会系主任。抗战胜利后，复旦大学渝沪并校，他辞去大夏大学的教职，重任复旦大学和光华大学两校政治系主任，直至 1949 年。新中国成立后，耿师由复旦大学政治系转入历史系从事世界中世纪史的教学工作，此时他虽已年过半百，但在他的人生旅途上却翻开了新的一页。50 年代初，新中国百废待兴，人气凝聚，各行各业都显示出了蓬勃的朝气。当时的高等教育是学习苏联，历史学科也不例外，为了推进历史系的教学改革，他一方面认真学习马克思主义，藉以掌握辩证唯物主义和历史唯物主义；另一方面，他决心自学俄文，以便更好地借鉴与汲取苏联在世界史学科领域中的成就与经验。于是，他以一个年轻人的劲头发奋地工作着，很快地成了国内治世界中世纪史的学术权威。

耿师从 20 世纪 60 年代初开始致力于西方史学史的教学与研究工作，在招收世界中世纪史方向研究生的同时，又经当时高教部的批准，在国内招收了笔者这个首名西方史学史专业方向的研究生。当笔者于 1964 年 9 月入学跟随先师就读研究生的时候，"文革"的前期征兆已初露于学术界，那时周谷城先生的学术观点已开始遭到不公正的批判。研究生们的学习也安不下心来，先师为笔者制订的培养计划受到了干扰，在我们栖居的 10 号楼不时看到扛着铺盖、用网线袋兜着脸盆之类杂物的研究生们上上下下。我们刚读了两个多月的书，不久也下到上海市郊奉贤县参加"四清"运动去了，等到我们参加完一期"社教运动"返回学校时，闻知先生已身患癌症，幸好手术成功，但身体较前却更虚弱了。

在 1965 年前后的一年多时间里，耿师硬是以其病弱之躯，从西区天平

① 为了纪念耿淡如先生百年诞辰，1999 年在台湾出版了《耿淡如先生国际问题论文集》上、下册，辑录先生在 1936—1938 年、1946—1948 年间发表的有关国际问题的论文，计百万余字。

路住处赶往东区的学校，为历史系本科生最后一次开设“外国史学史”课，他指定笔者担任他的助教。在此期间，笔者一面随堂听课，干些助教之类的杂事；一面又在先师的指导下，开始系统地阅读西方史学名著，并作读书札记。在此期间，根据先师的要求，精读了几部在西方颇具影响的英文史学史名著：巴恩斯《历史编纂史》、G・W・汤普逊《历史著作史》、古奇《十九世纪历史学与历史学家》、绍特威尔《史学史》等。耿师的这些安排，为笔者日后从事西方史学史的教学与研究，打下了坚实的基础。

不久，“文革”开始了，造反派认定他是“反动学术权威”和“美国特务”，将他关在研究生住的10号楼底层的“牛棚里”，受尽了肉体和精神上的双重折磨。后来，造反派也查不出什么名堂，于是不得不把先师从“牛棚”里放了出来。此后，先师身体更加衰弱，诸病间作，但在病中仍坚持为历史系拉丁美洲研究室翻译西班牙文《格瓦拉日记》、《马里格拉文选》等著作。由于重病缠身，迫使他再一次住进了医院。在病房里，他不顾病痛的折磨，仍坚持自学日语。1975年7月9日，耿淡如先生与世长辞，终年77岁。

前面提到，对于中国的西方史学史研究的奠基工作，学术界有“南耿北齐”之说，正是“南耿北齐”，为中国西方史学史的学科建设在今天的发展铺下了路轨，指明了前进的方向。“是的，日出不是由于鸡鸣，而鸡鸣却是提醒人们注意日出！”[①]这是先师在论及拿破仑提倡历史研究的功绩时说的，借用来评价“南耿北齐”对西方史学史的倡导，也是合适的。

耿师在20世纪60年代初致力于西方史学史研究，这一学术转向是与当时特定的学术背景有关联的。从总体上看，在整个50年代，我国对西方史学的输入基本上处于封闭的状态，对西方史学大多采取摒弃的态度，如对兰克的客观主义史学、汤因比史学、鲁滨逊史学等进行的批判，都是显例。在这种情况下，开展西方史学史的教学与研究工作，是十分困难的。

1961年前后，由于政治形势发生变化，对当时思想文化战线也产生了重大的影响，在史学界也于60年代初催发了科学史学思潮的发生。

如前所述，科学史学思潮推动了历史研究的发展，也引发了对历史学自身的反省，“史学史热”因此而兴起，中国史学界开展了关于史学史问题的大讨论，也正是在这个时期，耿师为西方史学史做了不少奠基性的工作。这方面的建树，大体可以概括如下：

---

① 耿淡如：《拿破仑对历史研究的见解——世界史谈片》，《文汇报》1962年10月14日。

(1) 重视西方史学史的学科建设。耿师在60年代开展的史学史问题的大讨论中，提出了许多发展这一学科的设想。1961年，他发表《什么是史学史?》①一文，高瞻远瞩地提出“需要建设一个新的史学史体系”，并结合西方史学的实例，对史学史的对象与任务作了广泛的探讨，包括史学史的分期、史学史的内容、史学史的方法论、史学与其他学科的关系等10个方面的问题。所有这些，即使在今天看来，也不乏参考价值②。

从1961年开始，他为历史系本科生开设外国(西方)史学史一课，系统讲授自古迄今的西方史学的发展进程，揭示史学流派与史学思想的流变，评述重要史家与史著的成就，以及史学方法的进步。1964年，先师招收了西方史学史专业方向的首个研究生。

(2) 主编《外国史学史》教材。1961年底，为贯彻高教部关于编写文科教材的精神，在上海召开了外国史学史教材编写会议，与会学者有北京大学的齐思和和张芝联、武汉大学的吴于廑、南京大学的蒋孟引和王绳祖、中山大学的蒋相泽、杭州大学的沈炼之、华东师范大学的王养冲和郭圣铭、复旦大学的耿淡如和田汝康等先生。在当时，先师是德高望重的长者，因而会议一致决定由耿师担任《外国史学史》这部教材的主编，这里所说的外国史学史，即为西方史学史。

其实，早在会议开始前，耿师就有计划地积极工作，当时《文汇报》曾以“耿淡如积极编写外国史学史教材”为题③，专门刊发消息，报道先师老而弥坚、奋发工作的情形。此项工作因“文革”而被迫中止。

(3) 对西方名著的移译。耿师通晓多种外国语，计有英文、俄文、德文、法文、西班牙文、拉丁文等。早年就译有海斯和穆恩的《近代世界史》④；50年代译有《世界中世纪史原始资料选辑》⑤以及苏联学者阿·伊·莫洛克的《世界近代史文献》⑥；60年代译有美国历史学家汤普逊的《中世纪经济社会史》(上下卷)⑦、英国历史学家古奇的史学史名著《十九世纪历史学与历史

---

① 载《学术月刊》1961年第10期。
② 参见第一章“绪论：史学，文化中的文化”。
③ 载《文汇报》1961年8月28日。
④ 黎明书局1933年出版，与沙牧卑合译。
⑤ 天津人民出版社1954年出版，与黄瑞章合译。
⑥ 高等教育出版社1957年出版。
⑦ 商务印书馆1961年、1963年出版。

学家》[①]等。

此外，他为了配合《外国史学史》教材的编纂、配合历史系的学科建设，还有计划地选译西方著名史家或流派的个案资料，内部刊印成《外国史学史资料》，作为讲义分发给学生使用；同时，又不时在《现代外国哲学社会科学文摘》上发表许多译文，介绍西方史学；还与曹未风等人集体翻译过汤因比的《历史研究》一书[②]。

二、先行者的驼铃

如果把西方史学史的学科比作一座大厦的话，那么创业者多是绘就蓝图、奠定地基、搭好脚手，往往来不及砌砖粉墙，更不必说内部的精细装修工作了。总体来看，上个世纪五六十年代的“南耿北齐”为西方史学史学科建设所做的工作，也大体如此。这如同年鉴学派那样，在创始人吕西安·费弗尔那里，只是提出了年鉴史学新范型，还来不及像这一学派的第二代领导人布罗代尔那样，以其皇皇巨著《菲利普二世时代的地中海和地中海世界》等作出过细的描述。但费弗尔还有布洛赫这两位创始人确为年鉴史学的成长壮大奠定了路基，开辟了前进的方向，犹如“先行者的驼铃”。耿师为中国的西方史学史所做的工作也具有这样的性质。

作为中国西方史学史学科的先行者，耿师的贡献既从总体上体现在前述三个方面，也表现在下述他研究西方史学的方法上，这里所说的方法，不是具体的技术性的方法，对我们来说，具有方法论意义，因此它与先师对西方史学的总体认识是密切相关的，通过对这些方法的揭示，也可看出耿师的史学思想，并能进一步了解与认识他对中国的西方史学史研究的贡献。

这里依据耿师生前所发表的论著、未刊讲稿与札记等第一手资料[③]，作

① 此书耿师从20世纪60年代初就开始翻译，记得先生家里有一台老式的中文手工打字机，译完一章，即打印一章。在笔者读研究生时，耿师命我据原文做校对工作。此书商务印书馆早已向他组译，因“文革”而中断，直至1989年才出版。

② 汤因比《历史研究》一书，中译本上、中、下三册乃据美国学者D·C·索麦维尔的节录本翻译而成，1959年至1964年由上海人民出版社分册陆续出版，日后又不断再版，坊间流传甚广。耿师参与翻译的是该书的下册，译者除曹未风与先师外，还有周煦良、林同济、王造时等名家。

③ 先师的讲稿，笔者有三个未刊版本：1961年2月24日开始的外国史学史讲稿，这是笔者在复旦大学历史系二年级下学期读书时的课堂笔记；1963年历史系学生的听课笔记；1965年12月15日开始的外国史学史讲稿，这是笔者读研究生并任先师助教时的随堂听课笔记。

出归纳。限于篇幅，在此只能暂列十条，略作铺叙。

1. 历史研究务必求实

这是历史研究的基本准则，是现代历史科学工作者所应恪守的基本准则，也是耿师所反复教导我们的。他曾说过，历史学与说谎无缘，应与真实结伴，那些歪曲事实、炮制谣言并进而诬蔑丑化他人的人，不但永远成不了气候，到头来，反成了被历史嘲弄的小丑。这真是至理名言。耿师说这番话的时候，是在 1964 年秋我下乡参加“四清”运动前夕的一次谈话中，他似乎隐约预感到“文革”中那种肆意糟蹋历史的丑陋行为。

耿师很崇拜兰克，称其为西方最伟大的历史学家，他对兰克在《拉丁与条顿民族史》一书的序言中所标榜的那句名言——“我的目的仅仅在于陈述实际发生的事情而已”即“如实直书”很欣赏，并付诸实践。耿师对学生的作业批改极其认真，颇有兰克的那种辨析考证一丝不苟的遗风。一次，笔者写了一篇关于近代西方史学的札记交给先生，只见他在稿纸边上贴满了小纸条，纠谬与批注的文字写得密密麻麻。如今重读这篇还珍藏在笔者书柜中的习作，又忆及耿师求实的研究历史的方法，日渐感悟到，为求实，就需要史学工作者脚踏实地，勤奋治学，也就是我们通常所说的“用功”。在这里，必与孤灯为伴、寂寞为伍，而力戒浮躁、回避奢华，倘若有了一点成绩，浪得虚名，那就更需远离诱惑、阻击谄媚。这正是他留给后学者的一笔无形的思想遗产。

2. 弄清概念的基本含义，应是从事研究工作的第一步

耿师讲授西方史学史一课，每章必先讲引论，交代本章所要陈述的一些概念与含义。在该课的总论中，必先讲什么是历史，什么是历史学，什么是史学史，这一点给笔者留下了深刻的印象。在 20 世纪 60 年代初关于史学史的那场讨论，前面提及的那篇《什么是史学史?》的论文，即是从语义学的角度，对“史学史”这一概念进行了详细的考辨。厘清概念含义的精确性，阐明它的内涵与外延，对从事某一学科的研究工作是必要的，尤其在学术讨论与学术争鸣中更为必要，否则各说各的，各行其是，交流与沟通都谈不上，遑论学术事业的发展了。

3. 要熟读原著，认真领悟原著的精神

耿师在为本科生讲授每一个国家或地区的史学时，总是对学生这样说：“你们不要满足于我的这些介绍，要自己找原著来读，找不到全书，找选本来看看也好。”记得他在为我们这一届本科生上西方史学史这门课时，开列了

许多西方古典史学名著，是时恰逢三年困难时期，我每天一上完课就泡在图书馆开架阅览室里，入神地阅读着西方古典史学名著，在希罗多德与修昔底德所描述的世界里徜徉，获得了极大的精神生活上的满足，似乎暂时忘却了那时物质生活方面的匮乏。

耿师认为，这种方法对于研究生更应如此了。他在为笔者设置的几门专业课中，都提出了“阅读原著，进行批判研究”的学习要求。事实证明，阅读原著，批判研究，进行独立思考，是一种值得倡导与发扬的好的学习方法。我现在在指导研究生时，也恪守师训，严格地要求他们这样做，不尚空言，一切从原著出发。

4. *结合时代背景与社会特征来考察史学的发展*

马克思主义的唯物史观要求我们，史学不是脱离政治与经济发展的空中楼阁，当然也不可能与政治和经济的发展同步进行，史学的发展有其自身的特点，但研究史学的发展进程，倘舍去了对某一国家或地区的时代与社会发展特征的了解，那是不会得出什么正确的结论的。对此，耿师在其课堂教学中，贯彻得很彻底。他每章必先讲时代背景，交代这个国家或地区的社会发展的方方面面，并进而分析其与史学发展的关系。如说希腊社会与波斯帝国之间的矛盾以及诸城邦之间的矛盾，导致了一系列的战争与军事远征，发生了希波战争、伯罗奔尼撒战争以及亚历山大东侵等，希腊史家所记载的历史大部分是与前述几次战争有关的；如说西欧文艺复兴时期历史学的世俗化的特点，是与那时的反封建反教会斗争以及人文主义思潮的勃兴不可分离的。

5. *注意研究西方史学的新陈代谢*

西方史学自古希腊奠立，经历古代史学、中世纪史学、近世史学与现当代史学，犹如一条长河，在不断地流变，唯有在西方史学长河的流变中方能显见史学思想的进步、史学思潮的衍化、史学方法的革新。耿师在分析近代西方资产阶级史学流派的嬗变时这样说道：“最先出现了人文主义史学，继之而起的是博学派，即考证学派。在法国大革命前夕，启蒙运动对旧制度发动了全面冲击，理性主义史学派猛烈地摧毁了封建主义的史学传统。在这以后，资产阶级史学迅速发展，于是接踵而来了浪漫主义史学派、实证主义史学派、德国兰克学派与普鲁士学派等等。”[①]事实上，先师对历史学新陈代

① 耿淡如：《资产阶级史学流派与批判问题》，《文汇报》1962 年 2 月 11 日。

谢的关注贯穿于他的全部讲课中，尤其是他在陈述西方史学新陈代谢的过程中，总结出如下文所述近代西方史学或偏于叙述、或偏于论证的“钟摆现象”，令笔者迄今难忘。

6. 注意历史学家类型的分析

笔者以为，在史学史的研究中，本条与下一条是较能体现先师的个性特点的。这里先说他对历史学家类型的分析，在先师看来，西方历史学家一般可以分成四种类型，这就是：(1) 历史思想家或历史哲学家，如圣奥古斯丁、伊本・卡尔顿、维柯、黑格尔、汤因比等人；(2) 历史著作家或称历史编纂家，如修昔底德、塔西佗、吉本、兰克等人，这是大量的；(3) 历史编辑家，如主编《德意志史料集成》的佩尔兹、魏芝等人；(4) 历史文学家，如希罗多德、麦考莱、卡莱尔等人。不管这种分类是否贴切，但有一点正如先师所经常告诫我们的，我们学习西方史学史，不仅要知道每一个历史学家的阶级属性——这在当时是必须时刻强调的，而且还应留意对他们进行类型的分析，这样就可以进一步认清西方史学的流变与每一位史家的本质特性。

7. 注意历史学家作风的分析

耿师所说的史家之“作风”，实际上指的是历史学家对下列问题的回答：历史是论证还是叙述？用比喻的说法，历史是法院还是戏院？史家是绘图家还是摄影师？这分明说的是历史学家的史学观。他在《西方资产阶级史家的传统作风》一文中，讨论了近世西方历史学家在论证与叙述之间，“像钟摆那样回荡着，摆来摆去”，先师用文艺复兴时代的政治修辞派与博学派、伏尔泰学派与兰克学派为例，作了具体的论证。他说这种“钟摆现象”的产生，“取决于资本主义的发展与政治斗争的形势，也取决于史家所属的类型”①。这是很有见地的一家之言。后来笔者根据耿师的启示，对这种“钟摆现象”有所“发挥”，在一些论著中写出了自己的学习心得。

8. 采用标本与模型研究的方法

耿师最后一次讲授西方史学史，在结束导论时这样说道：“在研究西方史学史时，我们可以采用标本与模型研究的方法。比如，在古代希腊，我们可选修昔底德作为标本；在古代罗马，我们可选李维作为标本。这种方法，即类似于我们所说的以点带面，从中可以找出史学发展的共性与特征。”耿师所说，对于西方史学史的入门者尤具方法论的意义。20 世纪 70 年代末，

① 耿淡如：《西方资产阶级史家的传统作风》，《文汇报》1962 年 6 月 14 日。

笔者重操旧业后，无论在西方史学史的教学还是研究工作中，都根据先师的做法，选择“标本”，找准“类型”，以重点史家或学派作为“突破口”，不断求索，以求不断有所进步。

9. 介绍先于批判

在耿师从事西方史学史教学与研究的年代，正是中国学术界“极左”思想盛行、动辄就被扣上资产阶级反动学术思想的帽子而给予严厉批判的时代，但在实际上这种批判只是以简单的政治否定方式来取代学术研究。对来自域外的西方史学则更是不作具体的分析，有的甚至对被批判的对象还没搞清楚，就不分青红皂白，一棍子打死。耿师在这种时代的学术气氛下，却毅然提出了进行学术批判的“四项工作原则”：(1) 要了解史学发展的一般情况；(2) 挑选批判的对象；(3) 要研究被批判对象的著作，认真考查他们的资料来源；(4) 要了解被批判对象的阶级立场、思想根源、生活及时代背景。总之，他指出：“为了批判，介绍工作也是必须进行的。”①换言之，介绍先于批判，批判也应该还其原来的科学的意义，而绝不是棍棒相加与恶语相向。现在回想起来，这是何等不易啊！耿师身上，所反映的分明是一代中国学人的一身正气和高尚品格。

10. 习明那尔方法是一种培养历史学专业人才的有效方法

“习明那尔”(Seminar)，意谓专题研究或讨论，德国史坛巨匠兰克用这种方法培养历史学的专门人才获得了成功，成为后世历史教学方法的典范。耿师对此亦心向往之，并在实际教学中加以贯彻，他以前培养世界中世纪方向的研究生，采用这种方法，对笔者的培养更是这样。他为笔者开设的 3 门专业课，其学习方式无一不是采用座谈讨论方式，通常的顺序是这样的：老师每次提出要讨论的题目，然后布置要看的书目，隔一周或两周，先由笔者报告读书心得，他当中不时提问，穿插讲解，然后有几句小结之类的话，再布置下一次的讨论题目……如此循环不已，学生就在这样的“习明那尔”的学术效应中增长才智、培养独立思考、独立进行科学研究工作的能力。这种培养研究生的方法，也正是当下我培养研究生时用心贯彻的教学方法。

以上所列，仅就笔者管窥所及，但是，“浓绿万枝红一点，动人春色不须多”②，在中国的西方史学史的景苑中，耿师拓荒锄草，辛勤耕耘，其先行者

① 耿淡如：《资产阶级史学流派与批判问题》，《文汇报》1962 年 2 月 11 日。

② (宋) 王安石：《咏石榴花》。

的功绩将永不泯灭。是的，我们当不会忘记先师在1961年秋所说过的一段话："我们应不畏艰难，不辞劳苦，在这个领域内做些垦荒者的工作……比如垦荒，斩除芦荡，干涸沼泽，而后播种谷物；于是一片金色的草原将会呈现于我们的眼前！"先师为我们描述的景象，多么令人期待又多么诱人，作为后来者，唯有追随先贤，努力耕耘，继承与珍视传统，并予以发扬光大，开拓创新，为未来的中国的西方史学史研究作出自己的贡献。

三、开拓与创新的建设路径(上)

正如前述，中国的西方史学研究，倘从20世纪算起，最初为零星的介绍，并多为译介，还说不上研究，即使是李大钊的《史学思想史》，也不过是对近代西方史学作了初步的考察①。因此它源不远，起点也不高，这就为中国的西方史学研究者留下了更多的开拓与创新的学术空间。

关于当下史学史研究的开拓与创新，较为集中的思考可参见吴怀祺的《史学理论与史学史研究》②、周文玖的《史学史导论》③，两书都出版于2006年，从各自的视角对论旨作出了自己的思考，对史学史研究的开拓与创新颇有助益。此外，这方面的论文有：瞿林东的《中国史学史研究八十年》④、乔治中的《论学术史视野下的史学史研究》⑤、钱茂伟的《史学史研究需要有自身的理论与方法》⑥等。不过上述诸位所论，多以中国史学史为中心；笔者这里所述，则更多地以西方史学史为讨论对象。"他山之石、可以攻玉"，也许，愚见可作为中国的史学研究进一步开拓与创新的另一种声音。关于这一重大问题，前面各章也偶有涉及，但较为琐碎。这里择其要者，归纳为十条，集中作点议论，以为引玉之砖。

1. 重新认识研究西方史学的重要性

笔者认为，提出重新认识研究西方史学的重要性，在当下，不仅不是"老生常谈"，而且对于西方史学的开拓与创新意义非凡。事实上，只有思想认

---

① 参见本书第六章第二节。
② 福建人民出版社2006年版。
③ 学苑出版社2006年版。
④ 载《史学理论与史学史学刊》(2006年卷)，社会科学文献出版社2006年版。
⑤ 载《南开学报》2004年第2期。
⑥ 载《史学理论与史学史学刊》(2007年卷)，社会科学文献出版社2007年版。

识上的明确性，才有史学实践与建设工作的可行性。在现当代国际社会急遽变化的形势下，世界在变，中国也在变，我们希望他人关注中国，用发展的眼光来看中国；与此同时，我们在关注世界、看待西方时，也要用发展的眼光看。在某种意义上可以说，西方史学也是我们认识与了解世界，尤其是西方世界的一个窗口。我们探讨"求真·垂训·人本"理念传统的西方史学，在寻求它们的现代价值的同时，也可为国人深化认识与进一步了解西方社会与历史文化的发展变化做出贡献。事实证明，志在实现社会主义现代化宏伟事业的中国，再也不可能闭关锁国、坐井观天了，它必须汲取包括西方在内的世界诸文明的长处，在交流中学习，在借鉴中收获。为此重提研究西方史学的重要性，当不失时宜。此其一。

21 世纪以降，新一轮的西学东渐正在萌发。"上海三联人文经典书库"主编陈恒指出，"20 世纪 80 年代以来，中国学术界又开始了一轮至今势头不衰的引介国外学术著作之浪潮，这对中国知识界学术思想的积累和发展乃至中国社会进步所起到的推动作用，可谓有目共睹"①。陈恒之言恰恰证实了梁启超在 20 世纪最初的年代里发出的"醒世之语"："今日中国欲为自强，第一策，当以译书为第一义。"②进入 21 世纪以来，中国学术界又出现了新一轮的西学引进的浪潮，且方兴未艾。此次"浪潮"起点高、针对性强，不同于 20 世纪 80 年代初的时代境遇与面临的文化诉求；且持续时间更为长久。比如"海外汉学"（或"海外中国学"）著作的引介，正如《列国汉学史书系》主编阎纯德所描述的那样，"汉学就像隐藏在深山里的小溪，经过 30 年的艰辛跋涉之后，才终于形成一条奔腾的水流"③。在新一轮西学引进的浪潮中，西方史学之输入更是不可或缺的，因为它是"西方文化中的文化"。此其二。

再说及学术层面。这里先引笔者在一篇论述美国现代化的历史经验的文章中所言："时下历史学家多致力于从社会历史的客观进程去探求它的发展进程，而往往忽略从历史学自身这一视角去观察与认识它，这种情况于中国的美国现代化研究亦然。从政治、经济与社会变革的发展进程去研究美国现代化，这无疑是十分重要的，但笔者以为倘舍去了后者，是无助于全面

① 见陈恒：《总序》，《上海三联人文经典书库》卷首，上海三联书店 2008 年版。
② 梁启超：《读日本书目志书后》，《饮冰室合集》（一），中华书局 1989 年版，第 53 页。
③ 阎纯德：《汉学历史和学术形态》，《列国汉学史书系》序二，学苑出版社 2007 年版。

剖析美国现代化的历史经验的，而于中国的美国史研究也终究是一个缺憾。”①倘此论不谬，可以这样认为，倘离开了对西方史学的深入研究，要对西方社会的现状和历史作出深刻的了解与反思，那将是难以想象的。这正如何兆武所指出：“对于任何一个历史工作者来说，对以往史学的理解，其重要性是绝不亚于对历史本身的理解的重要性的。”②在时下中国学界呼吁加强世界史研究之声不绝于耳之时，重提此议，也是合乎时宜的明智之举。此其三。

2. *应当从整体上把握西方史学的发展进程*

从古希腊发端的西方史学，绵延两千多年，大体可以分成古代史学、中世纪史学、近代史学与现当代史学这几个各具特色的发展阶段，并在长期的发展进程中，经历了五次重大的转折。这一点已如前述，不再复述。所谓从整体上了解西方史学，就应该从宏观上把握上述时段的发展脉络与重大转折。

从整体上把握西方史学，对于深入进行西方史学史研究至关重要。诚然，学术研究工作总是从个别扩为一般，从局部推向整体，若没有个别或局部的研究，一般或整体的把握就没有基础，反之，倘若缺少后者，那么对于前者也难以作出深入与透彻的研究。仅举一例说明：研究当代西方新文化史，倘不了解 19 世纪以来的西方文化史，由此上溯，也不了解自古希腊希罗多德所奠定的文化史研究传统，那么，其新文化史研究就会缺乏整体的眼光和历史的底蕴，最终流于肤浅与平庸。

从整体上了解西方史学，对于中国史学史研究也很重要。倘进行中西史学的比较研究，从中西方史学史研究者各自的立场而言，都需要对对方的基本进程有一个宏观的把握，正如朱维铮所言：“比如中外史学的比较，首要的前提就是研究者需要对古今中外史学的基本进程有整体的了解。”③倘若对此真的没有一点了解，还奢谈什么中西史学在具体个案上的比较研究。

从整体上把握西方史学的发展进程，对于前面提到的西方史学的新一轮的引进更具重要意义。回顾 20 世纪 80 年代初的那次急风暴雨式的西方史学的引进，一个重要的经验教训就是带有盲目性，导致这一盲目性的原因，可归于对西方史学的基本进程缺乏一个整体的了解与宏观的把握，致使

① 拙文：《论现代化进程中的美国史学》，《江海学刊》1994 年第 2 期。
② 何兆武：《对历史的反思》，见唐纳德·R·凯利：《多面的历史——从希罗多德到赫尔德的历史探询》译序，三联书店 2003 年版，第 4 页。
③ 朱维铮：《史学史三题》，《复旦学报》2004 年第 3 期。

引入的西方史学作品，泥沙俱下，良莠难分。因此，从宏观上把握西方史学的发展变化，弄清其变迁的来龙去脉，探求其特点及走向，我们就能把西方史学遗产中一切优秀的东西引进过来，并在这一史学实践过程中，取得主动，为我所用。

3. 突出史学思想在西方史学史中的地位

前文已经提到过，在史学史的研究对象(包括史学思想、历史编纂、史料学与史学方法等)中，应当突出史学思想的主导地位，将其作为史学史研究的主要内容，在此不再赘述①。

这里要补说的一点是，突出史学思想在史学史中的地位，与中国的西方史学史研究的开拓与创新有着密切的关系，切不可小视。16世纪的法国学者波普利尼埃尔1599年把一些松散的史家传记辑集名为《史学史》。巴恩斯的《历史编纂史》②与汤普逊的《历史著作史》都是突出历史编纂的显例，尤其是前者，以史家小传的编纂来代替对历史学家史学思想的分析。正如当代英国史学史家巴特菲尔德(H. Butterfield)所说："如果人们把史学史归结为一种纯粹的提纲，如同另一种的'书目答问'，或把它编纂成一种松散的编年形式的历史学家的列传，那么它将是一门很有限的学科了。"③如果沿着这样的路数走下去，把西方史学史等同于历史编纂史，其结果可想而知。

不过，诸多现当代西方史学史家的作品都注重于史学思想的研究，无论是历史观的探析还是史学观的阐发，反思与创新之见颇多，比如20世纪80年代出版的布雷塞赫(E. Breisach)的《古代、中世纪与近现代史学》一书，就是一例。

4. 应当着重探究西方史学中的历史观与史学观

这一问题显然是由前一点延伸过来的。所谓史学思想实际上包括历史观与史学观两个部分：历史学家对历史发展客观进程的认识，一般表述为"历史观"；而历史学家对历史学自身的认识，一般表述为"史学观"。从西方史学的整体来看，在20世纪以前，西方历史学家多致力于探究历史发展的客观进程，于是史学史充斥着五花八门的历史观尤其是自启蒙运动以来的进步史观；20世纪以来，风气大变，西方历史学家更多地关注探究历史学自

① 参见本书"绪论"。

② H. Butterfield, *Man on His Past: A Study of Scholarship*, Cambridge, 1969, p. 14.

③ 此书又被学界戏称为"点鬼簿"，因巴氏之书写的是已故史学家的小传。

身的问题，至后现代主义史家问世，连历史学自身的地位也被颠覆了。

笔者以为，史学观与历史观的研究不可偏废。我们的确需要研究历史学家的史学观，研究他们的文本语言及其结构、意义（史学观），但这并不能取代对历史发展客观进程的规律和意义（历史观）的探究。

由此，我们悟察到，在西方史学史的研究中，应该并重探究历史观与史学观，正如论者所形容的那样，“历史观和史学观的研究应该相辅相成，‘历史观’与‘史学观’是历史学理论研究并肩齐飞的两翼，缺一不可。”①这是从回顾与总结自 20 世纪 50 年代以来中国史学理论研究的经验与教训得出的结论②。中国史学理论界的转向，在很大程度上与域外史学之输入相关联，20 世纪 50 年代的重“历史观”与苏联版的马克思主义及其唯物史观的入华密切相关，80 年代以来的重“史学观”则深受现当代西方史学的影响。

在当今中国的西方史学研究中，存在着重“史学观”而小视“历史观”，并企图以此来涵盖广义的史学理论研究③的倾向。甚至出现了一些搬弄概念、故弄玄虚、艰涩深奥的文章，这实在无助于中国西方史学史研究工作的开拓与创新。比如研究兰克与布罗代尔的史学思想，绝不可能只涉及其史学观而不谈历史观。因此，在西方史学研究的进程中，应突出史学思想的主导地位，而且应当并重探究西方史学进程中的历史观与史学观，两者相辅相成，缺一不可。

5. 深化对西方史学流派的研究

重视对史学流派的研究，近来学界多有呼吁④。20 世纪 80 年代以来，在重评过去被批判的西方史学流派（比如兰克学派、文化形态学派、鲁滨逊

---

① 胡逢祥、张耕华：《当代中国史学建设的理论与实践》，《历史教学问题》2005 年第 6 期。

② 20 世纪 50 年代，在中国史学界出现以“历史观”研究替代对“史学观”的理论反思，甚至取消对史学本身的理论研究；自 80 年代以来，又以“史学观”的研究来取代“历史观”的研究，甚至希望通过对“史学观”的研究来解释所有的“历史观”问题。

③ 广义的史学理论研究，不仅包括对史学自身的研究（史学观），也包括历史观的研究。

④ 参见张承宗：《要重视史学流派的研究》，瞿林东：《史学理论与史学史学刊》（2007 年卷），社会科学文献出版社 2007 年版；徐浩：《进一步加强史学理论学科的建设》，《史学理论研究》2008 年第 4 期。徐氏在文中说道：“应该说，不断追踪外国史学流派的发展变化具有重要意义：它们既为我们了解史学理论最新变化提供了窗口，极大地丰富与改变着史学理论和历史研究的状况；同时也是我们从整体上分析史学理论的发展变化过程、总结史学理论的发展演变规律不可或缺的环节。可以肯定，只要有历史学存在，史学流派的产生和演变就不会停顿，这个学术增长点也不会枯竭。”说得好，他与侯建新合撰的《当代西方史学流派》（中国人民大学出版社 1996 年版）一书可为上述之言作注。

的美国“新史学派”等)的基础上,我国学界对诸多西方史学流派展开了研究,成果甚丰,其中尤以对法国年鉴学派的研究最有成就[①]。现在的问题是要深化研究,这也应当是中国的西方史学研究开拓与创新的一个突破口。何以如此?这是因为研究西方史学流派的过去与现在、繁荣与式微、成就与问题、流变与趋向,特别是研究那些重大的、体现某一时代史学发展潮流与方向的史学流派,其发展过程往往能折射出时代的风云,反映社会的转折和政治、经济的变化,更可发现文化的流变。如研究年鉴学派,就可达到这样的“效应”。

深化对西方史学流派的研究,追本溯源的工作十分重要,因此有必要简单梳理一下西方史学流派之形成。严格说来,西方史学流派是与西方文艺复兴运动相伴生的,它既是时代变革的结果,也是史学自身发展的产物。概括说来,西方史学流派(或“学派”)的形成(或“命名”)有以下诸种途径与原因:以某一时期流行的社会思潮而成,如人文主义史学派、理性主义史学派、浪漫主义史学派等;以某一史学大师的史学思想凝聚而成,如兰克学派、鲁滨逊的“新史学派”等;以某一城市汇集的史家群体而成,如佛罗伦萨历史学派;以某一所著名学府融合的学人团体而成,如哥丁根学派、剑桥学派、牛津学派等;以某一在学界产生重大影响的杂志而成,如年鉴学派等;以某一重要的史学理论或方法而成,如文化形态学派、计量史学派、口述史学派等,不一而足。

这种基础性的梳理工作十分必要,因此可以知其渊源,知其传承,知其发展,知其归宿,从而对某一流派作出更加深入而又细微的分析。我们还是以年鉴学派为例,年鉴学派诞生于具有深厚文化底蕴的法兰西沃土,又接过先辈们的思想遗产,继承与发扬,历经几代变迁,渐成气候,终于发展为一个世界性的史学流派,成为现当代西方新史学流派的卓越代表。

此外,深化对西方史学流派的研究,应与史学思潮特别是社会转型或历史转折时期的史学思潮紧密联系起来,如兰克学派在19世纪末所遇到的挑战以及20世纪初新史学思潮对20世纪诸多史学流派所产生的影响。深化对西方史学流派的研究,既需要作历史性的考察,又需要作共时性的探索,纵横比较,上下连贯,唯其如此,才能透过现象,洞察本质。如对二战后崛起的西方马克思主义史学流派的研究。深化对西方史学流派的研究,还不能

① 参见张广智主编:《20世纪中外史学交流》,第十五章。

脱离我们的引进工作与当代中国历史学家的史学实践。

四、开拓与创新的建设路径(下)

沿着前面的思路,本节就西方史学的开拓与创新的问题继续展开讨论。朱维铮在谈到"史学史结构"时指出:"于是,困扰这门学科史研究的老问题,即史学史写什么、怎么写等等,就再度摆在我们面前。问题的涵盖面,也已越出当初梁启超设计的史学史'做法'的框架,不再是局部修补或扩容所能满足。这就凸显了史学史编纂应该进行结构改革的必要性。"①个人对此深以为是,以下续议几点私见,虽不敢自诩为史学史的结构改革,但至少有助于西方史学史内涵的扩充。

1. 重视西方史学史之史

众所周知,史学史研究的是史学自身的发展史,史学史之史则关注史学史的发展进程,那么西方史学史之史探讨的便是西方史学史的新陈代谢与发展变化。关于这一点,前面已设专章(第三章),有侧重地考察了在其发展进程中的重要时段的史学反思,此处不赘。这里就本节题旨,补白几句。

如果说,史学史是一门反思的学科,比一般历史学学科高一个层次的话,那么史学史之史又高于史学史并且是对它的批判与总结、反省与重建,这一学科性质,决定了它在史学史学科建设中的地位与作用。如果说史学史的研究是一种承上启下的工作,那么史学史之史的探索就是在更大的程度上推进它的发展,并为后人增长智慧,指点门径,造就自觉的史学工作者。

白寿彝在谈及重视史学史之史的研究时指出:"史学史的研究结果,可以上升为史学理论。历史理论或其中一部分,可以上升为历史哲学。"②以此言对照西方史学史之史,可以信然。大家熟知的克罗齐的《历史学的理论和实际》、柯林伍德的《历史的观念》等明显具有从史学史研究上升为历史哲学印记的著作自不待言,晚近以来史林普遍征引的伊格尔斯的《二十世纪的历史学》、巴勒克拉夫的《当代史学主要趋势》等书,在总结 20 世纪的史学史

---

① 朱维铮:《史学史三题》,《复旦学报》2004 年第 3 期。

② 白寿彝:《在第一次全国史学史座谈会上的讲话》,《中国史学史论集》,中华书局 1999 年版,第 406 页。

(西方史学史)时,不也上升到史学理论的高度,并兼具历史哲学的意蕴吗?

总之,重视西方史学史之史,或许可成为深化西方史学史内涵的一条可行的建设路径。

上面所引白寿彝之语中的“史学理论”,亦包含“史学批评”。“史学的发展,或隐或显,总伴随着史学批评”①,在很大程度上,史学批评的活力不仅制约着史学与史学理论的发展,而且也关系到扩展史学的社会功能和它的社会影响的问题。因此,它成了史学发展的一种内在动力。以中国的史学批评为例,从先秦孔孟的史学批评萌发,经司马迁开篇,中国史学批评史上第一部专著刘知幾的《史通》,至清代带有总结性的史学批评著作章学诚的《文史通义》问世,中国史学的发展总是伴随着史学批评,重视史学批评可视为中国史学的一种传统。

在西方史学史中,史学批评也不鲜见。希罗多德的《历史》之引言可为发蒙,但其开端者还是修昔底德,其史学批评差不多全是针对他的前辈希罗多德的,并由此确立了“批判史学的奠基者”②的地位。在罗马统治时期,希腊人卢奇安的《论撰史》,可视为西方史学史上第一篇史学批评的专文,其学术意义非凡。西方中世纪史学为基督教神学所桎梏,史学失去了活力。近代文明的曙光唤醒了史学,也激活了史学批评,带有史学批评性质的著作不断问世,如首先对西方史学进行反省的法国史家让·波丹的《史学易知法》一书。不过近代史学批评还要等到兰克于1824年发表的《对近代史家的批判》才成规模的。至20世纪,在批判的(分析的)历史哲学的引领下,西方史学批评类著作纷出,成为现当代西方史学不断更新的内在动因。

在当今我国史学界,中国史学批评史已渐成气候,并有相关专著出版。与之相比,西方史学批评史则显得落后,相关的专文寥若晨星,遑论对它作出整体的考察了。因此,有理由说,西方史学批评史是西方史学园地中一块尚未被开垦的处女地,有志者在那里可以大有作为的。

2. 重视中西史学交流史

中国学界历来对中西文化交流史的研究比较重视,成果累累,但对中西史学文化交流史则关注不多,成果亦较少③。当下,积极倡导中西史学交流

① 瞿林东:《中国史学通论》,武汉大学出版社2006年版,第223页。
② H. E. Barnes, *A History of Historical Writing*, New York, 1963, p. 30.
③ 参见拙著:《超越时空的对话》,北京师范大学出版社2008年版,第334—337页。

史的研究，对于西方史学史的开拓与创新，颇具意义，它将为传统的西方史学史研究提供一个广阔的发展空间。

首先，中西史学交流史为史学史研究提供了一个新视角。传统的史学史研究，无论是中国史学史还是西方史学史，其中虽也包括辈出的史家、成林的名著、繁衍的学派、纷沓的思潮等，但却有一个明显的缺陷，那就是都局限于各自史学自身问题的研究，如研究希罗多德史学，只关注希罗多德的身世、他的传世之作《历史》、《历史》一书的史料来源、作者的史学思想等，而极少从另一个视角，即从接受史学[①]的角度予以关注，这是不全面的。笔者以为，史学史的研究，既包括对历史学家（或历史学派）及其思想的研究，也包括对历史学家（或历史学派）及其思想向外界传播，为读者所接受的过程的研究。从接受史学的角度而言，一位史家、一部名著、一种史学流派、一股史学思潮等，何时传入他处（国或地区），通过何种途径传播，输出后在输入地又引起了怎样的回响（如输入国介绍与研究异域史学的情况等），都应当引起关注，都应当从输入地的接受环境与读者的“期待视野”（horizon of expectations）中找到解释。这正是中外史学交流史研究的题中之义。如前所述希罗多德史学，倘不仅从其史学自身探幽，还从接受史学的角度索微，考察其史学何时东传、东传之途径、东传中国后的回应及其影响，那么我们研究得出的希罗多德史学便会比较完整、比较深入。反之亦然，如司马迁史学，不仅要研究它本身，而且也要研究它的外传及其在异域所产生的影响。研究外国的兰克史学是这样，研究中国的乾嘉史学亦复如是。

其次，中西史学交流史扩充与丰富了史学史研究的内容，值得我们去认真发掘。中外（西）史学交流的源流可以追溯到古代，如佛教之东传，佛教教义与史籍在中土的传播，及其对中国古代史学的影响[②]；如古代中国史学之外传，其史学著作（如《史记》）对当时东亚周边国家（如日本、朝鲜）史学发展

---

① 关于“接受史学”，据我所知是朱政惠在《从接受角度研究史学》（《社会科学》（沪）1986 年第 11 期）一文中的思想，此文后来分别两次入选作者文集《史心之旅——关于时代和史学的思考》（华东师范大学出版社 1996 年版）、《美国中国学史研究——海外中国学探索的理论与实践》（上海古籍出版社 2004 年版）。明确地出现“接受史学”，见诸后书的引言（第 3 页）中。朱政惠这一识见的提出，迄今已近 20 余年，仍具价值。学术研究不是从零开始的，总是在前人的成果尤其是有创见的地方继续起步，于是薪尽火传，方显学术研究的生命力。因此，学术研究中应该关注和尊重前人的研究成果，并应作必要的说明。

② 这里可略举一例，如曹刚华的《宋代佛教史籍研究》（华东师范大学出版社 2006 年版），便是这类题材的最新作品。

的影响；如近代传教士来华，从晚明耶稣会士罗明圣、利玛窦到晚清基督教士马礼逊，“传教士汉学”对包括史家在内的中国学术文化的影响；如欧洲启蒙运动时代，那些理性主义史家（如伏尔泰）对中国文化的称颂，随之而来的古代的东方文化对他们史学的影响①，等等。不过，中外（西）史学的直接碰撞则是19世纪末以来的事。

20世纪以来，中外（西）史学交流揭开了新的一页。且看：20世纪伊始，借助东邻给我们带来了域外史学的最初信息，并由此引发了世纪初中国的新史学思潮；五四以来，在欧风美雨的浸润下，中国史学终于艰难地割断了传统史学的脐带，走上了史学现代化的新路；同时，马克思主义史学从俄苏输入，自此开始了中国马克思主义史学曲折发展的历史行程；30年代前后，西方史学竞相东传，且迅速与思潮纷繁的中国史坛交接，一时高潮迭起，流派丛生，诸家纷起，蔚为大观；这种高潮的余绪，一直延续至战火纷飞的40年代，外来史学与中国史学依然相互错杂，互有牵连；50年代开始了一次大规模的国外史学的引进，不过此次路标转换为苏联的马克思主义史学，新中国的“十七年史学”，恐怕很难不打上苏联的印记；“文革”来临，彻底关上了中外史学交流的大门；改革开放后，迎来新一轮西方史学的引进高潮，中国史学又一次与当代西方史学碰撞，带着“新”字号的各家各派的异域新说流行于学界，迄今未息……总之，在20世纪，由于域外主要是西方史学的不断东来，于是出现了中外史学思潮汇流、学派结盟、思想融通、方法交接等多姿多彩的史学景观。简言之，域外史学的输入，从总体上看，对促进中国历史学家开拓视野、深化认识、更新观念、拓展方法，均具有不可低估的意义。在我看来，要回顾与总结20世纪的中国史学，是绕不开中西史学交流的。

最后，中西史学交流史将成为史学史学科发展的一个新的增长点。之所以这样说，不仅因为中西史学交流史的研究突破了传统史学史只关注史学自身发展的单一格局，也不仅因为它拓宽了史学史研究的内容，更在于它在史学史学科建设发展进程中的意义。回顾中国史学史之史，晚年梁启超首倡中国史学应该“独立做史”并设计了“做”史学史的四部曲，包括史官、史家、史学的成立及发展、史学的趋势。此后，按梁氏模式写作者纷出，其中20世纪40年代出版的金毓黻的《中国史学史》饮誉史坛20年之久，对后世中外（西）史学的编纂甚有影响，后继者众多，在中国新时期更是不乏其人，

① 参见拙文：《略论伏尔泰的史学家地位》，《历史研究》1982年第5期。

直至最近问世的瞿林东新著《中国史学史纲》。诸书多所革新又各具特色，但大体看来，一般都未包括中外(西)史学交流史。如今，我们必须要突破从梁启超以来设计的史学史的框架结构，如朱维铮所指出的，假如坚持从历史本身说明历史，那么史学史的结构，可以析作交叉重叠的三个系统：一是历史编纂学史，一是历史观念史，一是中外史学的交流和比较。他认为："如果把中外史学的交流和比较，看作支撑史学史总体结构的鼎足之一，而这一足仍然有待铸造，应该说是有理由的。"的确，中外(西)史学交流史尚无先著，"有待铸造"，但我们有理由这样认为，正在"铸造"的中外史学交流史，可作为史学史学科发展的一个新的增长点，这对于中国史学史和西方史学史的研究具有同等的意义。

3. *重视马克思主义史学史*

如果说在当今中国学界对中西史学交流史的研究不多的话，那么对马克思主义史学史的关注则更少了。须知，重视马克思主义史学史的研究，其意义与前述两点(第6、7两点)同样重要。因此，为了开拓与创新中国的西方史学史研究，我们应当重视与加强马克思主义史学史的研究。

我们在前面已经说到，马克思主义史学从诞生迄今已经历了整整160余年的历史了。其间，关于它的起源与繁衍、传播与变异、危机与前景，不知引来了昔贤与时彦的多少论争。在漫长的世界史学发展史上，这160余年的历史，可谓是弹指一挥间，但毋庸置疑地为我们留下了令人难忘的、凝重的历史篇章。

这是一笔精神财富，一笔可供后人批判继承的史学遗产。不过，迄今为止，我们还没有一本哪怕是极其简易的马克思主义史学史，而在西方史学史的教学中，马克思主义史学也作为各个时段的西方史学发展的"陪衬"而被冷落。

马克思主义史学史所包含的重大学科价值和现实意义与我国当代学界研究现状的滞后性，形成了巨大的反差，这是令人深思的。在当下提出进一步加强马克思主义史学史的研究是必要的、适时的。不过，笔者这里所说的马克思主义史学史是指在世界范围内，从欧洲产生、扩及欧美、传播东方、延及当代的兴起、变化与发展的曲折过程，亦即从总体上对这160余年马克思主义史学史的归纳与总结，而非国别或区域的研究。

重视马克思主义史学的研究，也是进一步开创中国马克思主义史学建设工作的需要。

开创中国的马克思主义史学的建设工作，需要借助历史的智慧，借鉴域外的经验，而这正是马克思主义史学史研究的题中之义。前面已经提到过，马克思主义史学这160年来的发展史，大体上可以分为以下几个大的发展阶段：马克思主义史学的诞生（19世纪40年代）、最初实践及早期传播（19世纪40年代至20世纪初）；马克思主义史学在世界各地的广泛传播，尤其是它在社会主义国家的传播及其曲折发展（20世纪初至90年代初）；马克思主义史学的当代发展（二战后至今）。最后这个阶段主要说的是西方马克思主义史学在二战后的勃兴，它与前一时期社会主义国家的马克思主义史学在时段上有一些重合。不管怎样，正当一些社会主义国家的马克思主义史学兴衰沉浮之际，西方马克思主义史学20世纪50年代之后却在一些发达的资本主义国家（如英、法等国）得到相当的发展。

总之，我们的确需要继承前辈遗产，吸取历史教训，摄纳当代成果，从马克思主义史学自身的发展历程中获取一切有益的和有价值的东西。

重视马克思主义史学的研究，是进一步开拓中国的史学史研究工作的需要。

这里有两层意思。首先要说的是，马克思主义史学自产生以后的各个发展时段中与西方史学的关联，这里的关联指的是研究事物之间的联系（内在的与外在的），说的是马克思主义史学与西方史学（即西方资产阶级史学）之间的相互影响与相互交流，从而在西方史学史的教学与研究工作中充实这方面的内容。对此，已在专章作过讨论，这里再说一点马克思主义史学与西方社会、文化之关联。

众所周知，马克思主义学说原本就是西方社会与文化语境下的产物，又与西方社会与文化遗产有着难以割舍的思想联系。从史学史的发展角度而言，马克思主义史学也是如此。马克思之所以能够在19世纪40年代创立唯物史观，引发了一次巨大的史学革命，当然不是凭空产生的。从一个方面来说，这也是批判继承了西方的史学遗产，尤其是近世以来西方资产阶级史学遗产的结果；从另一方面说，马克思主义史学在19世纪诞生，也有其史学发展的自身条件。自文艺复兴以降的西方近代资产阶级史学，经人文主义史家的最初实践、18世纪理性主义史学的洗礼，迄至19世纪的兰克史学大盛，以至于19世纪被历史学家称为“历史学的世纪”。马克思主义史学在此时的出现，是近世以来西方史学发展的内在结果；反过来，19世纪产生的马克思主义史学又为西方“历史学的世纪”增辉。

马克思主义史学源自西方社会与文化传统，要确切地理解它的真谛，只有把它放到西方社会及其文化传统中，唯其如此，也才能比较正确地认识到马克思主义史学与西方资产阶级史学的学术传承和批判继承的关系。因此，马克思主义史学和西方其他史学派别或史家应当有共同的史学属性。这也是现当代马克思主义史学与西方新史学进行对话与交流融通的内在基础。

据此，重视马克思主义史学在西方史学史上的地位，拓展领域，扩充内容，这在西方史学史的教学与研究工作中不仅是必须的而且也是可行的。

这里要说的另一层意思，也是更为重要的一点是，马克思主义史学一经“横空出世”就以其特有的“史学品格”①卓立于西方史学之林，并向外辐射出它强韧的生命力，彰显其“特殊属性”。因此，就这一方面而言，马克思主义史学发展史又不全是西方史学史所能囊括得了的，它应当另设篇章。

重视马克思主义史学史的研究，更是中国的西方史学史教学与研究工作者的需要。

就笔者所知，当今中国高等院校相关系科（如历史学系）的史学史课程，一般来说是中国史学史与西方史学史“平分天下”，马克思主义史学史并没有单独设课。笔者在西方史学史的教学中，通常是把马克思主义史学插入西方史学史的有关章节中予以介绍，但这样做，实际上使之成为西方史学史的一种陪衬或点缀，无法体现马克思主义史学史的学科内涵。诚然，就其学科性质而言，中国史学史、西方史学史与马克思主义史学史都归属于史学史，都是史学史的一个分支学科；但这三者又各有其自身的研究对象，笔者认为，在史学史领域，这三个分支学科应是三分天下，各得一方。不仅如此，鉴于马克思主义史学史的研究，不仅有助于我们更好地了解马克思主义史学的来龙去脉及其发展趋势，而且有助于我们更好地掌握马克思主义的世界观与方法论，更好地认识马克思主义唯物史观的真谛，所以，其学科价值与现实意义均不可小视。当然，在这里并没有丝毫贬损另两门史学史课程

---

① 不论是马克思主义史学的创始人（马克思和恩格斯），还是最早的一批马克思主义历史学家（如弗兰茨·梅林等人），他们的史学研究成果，不是纯学术的书斋式的产物，而是紧密关注现实和时代的需要，简言之，它们都是实践的产物，实践是马克思主义史学的基本特点和“品格”。在实践中，逐渐造就了马克思主义史学的开放、求真、经世、批判等“品格”，显示了马克思主义史学又颇不同于其他史学派别（如西方资产阶级史学）的特色。只要读一读马克思的历史名著《路易·波拿巴的雾月十八日》、梅林的《德国社会民主党史》（三联书店 1966 年版），就可略见一斑了。

的价值与学科意义之意，而是旨在说明，应当改变现状，不论是在西方史学史中拓宽马克思主义史学史的内容，还是让它单独成篇（或设课），都应当重视与加强对它的研究。

此外，随着马克思主义史学史研究的深入开展，也会推动中国史学史与西方史学史研究的深化。如此说来，上述所说的史学史这三门既共同（学科性质相类）又相异（研究对象有别）的学科的发展，可以互相学习，取长补短，共同提高。

4. 呼唤建立中国的西方史学研究学派

2000年4月，中国的世界史研究者在北京大学召开的“20世纪中国的世界史研究”学术讨论会上，明确地发出了创建世界史研究的“中国学派”的声音①；2008年又就“建设具有中国特色的世界史体系”聚会，各抒己见，并取得了共识，那就是，要建设具有中国特色的世界史体系，一定要破除“西方中心论”（“欧洲中心论”），走我们自己的路②。专治西方史学研究的学者说得更明白：立足中国，面向世界，了解西方史学发展之态势，走具有中国特色的史学发展之途③。这或许是创建“中国学派”或建立具有“中国特色的世界史体系”的“理论前提和实践路径”④。

论者认为，中国学者研究马克思主义的首要任务是“中国化”的问题，进言之，中国的马克思主义研究若与中国的问题和经验完全疏离并且毫无创新，那么它最终是免不了要成为无源之水、无本之木的⑤。换言之，马克思主义的理论“放之四海而皆准”，那是说它的基本原理或基本准则，但把它用到各个不同的民族、不同的国家，就应该体现出不同的特点。对我们而言，这一过程就是“中国化”的过程。

上述这一原理，用之于西方史学史研究亦然。我们要建立具有中国特色的西方史学研究学派，需要把西方史学的研究与中国历史学研究的实践

① 参见《加强学科建设 创建中国学派——“20世纪中国的世界史研究”学术讨论会综述》，《历史教学》2000年第6期。

② 参见《历史研究》2008年第2期。

③ 《了解当代西方史学趋势，坚持走自己的路——陈启能先生访谈录》，《历史教学问题》2005年第3期。

④ 参见任东坡：《“欧洲中心论”与世界史研究——兼论世界史研究的“中国学派”问题》，《史学理论研究》2006年第1期。该文所论建立世界史研究的“中国学派”与批判“欧洲中心论”之关系，颇具新意，很可一看。

⑤ 见《社会科学报》2005年9月22日“紧锣密鼓打造健康的学术共同体”一组笔谈中的吴晓明所言。

(或说“中国的问题和经验”)结合起来,这是一个富有创造性的工作。总之,呼唤建立中国的西方史学研究学派,不仅与我们的西方史学开拓与创新的建设路径有关联,而且体现了中国史学对国际史学的贡献,因为“中国史学的世界性出现,其价值将弘扬于世界”①。这也正应了那句“越是民族的,就越是世界的”的名言。

当然,在强势的西方文化和话语霸权面前,建立中国的西方史学研究学派是一项长期而艰巨的任务,绝不可能是一蹴而就的。对此,我们应当拥有足够的心理准备,并准备为之付出锲而不舍的努力。

5. 必须坚持正确的理论指导

为了开拓与创新中国的西方史学研究,特别是在建立中国的西方史学研究学派的过程中,必须坚持正确的理论指导,这个理论指导就是唯物史观(马克思主义的唯物主义历史观),一种科学的历史观。唯其如此,才能更好地把握西方史学发展的全过程,对西方史学的发展规律及其未来走向作出深入的分析;才能更好地吸收与借鉴西方史学,逐渐克服这一学科领域内习见的对西方史学采取的一概排斥或盲目崇拜的倾向,逐渐奠立中国历史学家的主体意识;也只有这样,才能走对西方史学开拓与创新的建设路径,建立具有中国特色的西方史学研究学派。需要指出的一点是,这里所说的马克思主义唯物史观是起指导(或指引)的作用,绝非替代,更与那种僵化了的、落后的、停滞不前的东西不可同日而语。

这里就唯物史观的问题,略说一二。

唯物史观是马克思的一个伟大发现,正如恩格斯《在马克思墓前的讲话》中所精辟地揭示的:“正像达尔文发现有机界的发展规律一样,马克思发现了人类历史的发展规律,即历来为繁茂芜杂的意识形态所掩盖着的一个事实:人们首先必须吃、喝、住、穿,然后才能从事政治、科学、艺术、宗教等等;所以,直接的物质的生活资料的生产,因而一个民族或一个时代的一定的经济发展阶段,便构成为基础,人们的国家制度、法的观点、艺术以至宗教观念,就是从这个基础上发展起来的,因而,也必须由这个基础来解释,而不是像过去那样做得相反。”②自此,由于马克思的先行,像混沌初开,引领人们冲破世界的逼仄与桎梏,指引人们拨开陈腐与偏见的阴霾,终于开创了世

① 杜维运:《变动世界中的史学》,北京大学出版社 2006 年版,第 40 页。
② 《马克思恩格斯选集》第三卷,人民出版社 1972 年版,第 574 页。

界史学史上的新纪元。

纵观唯物史观的形成和它的发展史，从史学史学科的角度而言，似乎具有以下三个特性：

一是唯物史观的历时性。马克思所创立的唯物史观，同其他一切事物一样，也是历史的产物。一方面，马克思的唯物史观诞生于19世纪中叶，既是当时社会生产力高度发展，尤其是科学技术在19世纪全面进步的时代反映；又是其时无产阶级力量壮大，并作为一支独立的政治力量的迫切需要，因而唯物史观的出现应是水到渠成、应运而生的。另一方面，这也是马克思（当然还有恩格斯）批判继承了西方史学遗产（主要是近世以来的西方资产阶级历史学家的历史观）的结果。唯物史观既然是历史的，我们就应以唯物史观的态度来对待唯物史观。

二是唯物史观的发展性。唯物史观是19世纪世界历史发展的产物，它既然在历史中形成，自然也会随着历史的发展而发展变化，不可能是一成不变的，因而我们不应拘泥于马克思主义经典作家的只言片语，或墨守他们的个别结论。在20世纪中国马克思主义史学发展史上，无论是正本清源也好，还是回到原典也罢，其实质都是为在发展中求变，在变中得到发展，发展变化，这是马克思主义唯物史观的生命力所在。

三是唯物史观的恒定性。我们常说唯物史观是长青的，这就是说它的恒定性。这种恒定性，不是指马克思主义经典作家的个别结论，更不是他们的片语只言，而是指唯物史观的核心理念（或基本原理）。唯物史观的个别论点可作完善与修正，但它的核心理念却是万古长青的，即我们通常所说的"万变不离其宗"，对此，我们应笃信不疑。至于这个核心理念是什么，学界见仁见智，自可进一步探讨，笔者以为，简言之，就是前引恩格斯所指出的"马克思发现了人类历史的发展规律"，也正因为此，它就区别于一切形形色色的唯心史观。

总之，在历史研究中，我们所说的要坚持唯物史观，指的是要维护它的核心理念不动摇；我们所说的要正确对待，指的是不能把唯物史观当做万古不变的教条到处搬用，随意贴标签，而应当如前所说的，以唯物史观的态度对待唯物史观，并用发展的眼光看待它。

我们说在历史研究中要始终坚持唯物史观的指导地位，其中当然也包括对西方史学的研究。实践证明，中国新时期以来西方史学研究的大发展，或研究史学变革、史学思潮、史学流派，或研究新领域、新方法、新问题，都与坚持唯物史观的指导地位息息相关；反过来，这一研究领域所取得的成就，又可印证和丰富唯物史观。

这里请重温恩格斯的如下一段话：

> 对德国的许多青年著作家来说，"唯物主义"这个词大体上只是一个套语，他们把这个套语当作标签贴到各种事物上去，再不作进一步的研究，就是说，他们一把这个标签贴上去，就以为问题已经解决了。但是我们的历史观首先是进行研究工作的指南，并不是按照黑格尔学派的方式构造体系的诀窍。必须重新研究全部历史，必须详细研究各种社会形态存在的条件，然后设法从这些条件中找出相应的政治、私法、美学、哲学、宗教等等的观点。①

恩格斯在120多年前的一段话，至今读来，仍然是那样切中时弊和发人深省。恩格斯晚年对德国学界理论兴趣的淡化深为不安，而这种对理论研究的淡化特别是对唯物史观的淡化在当今中国学界也在滋长，这是不利于历史学研究的发展的。笔者赞同这样的看法："中国的马克思主义史学应该在这样一种多元格局当中体现出主流学派的作用，否则，中国的史学发展就会面临许多新问题，就难以形成历史科学的宏大气象。"②是的，只有多元并存，相互兼容，互补反馈，方能产生一种宏大的史学气象，开辟出中国历史科学的新天地。

---

① 《马克思恩格斯选集》第4卷，人民出版社1995年版，第691—692页。

② 瞿林东：《中国史学通论》，武汉出版社2006年版，第262页。

第八章　超越时空的对话

“超越时空的对话”，最初是笔者应台湾学界同仁约请写的一篇“命题作文”，后又在1996年发表了经修订的大陆版[①]，2008年笔者在北京师范大学出版社推出的一本书[②]也沿用了这个名字。

如今，距这篇文章的最初问世，十多年过去了，但“超越时空的对话”这个旋律却一直在笔者脑海中盘旋，不是吗？“兵临城下”，面对域外文化的强势东来，国人或介绍，或评述，或质疑，或批评，总之，所作出的种种思考，不就是中华文化同异质文化相逢相知的“对话”吗？这种“对话”的性质，姑且称之为“超越时空的对话”，借以表达本章的“关键词语”：中国史学、中国史学走向世界、中国历史学家的责任。唯有在这种“超越时空的对话”中，方能推进中国的学术，推进历史学特别是中国的西方史学研究不断前行。

一、“他者”：源远流长的中国史学

学习西方史学，倘不了解一点中国史学，终究难以深入，反之亦然。正如当今从事中西史学比较研究的海外名家杜维运所言：“撰写西方史学史，兼及中国史学，撰写中国史学史，目光及于西方史学，则世界史学，将缘之诞生。”[③]因此，从西方史学的立场对源远流长的中国史学作一点蜻蜓点水式的叙述，不仅有其必要，而且另具深意。

我们且从西方学者巴赫金的一段论述说起：

---

① 载《天津社会科学》1996年第3期。

② 见北京师范大学出版社推出的“当代中国史学家文库”，2008年版。

③ 杜维运：《变动世界中的史学》，第53页。

> 一种异质文化除非凭借它对另一种文化的观察，便不能揭示其实质和奥秘……一种意义由于它与另一异质意义相逢相融而显示其深刻含义。这是因为，单一的意义和单一的文化有着内在的封闭性和片面性，二者之间会形成某种类似对话的过程……
>
> 两种文化相遇的对话并不导致二者相融或者相混。它们保持着自己的统一并维持一种开放的总体性；然而它们得以互相充实。①

上述这段话，包含了下面几层很深刻的意思：单一文化有着内在的片面性和封闭性；因此，为了揭示某种文化的实质和奥秘，需要借助它对另一种异质文化的观察；两种异质文化相遇时的"对话"，可以互补且相互得益，而不会导致相混，换言之，即仍保持着各自的个性。以中西史学文化的相遇对话为例，亦可佐证。于是，我们期盼达到这样的境界："发展数千年的中西史学，是世界史学最大的遗产，两者各为史学建立了金碧辉煌的宫殿，两者互相比较以后，能自其上建立更辉煌的史学宫殿。"②不管是19世纪末开始的中西史学的"直接对话"还是这之前的"间接对话"，总之，研究这种"超越时空的对话"，有助于揭示对方史学文化的"实质和奥秘"，推进中西史学的前行和研究工作的深入。这种史学之间的互动与关联，我们在前面论述西方史学与马克思主义史学的关系时，也已简略地提到过了。

的确，中西史学构成了世界史学的最大遗产。关于中国史学遗产，瞿林东在其《中国史学通论》一开篇就这样写道：

> 中国史学，源远流长，博大精深，为世所罕见，亦为世所公认。它不仅在中华文化的发展中具有伟大的意义，而且在世界文化的发展中也具有重大的意义。③

瞿氏之言甚是。下面笔者从西方史学研究者的视角，约略展示中国史学的"源远流长"和"博大精深"。

---

① 〔苏〕米哈伊尔·M·巴赫金：《语言创造的美学》(1984年巴黎版)，转引自《对历史的理解》(《第欧根尼》中文精选版)，商务印书馆2007年版，第94页。

② 杜维运：《变动世界中的史学》，第44页。

③ 瞿林东：《中国史学通论》，武汉出版社2006年版，第1页。

关于中国史学史的分期，目前还没有一个统一的说法。下文暂以朝代更替划分为若干阶段——童年时代（先秦）、成长时代（秦汉）、发展时代（魏晋迄至宋元）、转型时代（明清），并稍作论说①。

（1）中国史学的童年时代

举凡世界各国史学，都可以从远古的神话传说说起。西方史学可以溯源到史前时代的古希腊神话与《荷马史诗》，中国史学的源头也可以追溯到远古时代的传说，比如从《山海经》等文献中，可以窥探古史踪影，从而成为历史研究者探索与揭示人类社会原始先民最初活动的重要资料。从殷商的甲骨文到西周的金文再到早期国史（各诸侯之史）的出现，中国史学告别了萌芽阶段，较为自觉的历史意识由此而生，这就说到了孔子和他所修的《春秋》。在中国文化史上，孔子是一个开风气之先的人物，如他既开创了私人讲学之风，又开创了私人撰史之风，他修《春秋》成了中国史学史上私人撰写的第一部著作。有论者甚至认为，孔子是中国史学之父，正如希罗多德是西方史学之父一样，又指出："孔子还提出了一套系统的史学理论，它在古代世界史学史上是无与伦比的。"②不管怎么说，由此可见尚在发端时期的中国史学也早有不俗的成就。

这一时期的上古世界，从远古至公元前3世纪左右，大体说来，中西方史学都处在萌发和兴起阶段。但令人惊叹的是，东西方史学在其初发时期都留下了较为丰硕的历史观和史学观方面的遗产，前者比如神人（天人）关系由神主宰人到人的主体地位确立的历史观等，后者如史学的垂训功能等。

（2）中国史学的成长时代

随着先秦的远去，中国历史学也告别了它的"童年时代"。从秦王朝一统天下到有汉一代（从公元前221年至公元220年），不仅在中国历史的发展中具有里程碑的意义，而且也造就了秦汉史学的高度成就，对此，瞿林东写道："作为通史巨著的《史记》的出现，和作为朝代史巨著的《汉书》的出现，把反映中华民族的历史面貌和反映皇朝历史面貌结合起来，形成了前所未有的史学规模。"③这充分显示了中国史学在"青年时代"的风采和恢宏

① 此处主要参据白寿彝主编的《中国史学史教本》（北京师范大学出版社2000年版）和瞿林东的《中国史学史纲》。

② 朱本源：《孔子史学观念的现代诠释》，《朱本源史学文集》，陕西师范大学出版社2005年版，第335页。

③ 瞿林东：《中国史学史纲》，第165页。

气象。

秦汉史学，尤其是司马迁的史学业绩，比如他的"究天人之际，通古今之变，成一家之言"的历史哲学意蕴和撰史旨趣，他所开创的被后世史家奉为正宗的纪传体通史体例，他那高远的史学思想等，前人评说夥矣，这里不容再说。但从中西史学的比较视域，说一点司马迁及其《史记》的世界性地位，似乎还有论述的空间。

从历时性考察，司马迁通过对古今历史的深刻思考，写出了中国史学上第一部纪传体通史《史记》，在中国史学史上具有划时代的意义，并由此奠定了他的中国"史学之父"的地位，这已不用多说了。从共时性考察，司马迁(公元前145或135—约公元前90年)生活在西汉王朝的盛世，此时西方的大史家，在他之前有西方"史学之父"希罗多德及其巨著《历史》、杰出的古希腊史学家修昔底德及其巨著《伯罗奔尼撒战争史》(两人均为公元前5世纪时人)；与司马迁同时代的有在西方史学上被称为"史家之史家"的波里比阿(约公元前201—前120年)；较司马迁略晚，在罗马统治的希腊语地区有普鲁塔克(约公元46—120年)及其用传记体形式写作的《希腊罗马名人传》，在拉丁语地区有李维(公元前59—公元17年)及其"罗马国史"巨著《建城以来史》、塔西佗(约公元55—120年)及其《编年史》等。倘把司马迁与前述西方古典史家的代表人物加以比较，我们可以发现，罗马统治时期的三史家均无法与他相比，即便是希罗多德，看来也多是外表的"形似"，亦即只有"局部的相似性"而存在着"整体的差异性"①。客观地说，司马迁在史学上的通识水平，也许只有与其同时代的西方史家波里比阿或这之前的修昔底德可与之比肩，因此，正如齐思和所指出的：

> 司马迁的伟大历史著作《史记》，不但是中国人民的宝贵文化遗产，而且是具有世界意义的历史学上的伟大成就。②

总之，我们称司马迁是"全世界古代最伟大的历史家之一"③，当是毫无愧言的。

---

① 参见朱维铮：《史学史三题》，《复旦学报》2004年3期。

②③ 齐思和：《〈史记〉产生的历史条件和它在世界史学上的地位》，《光明日报》1956年1月19日。

其实，在公元前1世纪至公元1世纪，古代中国的史坛上，司马迁并不寂寞，且不说续其《史记》者不乏其人[①]，更有班固及其巨著《汉书》的问世，成就了中国史学史上的新篇章。班固的"断代为史"，不仅满足了社会思想前进的要求，同时，他发扬了司马迁在构建史学体系上的创造精神，解决了历史编纂上的困难课题，开创了纪传体史书的新格局[②]。正是由于班固的史学贡献，中国史学上的"正史"格局由此奠立，"自尔迄今，无改斯道"[③]。如果从中西史学比较的角度，班固与古罗马最伟大的历史学家塔西佗是可以相提并论的，此处聊备一说。

总之，司马迁和班固在史学上所作出的贡献、为后人所开辟的道路，铸就了中国史学史上两座不朽的丰碑，在古代东方（中国）的星空上，成为耀眼的"双子星座"，并与古代西方世界上空的那几颗明星交相辉映，而毫不逊色。

（3）中国史学的发展时代

自魏晋迄至宋元，即从公元220年至1368年这一千多年的编年史，在西方，先是经历罗马帝国公元3世纪危机，继而步入后期帝国的风雨飘摇和最后覆亡，终于在公元5世纪走入中世纪，又经八百年之久，迄于14世纪初的文艺复兴运动在意大利发端。从历史发展进程来看，其时西方社会发展相对迟缓；就史学发展而言，在中世纪基督教神学史观的桎梏下，其时西方史学也相对落后，与熠熠生辉的古代史学不可同日而语，也难与同时期的东方（中国）史学相颉颃。

自魏晋迄至宋元，是中国古代社会不断发展的历史时期，中国史学也呈现出不断进步、色彩斑斓和多途发展的时代风貌，这一阶段当是"中国史学的黄金时期"[④]。

人们之所以把这一时期的中国史学称之为"黄金时期"，是因为其时史风大盛，史家辈出，史书如林。具体而言，其时史学已成蔚然大国，尤其是刘知幾具有里程碑意义的《史通》的问世，更彰显中国古代史学理论的高度成就，标志着中国史学进入到一个更高的自觉阶段；而唐时修史机构

---

① 参见瞿林东：《中国史学史纲》，第199页。

② 白寿彝主编：《中国史学史教本》，第74页。

③ 刘知幾：《史通·六家》。

④ 杜维运语，见《变动世界中的史学》，第42页。杜氏这一赞语指的时段"自魏晋迄于唐宋"，但元代史学呈现出来的丰赡的民族内容等特点，仍可视为"中国史学的黄金时期"光辉之延续。

史馆的正式设立，更为其后修史工作的绵延不断提供了制度上和组织上的保证；其时，史书无论在数量上还是在种类上都显示出繁茂之势，除历代皇朝史编修的延续不断外，其他如地方史、民族史、域外史、家史、谱牒、历史笔记等都有丰硕的成果，史学领域焕发出不断开拓、撰述多样的勃勃生机；其时，通史体例的发展达到了新的高度，不仅出现了唐时杜佑的中国史学上第一部典章制度通史，更出现了宋时由司马光主修的编年体通史巨著《资治通鉴》以及郑樵的纪传体通史之作《通志》，及后继者元朝人马端临的《文献通考》，自此编年、纪传和典制这三种体裁的史书都有了自己的通史。

（4）中国史学的转型时代

转型，意味着事物无序与有序的重组、传统与革新的博弈，意味着事物由此及彼的变化、曲折迤逦的发展，所谓"史学转型"也大体如此。从宽泛的意义上而言，中国史学自明代以后，史学盛衰相乘，嬗变不已。从明初至鸦片战争前，可称之为中国史学转型的前期。在这一阶段，不仅中国古代社会的发展呈现出衰老的景象，中国古代史学也经历了明初至嘉靖年间的平庸、明末清初的思想活跃与大师纷出、清前期"乾嘉学派"的辉煌，从而走完了它最后的行程。论者指出，"一方面是因循保守气息的充斥，另一方面是反映抗议精神的优秀作品不断地问世"①，反映了新与旧杂糅的转型时代史学的特征。但从总的来看，这一阶段的中国史学放慢了脚步。有论者说，宋元之后的中国文化，渐呈颓势，"至有明一代，中国封建文化更显现出典型的沉暮品格"②，反映在史学上也是这样，倘比照同时期快速发展的西方史学则更是如此了。西方自文艺复兴经启蒙运动至19世纪，史学由复兴而繁荣并进入鼎盛时期，因而，"陷于停顿的中国史学，又如何与之争奇斗妍？"③

自鸦片战争至五四运动前，可称之为中国史学转型的后期。其时，时代剧变，民族危机深重，反映时代变革与救亡图强的爱国主义史学思潮大盛，史界也随之诞生了和着时代脉搏跳动的新著新说；但另一方面，由于传统史学的盘根错节与深厚基础，还在延续着自己的生命。关于这一转型时期史

① 白寿彝主编：《中国史学史教本》，第256页。
② 冯天瑜等：《中华文化史》，上海人民出版社1996年版，第759页。
③ 杜维运：《变动世界中的史学》，第42页。

学的主要成就和特征，瞿林东归纳说："关于鸦片战争史的撰述，关于边疆史地的考察和研究的撰述，关于外国史地研究和撰述，关于近代意识和世界意识之观念在历史著作中的反映，关于在近代进化论指导下对'新史学'的提倡等等，成为突出的史学现象。"①中国史学由此走上了新路，从而开启了 20 世纪史学发展的新篇章。

关于 20 世纪中国史学的发展历程，学界论述甚多，不再多说，在此特向读者推荐瞿林东的《中国史学：20 世纪的遗产与 21 世纪的前景(论纲)》②一文。

上述鸟瞰式的回顾，短短几千字，当然无法涵盖源远流长、博大精深的中国史学。我们通过这一简略的回眸，意在阐明这样一个浅显的道理：倘若说研究中国史学，西方史学是我们作为审视自我和构建自身思想体系的一个"他者"，用萨义德(Edward Said)的话来说，即是为对方提供一种"相对照的形象、观念、人性和经验"③，那么，研究西方史学亦应作如是观，唯其对作为"他者"的中国史学的发展进程有一个整体的把握，才能对西方史学的发展进程及其深入研究了然于胸。"知己知彼，百战不殆"，用于中西史学研究，也是这个道理。

二、中国史学如何走向世界

严格说来，提出中国史学走向世界的问题是在中国史学理论真正觉醒的 1983 年。1983 年，在中国史学研究的编年史上，具有重大的意义，正如有的学者所揭示的："1983 年是一个转变之年，是史学理论这一领域觉醒和建设的开端。"④是年，一系列学术会议的召开，通过论争，旨在逐步取得这样一个共识：历史学科应建立自己的理论和方法论，舍之，它便难以发展成一门独立的学科；不能以马克思主义的唯物史观的指导代替历史学自身所要建立的理论⑤。同年 5 月召开了全国哲学社会科学规划会议，强调加强

① 瞿林东：《中国史学史纲》，第 737 页。

② 载《北京师范大学学报》1996 年第 5 期。

③ 〔美〕爱德华·W·萨义德：《东方学》，王宇根译，三联书店 1999 年版，第 2 页。

④ 瞿林东、赵世瑜：《史学理论》，肖黎主编：《中国历史学四十年》，书目文献出版社 1989 年版，第 5 页。

⑤ 比如《世界历史》在 1983 年第 3 期发表评论员文章《让马克思主义史学理论之花迎风怒放》，该文认为："历史学科如果本身没有理论和方法论，那它就很难成为一门独立的学科。"

史学理论研究，并作出了定期召开全国性的史学理论研讨会的决定，为此给予了组织上的保证①。这是中国史学建设工作的重大突破，意义非凡，影响深远。

在中国史学研究编年史上，1983 年之所以具有非凡的意义，还在于中国史学走向世界的问题被庄重地提到了中国史学界的议事日程上。

1983 年，白寿彝在西部地区的一座学府给莘莘学子作学术报告，讲至最后，他高瞻远瞩地指出：

> 要建设有中国民族特点的马克思主义史学，要站在世界前列，不能一般化，真要拿出东西来。我们国家的历史最长，史学一向是最发达的，现在不应该落后，应该大步往前走。②

这一呼声，在近年召开的一些大型国际学术研讨会上（比如两年前在扬州召开的“走向世界的中国史学”国际学术研讨会），更是不绝于耳，反响强烈。是的，中国史学不应该落后，应该大步往前走，走向世界，在国际史坛上取得一席之地。然而，众所周知的事实却是，在历史上，中国虽然是个史学大国，史学最为发达，并拥有丰富的世界性的史学遗产，但在当今却没有取得世界性的地位，比如在每五年召开的国际历史科

① 自 1984 年开始，迄至 2007 年，共举行了十四届全国性的史学理论研讨会，推动了中国史学理论的研究，也推动了西方史学研究工作的深入开展。这十四届全国性的史学理论研讨会，其简略情况如下：第一届，1984 年举行，地点湖北武汉，主题是“历史与现实的关系”和“历史发展中的统一性和多样性问题”；第二届，1985 年举行，地点上海，主题是“历史研究与自然科学方法论”；第三届，1986 年举行，地点安徽歙县，主题是“史学方法论”；第四届，1987 年举行，地点四川温江，主题是“历史认识论”；第五届，1988 年举行，地点山东烟台，主题是“社会形态问题”；第六届，1990 年举行，地点福建厦门，主题是“四十年史学的理论回顾”；第七届，1991 年举行，地点湖北十堰，主题是“中外史学的比较和相互影响”；第八届，1993 年举行，地点广东江门，主题是“马克思主义史学理论今昔”；第九届，1995 年举行，地点云南昆明，主题是“东方社会历史发展的若干理论问题”；第十届，1997 年举行，地点海南海口，主题是“东方国家现代化发展的理论问题”；第十一届，2000 年举行，地点黑龙江哈尔滨，主题是“展望 21 世纪的历史学”；第十二届，2005 年举行，地点云南昆明，主题是“面向新世纪的史学理论研究”。第十三届，2006 年举行，地点是浙江杭州，主题是“中外马克思主义史学思想研究、全球化和全球史”；第十四届，2007 年举行，地点是福建厦门，主题是“中外马克思主义史学思想研究、中外史学研究中的前沿问题和重大理论问题”。

② 白寿彝：《关于建设有中国民族特点的马克思主义史学的几个问题——1983 年 4 月 6 日在陕西师范大学历史系的讲话》，氏著：《中国史学史论集》，中华书局 1999 年版，第 394—395 页。

学大会上①，中国历史学家所能发出的声音也太微弱了，这种巨大的落差令人深思。在当今国际史坛上，中国不能成为一个“缺席者”，这种紧迫感和责任感，当是中国历史学家的时代使命。

中国史学如何走向世界？这自然是一个“宏大话语”式的论题，需要汇聚各方仁人志士之识见。笔者由这个题目自然想到了法国年鉴学派，这一学派走向世界的经验值得我们借鉴。1919 年，年鉴学派的创始人吕西安·费弗尔和马克·布洛赫赴法国东北部边陲地区新建的斯特拉斯堡大学任教。10 年后他俩创办《年鉴》杂志，在创刊号的“发刊词”中，立意要“拥有自身所固有的精神与个性”，是为年鉴学派的创立。在 20 世纪 30 年代前后，即年鉴学派创立的初期，他们还只有默默无闻的几个人，遑论走向世界了。在西方传统史学的汪洋大海中，就像人们所形容的那样，只不过是一只“小小的玩具船”，然而它后来却成了改变世界史学发展方向的“航空母舰”。

继承传统，发扬光大，这是年鉴学派成功地走向世界的可贵经验。风靡当今国际史坛的年鉴学派的一些著名的史学理念，如总体史理论、长时段理论，以及重视精神状态史的研究等，稍加考察，就不难发觉它们都是深深扎根于法兰西的学术文化传统的，至少可以追溯到新史学的“近祖”伏尔泰那里。我们不是可以从布罗代尔的宏著《菲利普二世时代的地中海和地中海世界》中找到伏尔泰的名著《风俗论》、《路易十四时代》的深刻影响吗？这正如当代美国史学史家伊格尔斯所说：“它（年鉴学派）始终保持一种独特的法国现象。”②但在二战后年鉴学派却迅速地走出了国门，并迎来了辉煌时期，在国际史学界产生了与日俱增的世界性影响。

年鉴学派史学之走向世界，令人不胜歆羡。回顾 20 世纪以来的中国史坛，不管是以傅斯年为代表的中国的“兰克学派”，还是活跃于 40 年代前后

---

① 国际历史科学大会是全世界历史科学工作者组成的国际学术组织。它的特点：一是广泛性，目前已有 80 多个国家和史学研究机构加入；二是权威性，每 5 年召开的国际历史科学大会既是对以往史学研究成果的一次总结，也对世界历史科学的发展具有导向作用；三是综合性，它设立的历史学的分委员会涵盖了历史学的各个分支学科。1900 年，国际历史科学第一次大会在法国巴黎举行。以后，大体上每五年召开一次大会，迄今为止已举行了 21 届。1980 年在罗马尼亚布加勒斯特举行的第 15 届历史科学大会，中国以观察员的身份列席会议。1985 年中国史学会被正式接纳为国际历史学科委员会成员，并参加了 1985 年 8 月在联邦德国斯图加特举行的第 16 届国际历史科学大会，以后各届都组团参加。第 17 届国际历史科学大会 1990 年 8 月在西班牙马德里举行，第 18 届国际历史科学大会 1995 年 8 月在加拿大蒙特利尔举行，第 19 届国际历史科学大会 2000 年 8 月在挪威奥斯陆举行，第 20 届国际历史科学大会 2005 年 7 月在澳大利亚悉尼召开，第 21 届国际历史科学大会 2010 年 8 月在荷兰阿姆斯特丹举行。

② 伊格尔斯：《二十世纪的历史科学——国际背景评述》（续二），《史学理论研究》1995 年第 3 期。

的“战国策派”，乃至一时很显扬的中国马克思主义史学派，有哪一个学派可与法国年鉴学派相比，成为名副其实的世界性学派呢？这实在是很令人深思的。年鉴学派之成为世界性学派，启示我们：一个民族要想真正在世界文化之林中立足，应当在全球意识下发展体现本民族特色的新文化，越是发扬这种具有个性特点的民族新文化，就越能为多样性的世界文化作出贡献。对于一国史学与世界史学的关系，也应当作如是观。年鉴学派实现了它最初的史学旨趣，把“拥有自身所固有的精神与个性”发挥到极致，在这一点上，对时下要走向世界的中国史学和中国历史学家是很有借鉴意义的。

借鉴年鉴学派走向世界的经验，中国史学应当充分发扬本民族的史学特色，笔者以为，应注意以下几点：

其一，继承传统而又超越传统。

先贤梁启超曾云：“中国于各种学问中，惟史学为最发达；史学在世界各国中，惟中国为最发达。”[①]当然，在这宏富的传统史学遗产中，其中有一些已不适用于今日，但重要的是，其中蕴含着丰富的智慧、卓越的思想，这些智慧不会因时而亡，而那些卓越的思想也不会因时而废，值得我们史学工作者去认真地发掘。比如瞿林东近年来致力于发掘中国传统史学中的理论遗产（历史理论的、史学理论的），发觉它厚重丰硕，一改人们多年来对中国古代史学在认识上的偏见和困惑[②]。这种继承传统而又超越传统，不盲从习见而又刻意创新的例证是不胜枚举的。只要我们的史学工作者具有这样的信念，中国的传统史学不仅会面貌一新，而且这种创新的民族史学的个性特点，必将在国际史坛上产生影响。

笔者一直这样认为，中国史学之进步，需要借助内外两股力量的推动，这里所说的“外力”，即是要借助与吸纳域外的一切优秀的史学遗产；这里所说的“内力”，即是中国史学自身的优秀遗产。对于老祖宗的东西，墨守成规是没有出息的，当然更不能数典忘祖。在这一点上，我们还是要重提年鉴学派的经验。费弗尔和布洛赫创建年鉴学派时（1929—1945 年），在猛烈批判传统史学的同时，恰又批判继承并超越了这种传统，从而萌发出体现法国史学个性特色的总体史理念等富有创意的新见。年鉴学派以后的发展或转型，也都体现出这样的特征。为此，我们需要的也是继承传统而又超越传

① 梁启超：《中国历史研究法》，东方出版社 1996 年版，第 11 页。
② 参见瞿林东：《中国史学通论》，第 176—211 页。

统。继承传统是为了给史学发展以信心，超越传统是为了给个性创造以空间，舍此别无他途。

其二，正确对待域外史学，这里主要说的是西方史学。

毋庸置疑，西方史学对中国史学，尤其是现当代中国史学产生了重大的影响；同样毋庸置疑的是，中西史学自19世纪末以来的相互碰撞，也对中国史学走向世界的进程，产生了重大的影响。

回顾百年来中西史学交流史，中国历史学家应对西方史学，总体上而言，存在着两种倾向：或左或右；或一概排斥，或盲目信从。如在新中国成立后17年间相对封闭的年代里，对西方史学大加挞伐，这是对待西方史学的“左”的倾向；在20世纪西方史学引进的两次高潮中，在30年代萌生了“全盘西化”的思潮，在80年代也犯下了食洋不化的毛病，这是对待西方史学的“右”的倾向。事实证明，这一“左”一“右”，换言之，或一概排斥，或盲目信从，这两种倾向，形异而神似，其本质都是一样的，都是对马克思主义唯物史观的一种背离，也无益于中国史学走向世界。因此，为了中国史学更好地走向世界，应当正确对待西方史学，确立中国历史学家的主体意识，改变昔日那种或左或右的倾向。为此，笔者认为应该具备以下一些精神：

一曰“扬弃精神”。所谓“扬弃”，即我们通常所说的“取其精华，弃其糟粕”，即对外来文化（包括史学）进行合理的筛选。这使我们联想到农夫种田，他首要的事是不惜精力去精选良种。同样，我们在引进西方史学，尤其是大规模引进时，也要如同农夫种田一样去掉稗子，留下良种。在这里，有必要排除那种不健康的心态，即抛弃那种或傲慢的或妄自菲薄的心态，只有这样，中国史学走向世界才会走上一条“绿色通道”。

二曰“求真精神”。“扬弃”必须具有求真精神。“凡学都所以求真，而历史为尤然。”①李大钊是这样说的，也是这样贯彻的。他对西方史学遗产，既不一概斥之为荒谬，拒之于国门之外，也不是不加分析地盲目崇拜。对此可以读一下他于20世纪20年代初写的《史学思想史》等作品，重温一下先辈对于西方史学遗产的求真精神，其“弄清情况，具体介绍，分析批判，实事求是”的“十六字诀”，让我们领悟到中国历史学家的主体精神应该是怎样的。这对于我们今后正确对待西方史学、大步走向世界，不乏现实意义。

三曰“实践精神”。仅有“扬弃”而无“求真”之意，就有可能把一件好事

① 李大钊：《史学要论》，《李大钊文集》下册，人民出版社1984年版，第762页。

弄糟。有了“扬弃”与“求真”精神，而不去“实践”，那也可能一事无成。这也好比农夫种田，有了良种而不播撒，那怎么能开花结果？西方史学输入中国之成功与否，从某种意义上说，应该取决于中国历史学家的史学研究的实践，并在这一实践过程中检验西方史学理论与方法之优劣。优兴劣衰，适者生存，从而决定它们在中国的前途与命运。

就当下的中国史学而言，有一点还须在此补白。为了进一步开通中国史学走向世界的渠道，我们还应正确理解与吸纳当今西方学界各种流行的“话语”(discourse)和“范型”(paradigm)，比如轴心时代、核心与边缘、构建与颠覆、文本与解读等。一方面，我们当然不必为了赶时髦，生搬硬套这些译名、术语，刻意从中国本土史学中截取材料，削足适履，使史学研究变成一种新的“洋教条”，甚至弄成一副不中不西的样子。但另一方面，为了积极参与国际史学间的交流或对话，我们又须弄清概念的本义，吸取其有益的成分为我所用。不过，当今重要的是，应当突破用西方史学中的“话语”或“范型”来宰制中国史学，在史学研究工作中，应力求开拓与创新，走出我们自己的路子。比如令人困惑多年的中国历史分期问题，经过多年的争辩与研究后，终于觉察到不应套用西欧历史发展的“范型”，而应另谋新途。这并不容易，但正因为如此，才需要中国历史学家的共同努力，一如当年年鉴学派为了创立自己的史学特色，而不懈努力那样。总而言之，在这里，一概排斥或盲目信从都不可取，我们需要建立的是中国历史学家的主体意识。

其三，深入开展中外史学交流。

我们在前面说到，为了西方史学研究的开拓与创新，必须从学术层面积极倡导中外史学交流史的研究；在这里，为了当下中国史学大步走向世界，必须从现实层面创造条件、开拓途径，深入开展中外史学交流。

关于史学交流的途径，杜维运作过这样的归纳：

> 一为西方论史学的专书或专文的翻译，二为在大学讲堂上的讲述，三为通西方史学的中国史学家撰写专书或专文的介绍，四为西方学者来中国后的传布。[①]

① 杜维运：《西方史学输入中国考》，杜氏著：《与西方史家论中国史学》，台北东大图书有限公司1981年版，第328页附录二。

杜先生之论甚是，但只是从输入的视角立论，且语焉不详。这里从杜氏之言说开去，从史学交流双向的视角谈一下中外史学交流的各种途径，并对杜氏之论作一点补充。

(1) 译书之交流功能

译书在中外史学交流史上，具有首要的地位，不管是古代佛教经典的大量汉译，还是近世西方传教士可观的历史译著，抑或是20世纪30年代和80年代前后两次大规模的西文史学著作以及50年代俄文史学著作的中译。梁启超指出："当今中国欲为自强，第一策，当以译书为第一义。"梁氏之论于中国西学之引进并未过时，对中国史学走向世界也未过时。诚然，现时代交通便捷，信息传播迅速，但译书与中外史学交流的意义仍不可低估，周谷城在中国新时期开始时也着重指出："今天我们同世界的关系日益密切，著的史书固要增加，译的史书也始终不能排斥，也要随着需要而增加。"①的确，译书仍为当今加快中外史学交流工作之要事。世界文明发展史也证明，人类正是凭藉译书，可望建立一座通向"大同世界"的"巴别塔"——通天之塔。

交流是一种双向的文化劳作。必须指出的一点是，我们这里所说的译事，不仅指的是"外书中译"，而且也包括"中书外译"。请问中国古典史学如《史记》、《汉书》、《资治通鉴》等，有哪一部已全译成西方学术界可以流畅阅读的文本呢？即使有少数几种，也恐怕是"冰山一角"吧。因此，有人发出了"中国二十四史：尽快英译，推向世界"的呼吁②。重视中书外译，应成为当今中国史学走向世界所面临的一项迫切任务。

(2) 教学之交流功能

课堂教学传授的理论与知识，因其生动直观最易先入为主，为人乐于接受，乃至终生难忘。这里或许可以重提一下笔者个人的经历，以说明这一点。笔者清楚地记得耿师在1961年为复旦大学历史系学生(当时我为"大二")讲授《西方史学史》时的情景，体现耿师特色的话语，比如"史家类型"、"史家作风"、"钟摆现象"、"标本与模型"等，至今仍记忆犹新，并在我"不惑"之年后从事西方史学史教学与研究的工作中得到了"实践"与"发扬"。这种纵向的"交流"，不只是师生之情的对接，更是学术文脉的传承。薪尽火传，生生不息。

---

① 《周谷城史学论文选集》，人民出版社1983年版，第201页。

② 参见周一平：《中国二十四史：尽快英译，推向世界》，《探索与争鸣》2008年第12期。

此外，这种课堂教学通过口述的传播功能，不仅为现代新闻媒体学所研讨，也应是接受史学的题中之义，因为在这方面，接受者的“期待视野”在某种情况下获得了比其他传播途径更好的满足与回应，于是大学讲堂也就成了史学交流的一个重要的传播渠道。

（3）著述之交流功能

现代以来，在域外史学输入中国的过程中，中国历史学家的撰著对国人了解域外史学、促进中外史学的交流，起着重大的作用。以中国新时期而言，自1978年以来，中国历史学家所撰写的史学理论与史学史方面的专著、专文，其数量之多、范围之广，恐怕是昔日任何一个时段都难以望其项背的，其所起到的史学交流功能是可想而知的。反之亦然，即域外历史学家的撰著，特别是他们撰写的关于中国史学的著作（专著、专文等），对他国学界了解中国史学的贡献也不可小视，比如域外学人的“汉学研究”著作就是这样。倘若不然，中外史学交流也就少了一条渠道。

（4）讲学之交流功能

杜先生所说的第四点主要是域外学者来华讲学。确实，无论是大家早已熟知的杜威在20世纪20年代、苏联史家群体在50年代煊赫一时的中国讲学活动，还是20世纪70年代末以来，规模空前的域外学者的来华讲学，都为传播域外史学之新说提供了便捷的通道。现在的问题是中国学者应该走出去，“经风雨，见世面”，在强势的西方“话语霸权”面前，在相互交流与碰撞中，发出自己的声音。在这方面，我们的前辈作出了榜样，比如前面已经提到过的张芝联这样的“中西史学交流的使者”，穿梭东西，往返中外，在国际史坛上不时发出中国历史学家的声音，并由此让域外史家领略了中国史家之风范、中国学者之学识。但这在庞大的中国历史学家群体中，也只是凤毛麟角，“可惜这一曲‘广陵散’，今已成绝响，念之不胜怅然”①。如今，我们寄希望于年轻一代，他们远法先贤，近取同志，不囿陈说，摒弃俗流，其佼佼者已成长为英才俊彦，由他们去充当中外史学交流的使者，可望在中外史学交流中起到某种先锋与桥梁的作用。另外，中国台港澳地区与海外的华裔学者，在中外史学交流中有着独特的优势，更是一支重要的学术群体。

总之，“往来不穷谓之通”，眼下我们需要努力寻求沟通中外史学文化交流的多重途径，并进而开辟一条联结异域文明与中华文明的大道。这对于

① 参见王晴佳：《张芝联先生与中外史学交流》，《史学理论研究》2008年第4期。

正在走向世界的中国史学来说，震古烁今，意义重大，影响深远。

最后，还是回到年鉴学派上来。我们回顾法国年鉴学派走向世界的历程，是为了吸取这一学派的成功经验，努力发展与发扬本民族的史学及其特色，迅速提升自己的学术水平，从而进入与国际学术界对话的前沿，在强手林立的国际史学界拥有自己的位置。

而且当下中国史学走向世界，其社会大背景非常有利，这要比当时年鉴学派的处境还要好一些。改革开放以来，中国经济快速发展，综合国力极大增强，有力地提升了中国在世界政治舞台上的国际地位，将会同时有力地促进中国文化包括史学文化走向世界的进程。晚近以来，情况也确实在发生变化，比如，在西方学界由他们所推出的那些“顶级理论”中，中国不再是一个“想象的异邦”，而是日渐成了他们叙述体系中的一个组成部分；研究中国史和中国史学呈上升趋势；把中国史纳入世界史的宏观体系，逐渐成了一种新的学术趋向。

三、全球化时代与中国历史学家的历史使命

世事如烟，20 世纪已经离我们而去，人们进入了第三个千禧之年。回首逝去的世纪，人们惊讶地发现，这一个世纪人类社会所发生的巨大变革，无论在政治、经济还是在文化、社会生活等诸多方面都发生了翻天覆地的变化，其范围之广、速度之快、影响之深，可谓史无前例。

这的确是一个史无前例的大变革的时代。在 20 世纪人类历史发展的进程中，我们可以看到：革命风雷激荡，社会主义的“凯歌进行”及其后来的曲折发展；中国革命的成功，有中国特色社会主义发展模式的奠立；争取民族独立和解放斗争的烽火燃遍全球，旧殖民体系的土崩瓦解；第三世界发展中国家崛起，作为一支新兴力量登上了历史舞台；现代资本主义经济所带来的巨大发展和客观存在的严重困扰，发展与衰朽的双重趋势及其波浪式的发展；科学进步，发明创造，特别是现代化和新技术革命的浪潮造福于人类的同时，环境恶化、人口膨胀、贫困严重等灾难性后果不断萌生；各种社会思潮繁衍，各种价值观念流行，各种宗教信仰传播，形成了此消彼长与互争雄长的纷繁局面……在这巨幅历史画卷中，战争与和平交织，矛盾与妥协相伴，改革与发展重合，繁荣与腐朽兼存，历史的运动与运动的历史犹如一条奔腾的长河，永不停息。是的，展现在人们面前的现代世界，无疑是一个多

样化的世界。这是由历史发展的多样性、历史发展的不平衡性所决定的，它不以人的主观意志为转移。

然而，一味强调20世纪世界的不平衡性、多样性，而看不到它的统一性、普遍性的发展趋势，也是不对的。马克思和恩格斯在《德意志意识形态》中提出人类社会经历了“历史向世界历史的转变”①的重要论断，自15世纪、16世纪开始的人类社会从分散向整体发展的转变，有力地证明了马恩论断的正确性。我们可以发觉，自那时开始，人类社会经过400多年的行程，至20世纪，特别是二战后，世界历史进入了一个整体发展的新阶段。正如德国历史学家卡尔·雅斯贝尔斯所说：从此以后，“作为独一无二的总体的历史的世界史开始了……现在成为问题和任务的是总体性。它宣告了一场彻底的历史变革的开始。”②当今，世界以一种前所未有的形式和速度发展为一个整体，发展为一个互相依存、互相制约、趋同存异的统一性的世界，总体性的世界历史开始了它的新篇章。这既为历史学家提出了许多前所未有的新课题，也为历史学家开拓了史学研究的新天地。

毋庸置疑，当今世界的全球化浪潮③势不可挡，尤其是经济全球化。但是，全球化是不是就意味着全球“大一统”呢？从人类的发展趋势来看，这是必然的。然而，全球化并不意味着“雷同”，我们所谓的unity（“一致”），是多中有一，一中有多。就文化全球化而言，这一问题引起了不少争议。

在乐观主义者看来，它预示着一种新的“全球文化”的产生，这种文化使文化区域特征进一步混合，也意味着人们之间的语言和文化障碍的克服，巴别塔由此倒塌；而在悲观主义者看来，它的发展是西方结构的过度化，非但不能发生上述所说的“混合”，反而会导致发展中的文化边缘化，总之，在他

---

① 《马克思恩格斯选集》第1卷，第89页。

② 转引自〔美〕马丁·阿尔布劳：《全球时代》，高湘泽、冯玲译，商务印书馆2001年版，第117页。又见卡尔·雅斯贝尔斯：《历史的起源与目标》，魏楚雄，俞新天译，华夏出版社1989年版，第144—145页。

③ 直至20世纪90年代，“全球化”一词才在世界范围内快速传播开来，并成为世人耳熟能详的一个流行的时髦的词语，全球化浪潮由此席卷世界。关于全球化的定义，实在很难对它作出明晰的界定，就国内学界而言，大体有如下三种观点：(1)全球化就是人类生活的一体化过程，是超越地区尤其是民族国家主权的一种整体性发展趋势；(2)全球化就是资本主义化，是资本主义的一种新的形式或新的发展阶段；(3)全球化也就是西方化或者美国化。参见俞可平：《全球化研究的中国视角》，〔德〕赖纳·特茨拉夫主编：《全球化压力下的世界文化——来自各大洲的经验和反应》，吴志平等译，江西人民出版社2001年版，第94—95页。此外，在全球化的讨论中，它包含有4种不同的主题性意义，参见上书吴志平所撰“译者的话”，第2—3页。

们看来，全球化是一个文化侵略的过程①。中国学者对全球化亦有争议，这里引用如下一种解释："中国学者所说的文化全球化主要是指超越本土文化的文化认同和价值认同，或者说倡导一种所谓的'全球文化'。全球文化的产生意味着一种超越国界、超越社会制度和超越意识形态的普遍价值已经作为一种现实存在于世。"②此论多少有些理想主义的色彩。

事实上，在经济全球化蓬勃发展的今天，世界各民族、各地区的文化也在蓬勃发展，文化多元化是不争的事实，"超越"也好，"普世"也罢，从目前看来，似乎是离我们尚远的一个"幻影"。当我们在讨论文化全球化的时候，实在有必要对文化的各个子目（比如是在讨论流行歌曲还是在谈论新潮服饰，是在讨论文学还是在研究史学等）作出具体分析，并从宽泛的文化意义和复杂的理论架构中摆脱出来。所谓文化的无边界性云云，似乎也只是一厢情愿的事，可能是对全球化复杂进程的一种简单化的理解。须知，全球化过程本质上是一个内在地充满矛盾的过程：它含有一体化的趋势，又包含分裂化的倾向；既有单一化，又有多样化；既是集中化，又是分散化；既是国际化，又是本土化。"总之，全球化就是这样一个矛盾的统一体，是一个相辅相成的过程，是一个悖论。"③在这种复杂多变的时代，历史学家应当审时度势、高瞻远瞩、认清方向，而不能迷失自我。

综上所述，当今方兴未艾的全球化浪潮，使我们面临着巨大的挑战。正如当代英国社会学者所指出的："全球化向当代历史和理论提出的挑战，与为理解（作为理论和作为制度的）资本主义而做出的不懈努力一样具有根本意义。"④而另一方面，全球化这一当代历史发展的新潮流，也为我们提供了难得的发展机遇，包括史学文化在内。当下，中国历史学家当适时抓住这一发展的契机，志存高远，以其"德、学、才、识"⑤，创造出有中国特色的史学精品，为全人类文化尤为世界史学作出自己应有的贡献。

有道是，"欲知大道，必先为史。"⑥历史学家所承担的社会责任理应比其他社会成员所承担的责任（比如工人做工、农夫耕田等）更自觉、更沉重一

① 上述争议参见〔德〕赖纳·特茨拉夫主编：《全球化压力下的世界文化——来自个大洲的经验和反应》，第62—63页。

② 中国学者谭君久之见，转见俞可平：《全球化研究的中国视角》，同前书，第103页。

③ 俞可平：《全球化研究的中国视角》，同前书，第99页。

④ 马丁·阿尔布劳：《全球时代》，第140—141页。

⑤ 参见梁启超：《中国历史研究法补编》"史家的四长"这一章。

⑥ 龚自珍：《龚自珍全集·尊史》，上海古籍出版社1975年版。

些，这是由历史学家的工作性质以及史学的社会功能所决定的。当代德国历史学家克里斯蒂安·迈耶(Christian Meier)在说到历史学家的这种责任时说过：历史学家确实负有某种责任，以其史著为人们指出方向；历史学家们绝不是唯一承担这项任务的人，但他们大概能作出比其他任何人都不能如此容易地作出的贡献；历史学家的这种责任是一种对他的同时代人和后几代人的责任，对他们自己的时代及未来时代的责任。迈耶进一步指出：

> 他们(历史学家)应该意识到这一点。他们应该互相促进并强化这种责任。这种责任只能与他们所完成的学术成就有关，从而不仅增加学术成就的重要性，而且增加它的时效性。首先，现在迫切需要的是承担这种责任，因为再也不可能像从前那样行事了。①

诚然，历史学家不是万能的，但也绝不是无所作为的，因此历史学家的责任感，特别是，当历史学家把自己的工作(学术成就)与一个民族的宏图大业联系起来的时候，这种责任感的确立就不只是历史学家个人的事，因为历史学家所从事的职业不只是一般的职业，而是要与社会同呼吸，与国家民族共命运，由此，历史学家的角色意识与他所承担的社会责任获得了有机的联系和统一。

19世纪法国历史学家米什莱说："历史是民族的史诗。"确是这样，大到中华民族的伟大复兴，小到社会每个成员的各行各业，有哪一方能离开历史，离开历史教育②呢？笔者进而认为，历史是人类社会的北斗星，是人生之路的方向仪，历史教育应当成为提高一个民族素质的最基本的国民教育的内容。须知，一个遗忘历史的民族，它最终也将被历史所遗忘。

---

① 克里斯蒂安·迈耶：《学术成就和历史学家的责任》，《对历史的理解》(《第欧根尼》中文精选版)，第185页。

② 笔者上个世纪80年代发表的一篇文章中，在评论现代美国"新史学派"代表人物鲁滨逊的历史教育观时，论证了历史教育与培养人的智力的紧密联系，认为："历史教育可以培养人们分析问题与解决问题的能力，学会透过现象、洞察事物本质的能力，这就可以使人们以高屋建瓴之势观察事物，以赤诚纯朴之心敦风化俗，以振聋发聩之情敏于思考，对人的智力的提高是大有帮助的。"见《美国"新史学派"述评》，《世界历史》1984年第12期。

第九章　走进西方史学：引路导向的“阿莉阿德尼”之线

西方史学源自邈远的古希腊，从“荷马时代”到“后现代”，年代久远，其间史家辈出，史书成林，史学思潮与流派繁衍不绝，各种主义与理论方法层出不穷，历时性的变革与共时性的交杂并存，在这史学发展的长河中，其内容之宏富、头绪之纷繁、色彩之斑斓、变化之多端，真犹如一座“迷宫”那样绚丽多姿而又深不可测。上苍啊，请借给我们一条引路导向的“阿莉阿德尼之线”①，在这座“迷宫”里“寻金取宝”，不至于为它所惑而晕头转向。

个人以为，初学西方史学者或许可以从以下两方面入手，一是应当了解西方史学自古迄今最主要的历史学家及他们的主要著作；一是阅读有关西方史学最基本的入门书。这两者相辅相成，犹如飞鸟之有两翼才能展翅飞翔。上述这两个方面，就是本章前两节的内容，旨在为初学者“引路导向”。需要说明的一点是，这里的选择与取舍，见仁见智，没有定见，笔者所列，只是一说。本章第三节，是笔者从事西方史学史教学工作的个人心得，琐语杂陈，供读者参考。笔者以为，关在书斋里搞研究而脱离教学、疏远学生，未获教学相长之益者，其研究工作恐怕也是难以深入的。

一、史家辈出　史著如林——西方著名史家与史著掠影

走进西方史学，首先遇到的是林林总总的史家与史著，令人目不暇接，倘要从中选择最具代表性的名家名著，是颇具难度的，笔者在这里所选的“十八家”，是为“正编”，一般来说，可作为西方著名史家与史著的代表。笔者在筛选过程中，虽经再三斟酌，也往往顾此失彼，颇有遗珠之憾，“续编”之

---

① “阿莉阿德尼之线”的出典见本书第一章。

意，便在于稍稍弥补选择中的古今、地域和国别等方面的不平衡。读者倘若由此登堂入室，对某位史家或史著引发兴趣，从而去做更全面、更深入的求索，则将是笔者最大的愿望。

还需要说明几点：

第一，为了使这部分内容更容易被读者所接受，笔者特意从这些名家名著中，截取某个侧面，不求面面俱到，舍弃刻板单一，用较为活泼的随笔式的写法，管窥蠡测，捕捉“掠影”。在笔者看来，述史方式也不可一成不变，龙虫并雕，雅俗共赏，不必拘泥于一格。

第二，这里所选的西方史学名著，就其内容来看，多是历史学家对人类历史发展的客观进程所作出的叙述，至于历史学家对历史学自身所作出的思考，即我们通常所说的“史学理论”（或“历史哲学”）方面的作品（比如克罗齐、柯林武德等人）会在下节参考书目举要中出现。

第三，在选择名家名著时，为方便读者寻找与阅读，尽量考虑到它们的中译本及其在坊间的流传。

1. 正编

(1) 希罗多德与《历史》①

公元前 5 世纪，某日，奥林匹亚。

这是一个初夏的日子，晴空万里，气候炎热，不过从爱奥尼亚海不时吹来的阵阵海风，多少带来了一丝凉意，而下雨则是当地居民的无限期盼。

只见一座残丘土坡上，簇拥的人群，围着希罗多德，在听他高声朗读《历史》的片段：

> 没有一个人是十全十美的，他总是拥有某种东西却又缺少另一种东西。拥有最多的东西，把他们保持到临终的那一天，然后又安乐死去的人，只有那样的人，国王啊，我看才能给他加上幸福的头衔。②

听者无不为之动容，其中一位少年更是为希罗多德的传世之作所激奋，

① 本书有中译本，见王以铸译希罗多德《历史》，商务印书馆 1959 年初版。另有徐松岩译的新本。

② 希罗多德：《历史》，第 16 页。该书首卷第 29—33 页，记述希腊政治家梭伦与吕底亚王克洛索斯相见及对话的情景，这里所录一段即是梭伦对克洛索斯关于“怎样的人是最幸福的”回答。在希罗多德笔下，聪颖睿智的梭伦与鼠目寸光的吕底亚王克洛索斯栩栩如生，并形成了鲜明的对照，给人以深刻的印象。

涕泪满面而不能自制。希罗多德见状,对这位少年的父亲说:“你的儿子深受求知欲的感动。”

这部《历史》就是希罗多德百科全书式的历史著作,其内容宏富,奠定了西方史学的根基,也奠定了社会文化史的范型,希罗多德本人并被罗马人西塞罗称之为“史学之父”,这一桂冠一直传至今日。

(2) 修昔底德与《伯罗奔尼撒战争史》①

紧接上文,文中说到的那位少年,不是别人,正是古希腊历史学家的杰出代表修昔底德,作为晚辈,修昔底德并没有沿着希罗多德的脚印亦步亦趋,而是另辟蹊径,开创了为后世西方史学奉为正宗的政治军事史范型。

修昔底德原先在雅典城邦从政,公元前424年,他被雅典公民推选为炙手可热的十将军成员之一。但是,也正是在这一年,他的命运被完全改变了。

是年冬,斯巴达将领伯拉西达率两个远征军团,在色雷斯盟军的协助下,向雅典在色雷斯的重镇安菲波里斯发动进攻,危在旦夕之际,修昔底德奉命率七艘战船支援,但兵至城破。安菲波里斯之失陷,在于守将攸克里的过失,其责不在修昔底德。然而,雅典执政当局指控他贻误战机,且有通敌嫌疑,乃加罪于他,修昔底德被判放逐在外20年。

然而,“塞翁失马,安知非福”。在这蒙受不白之冤的漫长岁月中,修昔底德忍辱负重,潜心撰史,为写作不朽之作《伯罗奔尼撒战争史》付出了全部的心血,终于成就了他作为古希腊最卓越的历史学家之大业。逆境催人奋进,锲而不舍,永不言败,这位古希腊先贤的事例可为之佐证。

(3) 波里比阿与《通史》②

修昔底德所撰《伯罗奔尼撒战争史》,只写到公元前411年便戛然而止,距战争结束尚有6年多的史事没有写完,后人不断为其续写,但大多“狗尾续貂”,无法与修昔底德之作相提并论。但在两个世纪之后,在“希腊化时代”却出现了传承与发扬修昔底德史学范型、被后人称作为“历史学家中的历史学家”的波里比阿。

---

① 本书有中译本,见谢德风译修昔底德:《伯罗奔尼撒战争史》,商务印书馆1960年初版,另有徐松岩译的新本。

② 本书迄今尚无中译本。

正是波里比阿，沿着修昔底德的足印，恪守与发扬这样的理念：求真，乃史家之第一要务。为此，为了完成他的著史之大业，他毅然翻越阿尔卑斯山，沿当年汉尼拔行军路线，重新走了一遍。

且看：

公元前 218 年 9 月，阿尔卑斯山麓。是时，山上已开始落雪，常年积雪的山路更是崎岖难行了。

然而，山脚下却集结着一支大军，浩浩荡荡，气势不凡，史载那是一支由古代著名军事统帅迦太基人汉尼拔率领的部队，计有步兵 9 万、骑兵 1.2 万、战象 37 头。

此行何为？

这是迦太基人与罗马人为争夺西部地中海霸权、持续百年的布匿战争中的第二次大战，史称“第二次布匿战争”。

此行何方？

直指罗马。其行军路线是这样的：汉尼拔从西班牙新迦太基城出发，经法国南部，兵至阿尔卑斯山，翻山越岭，直奔北意波河，最后攻打罗马。

汉尼拔素有“战略之父”之美称，他制定这个军事行程，打算给罗马人意外一击，置之于死地。但眼下要把这支队伍带出阿尔卑斯山，实在是困难重重。汉尼拔原想找寻当年高卢人越过此山时的通道，但未果。他只好率众另行登山开道，在山中足足走了 15 天，吃尽苦头，损失惨重。当大军到达北意波河平原时，只剩下 2 万步兵、6 000 名骑兵了。

大约又过了 60 多年，灰飞烟灭，战火已熄。在阿尔卑斯山脚下，走来一位希腊人波里比阿，他大约 50 岁上下，满头乱发，一脸胡茬，但行动敏捷，意欲登山。他此行也是为了翻越阿尔卑斯山，沿当年汉尼拔的进军路线，重新行走。

波里比阿翻越阿尔卑斯山，着实令我们感动：

现代史家效法者不乏其人。不是吗？后人研究哥伦布发现新大陆，曾多次沿着他当年的航线重行；又，后人研究唐代高僧鉴真东渡扶桑，曾多次沿着他当年的走向重航……

倘问：这为的是什么？答曰：求真。从这里，我们看到了史家为写信史而矢志不渝与坚韧不拔的精神，一种中西皆然的史学传统，比如我国史家司马迁在写作《史记》时所体现出来的精神。

(4) 李维与《建城以来史》①

岁月如梭，几百年的时光，一闪而过。如今已是公元前 30 年，秋日。罗马城中的一座院落。

清晨，李维就在房内伏案写作了。

只听得此刻，层层声浪，犹如大海波涛，向四处扩散开来。噢，原来这天是屋大维(即“奥古斯都”)“班师回朝”的日子，屋大维远征获胜的消息，传遍了罗马城，没有理由不让罗马民众不激动不高兴万分，那是因为：是年 9 月 2 日，屋大维败安东尼于阿克兴，他终于翦灭群雄，结束长期纷争的内战和兵戈扰攘的动乱局面，迎来了难得的“罗马的和平”。

万人空巷迎“明君”，远征军入城的凯旋仪式，隆重热烈，精彩纷呈。只见屋大维头戴桂冠，站在由两匹骏马拉的战车上，环顾四方，接受周围人群的欢迎。民众的呐喊声与欢呼声，以排山倒海之势震撼了罗马的每一个角落。这巨大的声涛令李维心烦，他起身关闭门窗，然喧嚣之声仍隐隐地传来，不绝于耳，但他却没有辍笔。

李维是一个有独特个性的历史学家：西方古代史家大多“浪迹天下”，但他却足不出户，未暇旁观；他深受奥古斯都礼遇，又兼皇孙老师之头衔，但从不趋炎附势；他立志要为罗马这个“世界上最优秀的民族”写史，以优美的文笔，撰写了这部绵亘达七八百年之久的罗马通史，记述罗马先人创业之艰辛，借以激励后代的爱国主义情怀，最终铸就了《建城以来史》这部堪称为“罗马国史”的巨著。

(5) 塔西佗与《编年史》②

塔西佗史学的直接源流是李维，但他的史学比李维更具特色，因而成就也更大，称塔西佗是罗马最伟大的历史学家，庶几可矣。

罗马文明的表征是坚忍不拔而非深闺弱质，罗马人的追求是力量而非机智，罗马人的理想是罗马民族精神的高扬，而非“杨柳岸晓风残月”式的个人抒怀。一部罗马文明史道尽了“大江东去，浪淘尽，千古风流人物”的历史沧桑。从塔西佗的历史著作来看，这种强烈的政治色彩深刻而又透彻地反映在他的书中。

---

① 本书在 20 世纪 50 年代就有中译片段，如：《罗马共和国时期》(上)，商务印书馆 1957 年版；《李维〈罗马史〉选》，王敦书译，商务印书馆 1962 年版。90 年代初有中译本，穆启乐等译，吉林文史出版社 1992 年版；又见 2004 年上海人民出版社由穆启乐等译的新版本。

② 本书有中译本，见王以铸、崔妙因译：《编年史》，商务印书馆 1981 年版。

塔西佗一生著述甚丰，但《编年史》可作为他的代表作。其作主题，直言反对暴政，痛恨暴君。总之，他以无比犀利的笔锋，揭露专制政体，鞭笞暴君统治，嬉笑怒骂，皆成文章，比如他写罗马皇帝提贝里乌斯的凶残毒辣，写罗马皇帝尼禄的荒淫无道等，都能入木三分，跃然纸上，像一面镜子，从中照见了一切专制独裁者的丑恶嘴脸。他的历史著作，确如俄国诗人普希金所言，是“惩罚暴君的鞭子”，虽然打在古罗马皇帝身上，却痛在后代一切专制暴君的心上。在后世西方，尤其在文艺复兴运动及法国大革命的年代里，谈起塔西佗的名字，可使一切专制独裁者，如坐针毡，大惊失色。

(6) 圣奥古斯丁与《上帝之城》①

基督教之滥觞，源于罗马帝国境内，它的产生及其从一个地区性的教派发展为世界性的一神教，对人类文明所产生的巨大影响，恐怕无论怎样评价都是不为过的。就它对史学的影响而言，也是如此，由圣奥古斯丁写作的《上帝之城》及其所奠定的神学史观可资说明。

圣奥古斯丁，生活于罗马帝国行将崩溃的公元四五世纪之交，在他心中，半是邪恶，半是善良；半是对旧世界的回忆，半是对新世界的憧憬；半是哀怨，半是希望；半是对地上之城的无情批判，半是对上帝之城的讴歌颂扬；半是黑暗，半是光明；半是过去总结的补白，半是未来向往的宣言……

这个新与旧、世俗与宗教、黑暗与光明交替之际的人物，是时代的产物。在企图以上帝的意旨教化世人之前，他已完成了自身的心灵净化。他的思想本质不是“半”而是“一”，即：新战胜旧，光明战胜黑暗，简言之，上帝之城战胜地上之城，四海归主，人类一体。就这样，人类历史在圣奥古斯丁的笔下被诠释为一种直线运动，一种由固定的起点（上帝创世）到终点（末日审判）的直线运动，最后归向为一个“永恒王国”。这都体现在他的《上帝之城》一书中。

我们透过圣奥古斯丁“半是”表象的描述，其实可以发现他的史学观念与古典史学迥异的一种本质特征。倘如是，也就能理解论者所云，基督教史学的产生导致历史学发生了“一场革命”的“名言”。总之，由他所奠定的基督教神学史观，在后世赓续不绝，发生了深远的影响。

(7) 马基雅维里与《佛罗伦萨史》②

佛罗伦萨郊外，一座小山庄。

---

① 本书有中译本，见第二章注。
② 本书有中译本，见李活译马基雅维里：《佛罗伦萨史》，商务印书馆 1982 年版。

黑暗悄悄退去，晨曦渐渐弥漫，山庄的人们还在熟睡，马基雅维里已踩着露珠，在山冈上吻到了第一缕曙光，而这，也昭示着近代文明的来临。

他静静地站着，尽情地呼吸着新鲜的空气，脑海不由翻滚起来，当然不是那种“孤帆远影碧空尽，唯见长江天际流”的怅惘，但却有“天生我材必有用，千金散尽还复来”的情怀。卸职与冤狱，未能改变他的志向；贫穷与孤寂，更加激发他的信念。

马基雅维里曾出任佛罗伦萨共和政府中的国务秘书一职，权倾朝野，威震四方。顷刻间，风云突变，1512 年美第奇家族复辟僭主政治，扼杀共和国，他也因涉嫌一起反美第奇的案件而遭到逮捕和刑讯。获释后，他退出政界，归隐山林，专事著述，很快地完成了传世之作《君主论》。1520 年，美第奇家族授予马基雅维里以史官之职，他即领命为佛罗伦萨共和国更为美第奇家族撰写了被马恩称道的“一部杰作”：《佛罗伦萨史》。

作为历史学家的马基雅维里，他的《佛罗伦萨史》确为文艺复兴时代人文主义史学的代表作。有论者说，随着他的出现，可以说以圣奥古斯丁为开端的中世纪时代终结了①。倘此论成立，是否也可以这样说，随着马基雅维里《佛罗伦萨史》的问世，或者说“佛罗伦萨历史学派”的诞生，近代西方史学的曙光出现了。

(8) 伏尔泰与《路易十四时代》②

1757 年，瑞士，洛桑。

时年 63 岁的伏尔泰，为躲避法国专制政府的迫害，四处奔波，在此暂居，英国青年才俊爱德华·吉本闻讯，慕名拜访。

伏尔泰一见到吉本，立即张开了双臂，热情地拥抱了这位英国青年。吉本目不转睛地打量着这位长者：卷曲的头发，修剪得十分整齐，衬托着他的面容，凸显其广博和睿智；线条分明的嘴角，显示了他的雄辩才能；微微凹陷的双眼，却是那样有力，似乎可以看透他人内心深处的一切奥秘；尤其是那件玫瑰色的外衣，一直垂到膝盖以下，显得那样潇洒，使人不由觉得他真是那个时代“理性之光”的化身，以至于他的教诲能改变一个人的命运。

伏尔泰虽已过花甲之年，但却精力充沛，处处勃发出青春般的活力。他

① 参见古奇：《十九世纪历史学与历史学家》，第 69 页。

② 本书有中译本，参见吴模信等译伏尔泰：《路易十四时代》，商务印书馆 1982 年版，伏尔泰另著有《风俗论》等名著。

对吉本说完一件不久前发生的宗教迫害事件，用严词抨击了天主教："什么教皇、主教、神甫，他们尽是一些文明的恶棍，如同两足禽兽……"

吉本非常佩服伏尔泰向腐朽的宗教势力进行挑战的大无畏精神："您对宗教暴行和教会罪恶的批判真是入木三分啊！"听到青年的赞美，他显得很兴奋，在客厅里踱着方步，并转移了话题，对吉本讲起了他的《路易十四时代》。

"您这部书的宗旨是什么呢？" 吉本问道。

伏尔泰谈笑风生，兴味盎然：

> 本书拟叙述的，不仅是路易十四的一生，作者提出一个更加宏伟的目标。我企图进行尝试，不为后代叙述某个个人的行动功业，而向他们描绘有史以来最开明的时代的人们的精神面貌。①

好一个"要描绘有史以来最开明的时代的人们的精神面貌"，吉本心里这样想着，只听伏尔泰又继续说道："在这部历史中，我将只致力于叙述值得各个时代注意，能描绘人类天才和风尚，能起教育作用，能劝人热爱道德、文化技艺和祖国的事件。"②

作为历史学家的伏尔泰，他的史学业绩确为18世纪理性主义奠定了基础，并为近代西方史学最后开启了大门。

(9) 吉本与《罗马帝国衰亡史》③

1787年6月27日，深夜。瑞士，洛桑。

是晚，吉本写完了六卷本《罗马帝国衰亡史》的最后部分。这部卷帙浩繁的大书的完成，耗尽了他20年的心血。此刻，他是怎样的心情？请看下面这段文字：

> 我搁下笔，曾久久徘徊在那刺槐掩映的小道上，从这里可以眺望到田园风光，湖光山色。是时，空气温馨，天空宁谧，月亮的银辉洒在湖面上，整个大自然万籁俱寂，我掩饰不住首次如释重负以及渴望成名时而

① 伏尔泰：《路易十四时代》，第5页。

② 同上书，第10页。

③ 本书有中译本，见黄宜思、黄雨石译：《罗马帝国衰亡史》(上下两卷)，商务印书馆1997年版。又见大陆引进台湾繁体字版席代岳译：《罗马帝国衰亡史》(六卷全译本)，吉林出版集团2008年版。

感到的欢欣。但是，我的得意瞬间消沉下去了。一种淡淡的哀愁袭上了我的心头。想着我业已同一个伴我多年的挚友诀别了，不管我的这部史著今后的命运如何，历史学家的一生应是短促而无常的。①

这段出自吉本《自传》中的文字，很值得我们细细品味：喜悦之情与忧郁之感汇合，今日的成功与未来的命运杂糅，记事与抒情结合，非常清晰地刻画出一位大史家功成名就时的复杂心情。

由此想开去，其情其景，分明也是一幅画，一副类似中国传统的山水画。于是，我又想起了俞平伯写给丰子恺信中的句子："但在我自己，确喜欢有诗情的画。它们更能使人邈然意远，悠然神往。"

读吉本《自传》中的这段优雅的文字，的确如同在欣赏一幅"有诗情的画"，其情景令人"邈然意远，悠然神往"，发人深省……

吉本孑然一身，终身未婚，寂寞地活着，也寂寞地写着，只活了 57 岁就英年早逝，令人不胜唏嘘；吉本生前说，他要使他的书既摆在学者们的书斋里，也要摆在仕女们的梳妆台上，事实上，他做到了。

（10）卡莱尔与《英雄与英雄崇拜》②

1840 年 5 月，伦敦，某演讲厅。各界人士慕名而来，听众频频报以哄笑与掌声，场面颇为热闹。

一头浓发、高大硕实的卡莱尔，正以特有的苏格兰腔，侃侃而谈，其主题是"英雄与英雄崇拜"，总共讲了六次，场场成功，盛况空前③。翌年，他的这六次演讲结集出版，题名为：《论历史上的英雄、英雄崇拜和英雄业绩》（简称《英雄与英雄崇拜》）。卡莱尔的传世名言"世界历史只不过伟人的传记而已"，即出典于第一讲。

卡莱尔的"英雄崇拜论"甫告问世，即备受争议。事实上，学界关于卡莱尔的评价，百年来褒贬不一，毁誉交杂，难置一词。不过有一点可以肯定的是，他似乎是一个充满矛盾的人物。在他身上，小资产阶级的激进思想同留

---

① Edward Gibbon, *Memoirs of My Life*, Edited by Betty Radice, Penguin Book, 1984, p. 169.

② 早在 20 世纪初，中国的资产阶级革命党人在国外就读到过这本名著了。30 年代初，商务印书馆首次出版了曾虚白的中译本。1988 年同时推出了两个中译本，一由张志民、段忠桥翻译，中国国际广播出版社出版，另一由张峰、吕霞翻译，上海三联书店出版。2010 年，商务印书馆又出版了新的中译本，译者周祖达，书名第一次改为——《论历史上的英雄、英雄崇拜和英雄业绩》。

③ 本节情景描写，参见林慈淑：《一个文人英雄的诞生——卡莱尔的思想与时代（1830—1840年）》，台北稻禾出版社 1998 年版，第 229—230 页。

恋往昔的贵族情绪、赞颂共和主义的英雄行为与对民主的憎恨（尤其在后期）杂糅在一起。他虽然同情广大劳动人民的悲惨遭遇，但又漠视他们中间的伟大创造性力量。他不满现实社会，但又不想彻底打碎它，在革命的洪流面前，他未尝不想跃跃欲试，但他并不是一个革命的弄潮儿。然而这一切并不妨碍他在史学上作出自己的贡献，他当然属于具有独创性的西方著名史家之列，但由于他的二律背反阻止了他的继续进步，这在政治上与史学上都是如此，不能不使人为之叹息。

(11) 兰克与《教皇史》①

1825 年 5 月。柏林大学的一间教室里，早已座无虚席。

兰克走了进来，匆匆往台下一瞥，打量着讲台前的听课者，然后出神地看着天花板，这位老师真的有点“怪”，于是他的学生们也开始注意起这位新来的老师：圆脸，秃发，矮个，声音也嫌微弱，但他那有力的眼神和苏格拉底式的宽广的前额，凸显出他的学者风度。尽管兰克没有优雅的姿势和洪亮的声音，但他在柏林大学创办的“习明那尔”(Seminar，专题研究班)，却获得巨大的成功，成为后世历史教学的典范。

是年正届兰克而立之年。他在 1818 年从莱比锡大学毕业并获得了博士学位之后，曾在奥德河畔的法兰克福的一所高级中学里教授古典文学，约有六七年之久。其间，他从文学转向历史学。1824 年他的处女作《拉丁和条顿民族史》问世，从此声誉鹊起，一举成名。次年，他即被柏林大学聘为副教授，直到 1871 年从该校退休，与柏林大学结下了将近半个世纪的不解之缘。

上课了，兰克讲的课程是西欧各国史。

> 历史向来把为了将来的利益，而评论过去、教导现在作为自己的任务。对于这样崇高的任务，任教者是不敢企望的。我的目的仅仅在于说明事实发生的真相而已。

老师开门见山地对学生说道，他重申了一年前在《拉丁和条顿民族史》一书的序言中所陈述的话。

---

① 本书有中译节选本，见施子愉译：《教皇史》选本，商务印书馆 1962 年版。兰克史学在中国流传甚广，但其原著却移译甚少，目前可见到的也就是这个《教皇史》的节选本了。

兰克语气平静，貌似谦逊，但实际上却包含着相当深刻的含义：在他看来，历史要成为科学，必先去除实用的观念，即历史学家不应当抱有个人的政治偏见和宗教偏见，要做到“无例外地保持不偏不倚的态度”。直到晚年，在《世界史》一书的序言中，他仍表示希望从书中“消灭自我”，即把他的观点毫无保留地从书中排除出去。因之，“如实直书”，这是兰克的治史旨趣，终生孜孜以求的目标，也是他被后人称为“客观主义”史学的主要依据。

兰克的《教皇史》（三卷）就是在这种思想指导下写成的，并成了兰克史学的一部代表作。在书中，他总是平心静气地把教廷作为一种历史现象来加以论述，初则概括中世纪时期教皇统治之大略，继而涉及教皇国的建立及其内部制度，而侧重点则是叙述反宗教改革运动的情况，如涓涓细流，始终平静地流淌着。兰克作为一个虔诚的路德教派的信徒，却能以不偏不倚的态度来写当年对新教徒进行残酷迫害的天主教历代首脑的历史，这在西方史学上一向被传为佳话。兰克在《教皇史》中所倡导的治史作风，被后世史家视为客观主义史学的典范。

（12）基佐与《欧洲文明史》①

因译注吉本的《罗马帝国衰亡史》而一举成名，在西方史学史上可谓不乏其人，法国历史学家基佐可为显例。

基佐有志于学术，又热衷于政治，这一两面性贯穿其一生：他因译注《罗马帝国衰亡史》出名，很快地被聘为巴黎大学近代史教授，这时他才二十出头；但他不甘寂寞，很快地从教室走向社会，积极从政，谋求官位而有所得；33 岁那年，他从政坛上跌落，又回到书斋，从事研究，并返回巴黎大学重执教鞭，于是就有了人们就熟知的《欧洲文明史》和《法国文明史》等传世名作，并由此确立了他的世界性历史学家的地位；1830 年法国七月革命的浪潮，又把他推向了政治舞台的前沿，位居内阁首相。从政后的基佐并没有失掉历史学家本性的“一面”，他在此时创立了法国历史学会，组织史家共同编纂与出版大型的《法兰西史料汇编》，为史学的发展做了不少实事；1848 年二月革命的风暴再次把他赶下了台，下野后的基佐又重新潜心于历史研究，虽则在晚年还有过一二次短暂且告失败的政治冲动，这也始终反映了基佐本性的“另一面”。

由上所述，可知基佐一生是在从学—从政—从学—从政—从学的循环

① 本书有中译本，见程洪逵、沅芷译：《欧洲文明史》，商务印书馆 1998 年版。

中度过的。基佐的两栖型的生活，反映了史家的“多面性”，学术脉动与官场争胜，著述旨趣的“名山事业”与宦海角逐的神经末梢，混杂而又相分，矛盾而又相容，统一在这个两栖型的人物身上。

政治家的基佐如风云变幻的近代法国历史舞台上来去匆匆的过客，但历史学家的基佐却在后世留下了足印，留下了一个“天才历史学家”[①]的名声，比如被誉为 19 世纪第一部优秀的文明史（或文化史）之作《欧洲文明史》，便可为之作证。

(13) 布克哈特与《意大利文艺复兴时期的文化》[②]

“百川分流注于海，群山蔓延而朝于宗。”前辈史家齐思和这样写道，他认为正是由于布克哈特的《意大利文艺复兴时期的文化》之传世及播扬，才汇合当时欧洲文化史家的诸多研究成果，终于在 19 世纪 60 年代形成了一场声势浩大的“文化史运动”，冲击了以兰克为首的传统史学[③]。

其实，布克哈特原投师于兰克门下，年轻时曾在他的“习明那尔”班中受过史料批判方法的严格训练；后又在兰克的指导下，完成了学业，获得了学位。返回瑞士后两年，布克哈特即任巴塞尔大学历史系教授，凡 50 余年。有一件事令常人不可思议，当兰克于 1871 年从柏林大学退休后，布克哈特即被该校邀请担任历史系教授，作兰克的继承人。这是当时欧洲史家所能得到的最高荣誉，是一般人求之不得的好差事，但出乎人们意料的是，他竟谢绝了。

奇怪吗？一点也不！布克哈特虽然接受过兰克治史观念与方法的正规训练，但他确实不是兰克学派的继承人。在史学发展的道路上，他与其师是背道而驰的。布克哈特不屑于兰克那种“皓首穷经式”的饾饤之学，他声称的“历史就是解释”、“历史就是判断”等观念与兰克所标榜的客观主义史学理论大相径庭；他力图通过宽广的文化史视野，去揭示欧洲各个历史时代的文化特征，这与兰克仅限于叙述近代西欧诸国的政治、外交等史学传统迥异。总之，兰克是政治史家，布克哈特是文化史家，在西方史学上，他是以兰克为代表的西方传统史学的“反叛者”。

布克哈特的这种“反叛”精神，最充分地体现在他的《意大利文艺复兴时

① 《马克思恩格斯全集》第 7 卷，人民出版社 1959 年版，第 247 页。

② 本书有中译本，见何新译：《意大利文艺复兴时期的文化》，商务印书馆 1997 年版。

③ 参见齐思和：《布克哈特〈意大利文艺复兴时期的文化〉批判》，《北京大学学报》1964 年第 3 期。

期的文化》一书中。在西方学界，研究文艺复兴，布克哈特并不是始作俑者。但是，正是由于他的努力，才奠定了文艺复兴研究的完整体系，虽历经岁月变迁，历经批判质疑，而终于"岿然不动"。我们有理由称他为近世"最卓越的文化史家"。

(14) 汤因比与《历史研究》①

在从土耳其伊斯坦布尔开出的东方列车②上，一位正当而立之年的英国人阿诺德·汤因比，伫立窗畔，出神地向远处凝望。

那是在1921年，秋日余辉给群山抹上了一层阴翳，巴尔干半岛上起伏的山峦平原，若隐若现，悠远而神秘。

时值希土战争(1921—1922年)鏖战方酣之际，此刻他以英国《曼彻斯特导报》记者的身份，在巴尔干各处采访。

汤因比在车厢中徘徊，心绪难宁，回溯历史，纵览当世，陷入沉思。被第一次世界大战弄得疲惫不堪的西方社会，真是满目疮痍，气息奄奄；眼下战乱不息，展望未来，前景迷茫。

"人类文明向何处去?"他想着古往今来这亘古不变的主题，思前瞻后，慨然有感，一种使命感向他袭来，使他坐卧不安。

触景生情，情动思发，在一张便笺上，汤因比借着车厢内昏暗的灯光，奋笔疾书，写下了这样的文字：

1. 序论。
2. 文明的起源。
3. 文明的生长。
4. 文明的衰落。
5. 文明的解体。
6. 统一国家。
7. 统一教会。

---

① 本书有中译本，见曹未风等译汤因比：《历史研究》(三卷本)上海人民出版社1959年版；又见刘北成、郭小凌译汤因比：《历史研究》(一卷本)，上海人民出版社2000年版。台湾有陈晓林译本，一卷本。

② 东方列车：初始于1883年10月4日，首创者为比利时人。该列车陈设豪华，其路线由西向东横贯欧洲大陆，运行于土耳其伊斯坦布尔和法国巴黎之间，全程需五天。20世纪20年代，是它历史上的"黄金时代"，1977年停运。后由意大利威尼斯人复办，往返于威尼斯与伦敦之间。小说与电影《东方列车上的谋杀案》即指此。

8. 英雄时代。

9. 文明在空间的接触。

10. 文明在时间上的接触。

11. 文明历史的节奏。

12. 西方文明的前景。

13. 历史学家的灵感。

这就是他日后为之耗尽四十年心血的12卷本宏著《历史研究》的大纲。令人叹服的是，四十年后，当他的《历史研究》于1961年全部出版时，只更动了个别标题，其余一仍其旧。

（15）赫伊津哈与《中世纪的衰落》[①]

众所周知，无论从疆土范围的大小，还是从史学成就的大小而言，荷兰都可视为被古奇所归属的“诸小国”之列。

然而，西方史学发展到了20世纪，情况发生了变化，那就是“史学小国”也出了“史学大家”。以荷兰历史学界为例，且不说当下我们耳熟能详的后现代主义史学大师安克斯密特，只道20世纪上半叶，荷兰这个“史学小国”就出现了一位世界级的文化史家——赫伊津哈。可以这样说，他与同样属于“小国大家”的比利时史家亨利·皮朗都可被视为与“史学大国”英国历史学家汤因比齐名的20世纪前期出现的世界级的历史学家。

有一点让人深思：赫伊津哈（1872—1945年）与他的同胞房龙（1882—1944年），均属同时代的历史学家，但两者的作品在中国的命运却迥然不同：前者在一段时期内，其名鲜为人知，其作更是没有被引入，比如那本与布克哈特《意大利文艺复兴时期的文化》同为经典的文化史之作《中世纪的衰落》，对中世纪行将结束，正向近代文明过渡的那段充满魅力的历史时期，作出了何等的探幽抉微的考究，但在中国读书界，20世纪90年代中叶以前还索然无知。相比而言房龙可就幸运多了，随着他的《宽容》一书的出版，在20世纪80年代，其名传遍中国学界。

还有一点让人纳闷：赫伊津哈于1945年病故，但中外学者（比如外国学者贡布里希、中国的余秋雨）都说他在荷兰解放前夕被德国纳粹杀害，甚

① 本书有中译本，见刘军等译约翰·赫伊津哈：《中世纪的衰落》，中国美术学院出版社1997年版。赫伊津哈另著有《游戏的人》等名著。

至连《大英百科全书》都搞错了他的死因，这既令人纳闷，也令人匪夷所思。要是赫伊津哈泉下有知，不知该作何感想？①

(16) 布罗代尔与《地中海》②

1937 年 11 月。大海，蓝天，一艘大型客轮正劈波斩浪，行驶在浩瀚的大西洋上。在甲板上，时年 35 岁的布罗代尔正出神地望着这翻腾的海浪。“历史不就是那深不可测的海洋吗？历史不就是阳光永远照射不到其底部的沉默之海吗？那喧嚣的当前历史时刻，不就是海洋中所激起的那一闪的波涛吗？”他半是自语，半是沉思。

历史的巧合，注定布罗代尔与年鉴学派确有缘分。是年，他在巴西圣保罗大学完成执教三年的任务后，归国途中竟与吕西安·费弗尔不期而遇同乘一条船。当时，还没有开通横越大西洋的飞机航班，在长达三周的海上旅途中，两人结下了深厚的情谊，自此他成了年鉴学派的一员，并在日后成为年鉴学派最鼎盛时期(1945—1968 年)的代表人物，是为“布罗代尔时代”。

人们评议说：“如果设立诺贝尔史学奖，布罗代尔是无可争议的第一人选。”说得好。他的《菲利普二世时代的地中海和地中海世界》(简称《地中海》)可以为之提供最有力的证据。在这里，我们实在有必要说一说这部鸿篇巨著成书当中的“细节”：在二战中，他沦为一名战俘，在德军战俘营的五年中，他完全凭着个人非凡的记忆力，娴熟地运用史料，开始了《地中海》一书的写作，至 1945 年获释时，他已完成了该书的大部分初稿，1947 年定稿，1949 年出版，迅即引起学界的轰动，被公认为一部世界级的史学名著。

其实，布罗代尔为我们贡献的不只是一部鸿著，更重要的是为世人传达了一种总体史的史学理念，一种播扬世界的年鉴学派的治史理论与方法论，正是从这一意义上而言，人们把《地中海》作为一部具有里程碑式的名著，那是实至名归的。

(17) 勒华拉杜里与《蒙塔尤》③

蒙塔尤，位居法国南部奥克西坦尼的一个牧民小山村。在 14 世纪时，

---

① 青年学者周兵于 2000 年 4 月号的《读书》杂志上载文，纠正了这一错误。

② 本书有中译本，见唐家龙、曾培耿等译布罗代尔：《菲利普二世时代的地中海和地中海世界》，商务印书馆 1996 年版。布罗代尔另著有《15 至 18 世纪的物质文明、经济和资本主义》等名著。

③ 本书有中译本，见许明龙、马胜利译：《蒙塔尤：1294—1324 年奥克西坦尼的一个山村》，商务印书馆 1997 年版。

这是一个欧洲中世纪时代默默无闻的村庄。由于山村地势过高，气候严寒，所产作物（燕麦和小麦）即使在丰收的年景，也只能勉强维持当地人的生存。多种疾病流行，且死亡率很高，尤其在婴儿中。因此，当雅克·富尼埃主教在该地区调查审讯时，蒙塔尤只有居民二百多人。

贫穷、荒漠、遥远……就是这样一个小山村，竟吸引了年鉴学派第三代代表人物勒华拉杜里（Emmanuel Le Roy Ladurine）的目光并以其“神来之笔”写就了一部世界级名著《蒙塔尤：1294—1324 年奥克西坦尼的一个山村》。这是一部什么书？为什么可以列入“世界级”的史学名著之林？

这是一部反映现当代西方史学转型时期的典范之作。现当代西方新史学行之有年，弊端丛生，也明显地表现在年鉴学派那里，年鉴学派的第三代领导人著文反思，重提撰写叙事史的意义，且身体力行，以具体的史学实践（成果）来纠偏。《蒙塔尤》即作为这一转型时期出现的典范之作，凸显历史学家关注普通人和社会底层群体，体现“自下而上”历史观的深刻变化。

这是一部微观史学的代表作。作为 20 世纪 70 年代以来兴起的微观史学的代表人物，勒华拉杜里把“蒙塔尤”“这滴特定的水放在显微镜下观察”[①]，精到与娴熟地运用了前人所留下的关于这个小山村的详尽的史料，见微知著，以小见大，在众多的微观史家中，其书仍能独占鳌头，令人叹为观止。

这是一部雅俗共赏的佳作。勒华拉杜里以卓越的史才，写出了一部严格意义上的叙事史著作，一部高质量的历史学的鸿著。但这部严肃的学术著作，因故事诱人、人物鲜活、感情真挚，出乎作者本人的意料，竟成了一部“畅销书”，风行欧美，流传中西，这真是“无心插柳柳成荫”。吉本曾说他的《罗马帝国衰亡史》既要摆在学者们的书斋里，也要摆在仕女们的梳妆台上。这一点，吉本做到了，勒华拉杜里也做到了。

(18) E·P·汤普森与《英国工人阶级的形成》[②]

1992 年，3 月 4 日。

E·P·汤普森，英国历史学家，这天他在家中抱病接受了中国学者刘为的访谈，以下是访谈节录[③]：

---

① 见勒华拉杜里为《蒙塔尤：1294—1324 年奥克西坦尼的一个山村》一书中文版所写的前言。

② 本书有中译本，见钱乘旦等译：《英国工人阶级的形成》，译林出版社 2001 年版。

③ 访谈全文见刘为：《有立必有破——访英国著名历史学家 E·P·汤普森》，《史学理论研究》1992 年第 3 期。

刘为：您总是被人们称为马克思主义的历史学家，您自己怎么看？

汤普森：我深受马克思主义理论的影响，极大地得益于马克思主义史学传统；另一方面，我并不称自己为完全的马克思主义者。在我看来，把马克思主义当作一种已完成的、包容一切的、不证自明的思想体系这样一种观念已被证明是无益的。过去在苏联存在的那种自称的马克思主义实际上是一种死亡的信念，一种实利主义（careerism）。

刘为：您能进一步解释一下那种教条式的马克思主义和您自己的历史观之间的不同点吗？

汤普森：主要的是，我反对经济主义和简单化的经济决定论，反对那种以为历史必然经过某些前定的发展阶段的目的论观念。

刘为：您的希望是什么？您坚持的又是什么？

汤普森：我希望把更为丰富的文化范畴引进历史学，我仍然坚持历史唯物主义。

刘为：您认为马克思主义研究在最近的将来会有所发展吗？

汤普森：除非他们向别的流派敞开大门，真正敞开，否则不会有发展。只是向别人灌输、自给自足、包罗万象，这样一种马克思主义是可悲的，是对人类智慧的阻塞。

刘为：比如？

汤普森：苏联的例子就是足够的教训。

……

是时，汤普森只有68岁，但因沉疴缠身，面容憔悴，步履蹒跚，短短的一次访谈，仍觉疲惫。翌年8月28日，汤普森溘然长逝，令人痛惜不已，如此一位有才华有思想的历史学家，竟过早地离开了人世，那只能感叹"上帝"的不公。

不过，更不公的是，不论是他在世还是身后，不时有人非议他在《英国工人阶级的形成》中所表述的与传统的劳工史作品相异的史学思想，还常常被人扣上含有贬义的"文化的马克思主义"(Culturalist Marxism)或"文化社会主义的人道主义"(Cultural — Socialist Humanism)的帽子。那是有失公允的，读一下前录汤普森对远道而来的中国学者提问的回答，仔细探究一下他的著作，答案不言自明，倘说他"离经叛道"吗？要说是，那是针对他深恶的"苏联版"的马克思主义，而不是对他始终恪守与信奉的马克思（原典）的马克思主义即历史唯物主义。

2. 续编

色诺芬：《长征记》，崔金戎译，商务印书馆 1985 年版。

恺撒：《高卢战记》，任炳湘译，商务印书馆 1979 年版。

撒路斯提乌斯：《喀提林阴谋 朱古达战争》，王以铸、崔妙音译，商务印书馆 1995 年版。

普鲁塔克：《希腊罗马名人传》，黄宏煦等译，商务印书馆 1990 年版。

阿庇安：《罗马史》，谢德风译，商务印书馆 1976 年、1979 年版。

阿里安：《亚历山大远征记》，李活译，商务印书馆 1979 年版。

普罗科比阿斯：《查士丁尼皇帝征战史》，本书有英译本，而无中译本。

格雷戈里：《法兰克人史》，寿记瑜、戚国淦译，商务印书馆 1996 年版。

艾因哈德：《查理大帝传》，戚国淦译，商务印书馆 1997 年版。

〔意〕圭恰迪尼：《意大利史》，本书暂无中译本，原文为意大利文，有 1969 年英译本。

〔意〕维柯：《新科学》，朱光潜译，人民文学出版社 1986 年版。

〔德〕黑格尔：《历史哲学》，王造时译，三联书店 1956 年版。

〔英〕格罗特：《希腊史》，本书选本由郭圣铭译，商务印书馆 1964 年版。

〔法〕米涅：《法国革命史》，北京编译社译，商务印书馆 1977 年版。

〔英〕麦考莱：《英国史》，本书暂无中译本。

〔法〕托克维尔：《论美国的民主》，董果良译，商务印书馆 1988 年版。

〔德〕蒙森：《罗马史》，李稼年译，商务印书馆 1994 年版。

〔英〕巴克尔：《英国文明史》，由胡肇椿译原书 15 章，以《英国文化史》之书名分别在 1936 年和 1946 年由商务印书馆出版。

〔英〕韦尔斯：《世界史纲》，梁思成等译，商务印书馆 1927 年版；吴文藻等译，商务印书馆 1982 年版；蔡慕晖、蔡希陶译，上海三联书店 2007 年版。

〔美〕比尔德：《美国宪法的经济观》，何希奇译，商务印书馆 1949 年初版，1984 年再版。

〔美〕詹姆斯·汤普逊：《中世纪经济社会史》，耿淡如译，商务印书馆 1997 年版。

〔法〕勒费弗尔：《法国革命史》，顾良、孟湄、张慧君译，商务印书馆 2010 年版。

〔法〕费弗尔：《大地与人类演进：地理学视野下的史学引论》，高福进等译，上海三联书店即将出版。

〔德〕斯宾格勒:《西方的没落》,齐世荣等译,商务印书馆 1963 年版;吴琼译,上海三联书店 2006 年版。

〔美〕斯塔夫里阿诺斯:《全球通史》,吴象婴、梁赤民译,上海社会科学院出版社 1988 年、1992 年出版。

〔美〕布莱克:《现代化的动力》,中译本有段小光译,四川人民出版社 1988 年版;景跃进、张静译,浙江人民出版社 1989 年版。

〔英〕霍布斯鲍姆:《史学家:历史神话的终结者》,马俊亚、郭英剑等译,上海人民出版社 2002 年版。

〔法〕福柯:《知识考古学》,谢强、马月译,三联书店 1998 年版。

〔美〕海登·怀特:《元史学:十九世纪的欧洲的历史想像》,陈新译,译林出版社 2004 年版。

〔美〕沃勒斯坦:《现代世界体系》,罗荣渠、庞卓恒等译,高等教育出版社 1998 年版;郭方等译,台北桂冠图书公司 1998 年版,书名为《近代世界体系》。

〔意〕金兹伯格:《奶酪和蛆虫:一个十六世纪磨坊主的世界观》,本书暂无中译本。原文为意大利文,有 1980 年英译本。

〔英〕彼得·伯克:《制作路易十四》,许绶南译,台北麦田出版社 1997 年版。

二、指点门径　按图索骥——西方史学基本参考书目举要

书海茫茫,关于学习西方史学的书籍也是汗牛充栋。以下所列有关西方史学的参考书目,限于作者成稿时所知,很不全面,主要是为读者提供一些最基本的阅读书目(以中文为主,兼及西文)。读者入门后,若要进一步研究,则可查阅 1983 年美国芝加哥大学出版社出版的当代美国历史学家 E·布雷塞赫的《古代、中世纪和近现代史学》(Ernst Breisach, *Historiography, Ancient, Medieval and Modern*, Chicago: The University of Chicago Press, 1983, pp. 425－458)一书的附录,该书分时期开列参考书目,甚为详尽,便于检索。

下列书目按理论与方法、西方史学史、断代与地区、文选与提要等顺序排列,各类作品的排列,大致以出版先后为序,凡未译成中文的西文书,均附原文书名。

1. 理论与方法

〔法〕格朗诺瓦、瑟诺博斯:《史学原论》。中译本李思纯译,商务印书馆

1933年版。

〔德〕伯伦汉：《史学方法论》。中译本陈韬译，商务印书馆1937年版。本书与上书均为20世纪30年代出版的西方学者论史学方法的名著，在西方学术界甚有影响。《史学原论》阐释史家工作之顺序，从搜集与考证资料，综合史实直至落笔成书时所必须遵循的原则和方法。《史学方法论》论述史学的概念和本质、史学方法论、史料及其考证、历史的综合和编纂等内容。

〔波兰〕沙夫：《历史规律的客观性》（马克思主义史学方法论的若干问题）。本书是关于历史规律客观性以及历史规律对史学的意义的论述，但作者注意到规律客观性问题对方法论的重要意义，因此把题目限定在史学方法论的范围内，书后附有详尽的参考书目。中文本郑开琪等译，三联书店，1963年版。

〔美〕詹姆斯·鲁滨逊：《新史学》。现代美国“新史学派”的代表作。中译本有何炳松译本，商务印书馆1924年版；齐思和等译本，商务印书馆1964年版。

〔美〕约翰·海厄姆等：《历史学：美国历史研究的发展》（John Higham, Leonard Krieger, and Felix Gilbert, *History: The Development of Historical Studies in the United States*, Englewood Cliffs, N. J., 1965）。本书除主要论述美国史学的发展及演变外，附吉尔伯特关于19世纪及20世纪欧洲史学发展的较为全面的一篇论文，可资参考。本书无中译本。

〔英〕赫伯特·巴特菲尔德：《人关于他的过去：历史学术史研究》（Herbert Butterfield, *Man on His Past: The Study of the History of Historical Scholarship*, Cambridge University Press, 1969）。本书论述历史学的历史、德意志历史学派的兴起以及19世纪以兰克为代表的“科学历史学派”等，常为国内学者所征引。本书无中译本。

杜维运：《史学方法论》。本书凡23章，广泛涉及史学方法的诸多方面，内容丰富，资料翔实，可由此深入中西史学的堂奥，1979年在台湾初版问世，不断增订重印，流传甚广。台北三民书局1979年初版。

〔英〕爱德华·卡尔：《历史是什么?》。本书系卡尔1961年1月至3月间在剑桥大学乔治·麦考利·特里威廉讲座中所作的演讲，全书六章。中译本吴存柱译，商务印书馆1981年版。该馆2007年又推出陈恒的新译本。

〔意〕贝奈戴托·克罗齐：《历史学的理论和实际》。20世纪西方批判的(分析的)历史哲学的代表作之一。本书由两编组成：史学理论，包括九章三个附录；史学史，叙述古希腊以来的西方史学。中译本傅任敢译，商务印书馆1982年版。

〔英〕R·G·柯林武德：《历史的观念》。20世纪西方批判的(分析的)历史哲学的代表作之一。中译本何兆武、张文杰译，中国社会科学出版社1986年版。

〔苏〕E·M·茹科夫：《历史方法论大纲》。本书于1980年在苏联出版，分成四个部分：作为一门科学的历史学；整个世界历史进程中的客观规律性问题；历史事实、历史文献和历史语言；历史和现实。论述了当代西方史学流派和倾向。中译本王瓘译，上海译文出版社1980年版。

〔法〕雅克·勒戈夫等主编：《史学研究的新问题、新方法、新对象》。本书汇编10篇文章，均选自勒戈夫(现通译勒高夫)等主编的大型论文集《创造历史》，根据简缩英译本译出，大致反映了当代法国史学的情况。姚蒙为中译本写的长篇序文，从本体论、认识论和方法论三个方面论述当代法国史学主流的内涵和变迁，可资参考。中译本郝名玮译，社会科学文献出版社1988年版。

〔法〕雅克·勒高夫等主编：《新史学》。20世纪70年代由勒高夫等主编的《创造历史》和《新史学》两书出版，那是法国年鉴学派对史学自身发展所作阶段性总结的产物。原著篇幅巨大，现从中选译几篇文章，大致可以了解法国史学发展的最新情况。中译本由姚蒙编译，上海译文出版社1989年版。

〔波〕耶日·托波尔斯基：《历史学方法论》。本书内容丰富，旁征博引，共设四编：第一编论述历史学方法论的范围及这一术语的多种含义；第二编论述历史学和历史著作多种思考的类型；第三编论述历史研究的内容；第四与第五编论述再现历史进程的程序；第六编论述对历史科学方法论结构的分析。中译本由张家哲等译，华夏出版社1990年版。

张广智、张广勇：《史学，文化中的文化：文化视野中的西方史学》。本书从文化史的视野论述西方史学，其笔触从古代迄至现代，涉及诸多历史学家和历史学派的史学思想、从传统史学向新史学的转变及现当代西方史学发展的新方向等。浙江人民出版社1990年版，上海社会科学院出版社2003年增补插图版。

庞卓恒主编：《西方新史学述评》。本书除导论外，分为上、下两编，上编为“新史学述论”，包括当代西方社会学、人口史学、家庭史学、新经济史学、新政治史学、心智史学。下篇为“新方法论述”，包括当代西方比较史学方法、计量史学方法、心理史学方法、口述史学方法。高等教育出版社 1992 年版。

〔法〕马克·布洛赫：《历史学家的技艺》。本书乃年鉴学派创始人之一的扛鼎之作，虽不完整，但仍颇多精义，既反映了布洛赫的史学思想，比如他对历史的功能、古今关系的历史认知、史料的辨析及考订、历史的分析等问题的真知灼见，又可以从中看到年鉴学派的总体史思想、长时段理论之渊源。中译本张和声等译，上海社会科学院出版社 1992 年版。

于沛主编：《现代史学分支学科概论》。本书对社会史、文化史学、心理史学、城市史学、家庭史学、政治史学、口述史学、计量史学、比较史学等现代历史学的分支学科逐一作了介绍，有助于读者了解与认识现当代国际史学跨学科与多学科的研究趋向。中国社会科学出版社 1998 年版。

王晴佳：《西方的历史观念——从古希腊到现代》。本书论述古希腊荷马时代以来迄至现当代西方历史观念的发展与演变。书中的“历史观念”，既包括对历史的演变发展所作的解释，也包括历史学性质和功用的研究。全书行文简洁、文字流畅、概括得当，可以作为学习西方史学的基本读物。有繁简两种版本。台湾允晨出版公司 1998 年繁体字版，华东师范大学出版社 2002 年简体字版。

王晴佳、古伟瀛：《后现代与历史学——中西比较》。本书研究后现代主义与史学的关联，论述后现代主义之缘起、后现代史学的发生与发展、后现代主义与中国史学的关系等，全书思想前沿、分析入微、文字畅达，且资料丰赡，对读者了解后现代主义史学颇有助益。有繁简两种版本。台北巨流图书公司 2000 年繁体字版，山东大学 2003 年简体字版。

黄进兴：《后现代主义与史学研究》。本书试图检讨后现代主义对史学的冲击，梳理后现代史学的来龙去脉，以分析其得失，对后现代主义史学作出了正面的回应。有繁简两种版本。台北三民书局 2006 年繁体字版，三联书店 2008 年简体字版。

朱本源：《历史学理论与方法》。本书分二编：第一编为绪论，论述历史学的理论和方法；第二编为西方史学史中主要的历史思维模式。全书内容丰富，探幽抉微，辨析原委，尤对近代以来三种史学范型（即实证主义的、年鉴学派的、马克思主义的）的梳理与认知，更为精到。作者所论，使本书成为一部从史学理论与方法的角度去阐述的西方史学的发展史。何兆武称朱书乃“我国史学界的第一部完整的、全面的有关史学理论的著作”，这一评价是名实相符的。人民出版社 2006 年版。

吴怀祺：《史学理论与史学史研究》。本书为 20 世纪中国人文学科学术研究史丛书之一，主要从学科发展史的视角，对一百多年来史学理论与史学史作回顾与总结，视野开阔，旁及中外，并提出了一些发人深思的问题。福建人民出版社 2006 年版。

瞿林东：《中国史学通论》。本书从中国历史学家的角度论述中国史学的丰富内涵、社会价值及世界意义，涉及历史认识的路径、史学的重要性、中国史书的特点、史家的角色和史学的品格、中国史学的理论遗产、史学批评及其社会意义、中国史学的传统及其发展趋势等内容。本书可作为学习西方史学的一个“他者”。武汉出版社 2006 年版。

〔英〕凯斯·詹京斯：《历史的再思考》。本书从后现代主义的角度，重新思考历史的定义，思考历史与过去、真实、偏见、证据及权力竞逐之间的互动关联，提出了后现代史学的一些基本问题，可作为了解现当代西方史学理论的入门书。中译本系繁体字版，贾士蘅译，台北麦田 2006 年修订版。

张广智主编：《二十世纪中外史学交流》。本书系 20 世纪中国史学研究系列之一，分上下两编，从整体上和细节上勾画了 20 世纪中外史学交流发展之概貌。全书汇聚了多名专治中西史学研究的学者。北京师范大学出版社 2007 年版。

姜芃主编：《西方史学的理论和流派》。本书为中国社会科学院研究生重点教材，对 19 世纪中叶以来的西方史学作了梳理与解读，每章附有思考题和阅读参考文献，很便于初学者入门。中国社会科学出版社 2007 年版。

张广智：《超越时空的对话：一位东方学者关于西方史学的思考》。本书为当代中国史学家文库之一，是作者多年来治西方史学史的学习体会和研究心得。北京师范大学出版社 2008 年版。

彭刚：《叙事的转向——当代西方史学理论的考察》。本书是中国大陆学者对后现代史学挑战的一次正面回应，既从个案分析了后现代史家的史学旨趣，又从历史事实等核心理念探幽索微，对它进行总体反思。是我国当今史学理论研究的重要成果。北京大学出版社 2009 年版。

2. 西方史学史(兼及中国史学史)

〔美〕巴恩斯：《历史编纂史》(H. E. Barnes, *A History of Historical*

Writing, Norman, Okla, 1937)。本书为一卷本，却简明扼要地记述了从古代迄于现代的一系列史家及史著，1937年初版，1963年修订版。本书无中译本。

〔美〕绍特威尔：《史学史》(第一卷)(Jame Shotwell, *History of History*, Columbia University Press, 1939)。本书从史学起源写起，对希腊与罗马诸史家的论述颇为详尽，迄至基督教史学。惜此书未能写完，迄今仍无中译本。

〔美〕布雷塞赫：《古代中世纪和近现代史学》(英文书名见前)。本书论述从古代迄至现当代的西方史学，属于通论性质但具有一定的深度，现当代部分略弱，本书的另一个价值是作者编制的书目提要。1983年初版，1990年再版。

郭圣铭：《西方史学史概要》。这是中国新时期率先问世的西方史学史著作，这在中国的西方史学史研究中是个"零"的突破。全书简明扼要，贯通古今，文字畅达，非常适合初学者作为"入门书"。上海人民出版社1983年版。

〔美〕汤普森：《历史著作史》。本书上下两卷，中译本分为四个分册。上卷起自古代，下迄17世纪，下卷则评述18世纪和19世纪的史学，资料颇为详尽，1942年英文版。中译本谢德风、孙秉莹译，商务印书馆1988年、1992年版。

张广智：《克丽奥之路——历史长河中的西方史学》。本书从西方史学发展的长河中，撷取若干断面，重点铺陈，以西方史学思想的发展变化贯穿始终。作者有意把严肃的历史著作写得明白晓畅与生动可读，故本书适合"走近西方史学"的各界读者，尤可作为初学者的"入门书"。复旦大学出版社1989年版。

杨豫：《西方史学史》。本书分为三篇：古代—中世纪篇、近代篇和新史学篇。在20世纪90年代上半叶，国内学界出版了多种西方史学史，本书以其内容翔实的新史学篇胜出。江西人民出版社1993年版。

郭小凌：《西方史学史》。本书脉络清晰，详古略今，尤以古典史学部分的丰富内容而见长。北京师范大学出版社1995年版。近年又再版。

张广智主著：《西方史学史》。本书最初为国家教委列入的"面向21世纪课程教材"，后又先后列为普通高等教育"十五"、"十一五"国家级规划教材，教育部历史学科教学指导委员会"推荐教材"。本书因其晚出，尽量汲取前贤与时彦之卓识，并在本学科的基本理论与知识点、学科发展的前沿趋势乃至篇章结构、文字表述等方面，都融会了编撰者的思考与努力。复旦大学出版社 2000 年初版，2004 年第二版，2010 年第三版。

瞿林东：《中国史学史纲》。中国史学史专著，从 1980 年至 2005 年的 25 年间，大致每年有一部出版①，在这些作品中，个人特推荐瞿林东的《中国史学史纲》，瞿著内容丰富，论述自先秦至清末的中国史学的发展进程，兼及 20 世纪的中国史学，突出与发掘这一发展进程中中国史学的理论遗产，脉络清晰，史料充实，文字畅达，可作为西方史学史研究者比照学习的一个参照系。北京出版社 2006 年版。

白寿彝主编：《中国史学史》(6 卷本)。本书叙述从先秦时期中国古代史学的产生至 1919 年的近代史学的历史，这或许是迄今为止内容宏富、资料翔实、新意迭见的中国史学通史，由白寿彝先生本人及其弟子合力撰成。上海人民出版社 2006 年版。

3. 断代与地区

〔苏〕康恩：《哲学唯心主义与资产阶级历史思想的危机》。本书论述了现代西方资产阶级历史哲学与史学之间的关系，阐述 20 世纪西方一些主要历史学家和历史哲学家的史学思想。中译本乔工、叶文雄等译，三联书店 1961 年版。

〔苏〕康恩等：《穷途末路的资产阶级历史哲学》。本书从各个方面评述了现代西方史学中的各种思潮、流派及观点，共七篇，其中六篇为苏联学者所写，一篇为美国学者撰文，论述第二次世界大战后的美国史学。中译本张书生、乔工等译，三联书店 1962 年版。

〔苏〕叶·阿·科斯敏斯基：《中世纪史学史》。本书所述内容从圣奥古斯丁起，迄至 19 世纪中叶为止的西方史学史。原书系科氏授课讲义，原为莫斯科大学 1963 年俄文版，中文版由东北师范大学历史系铅印发行。

孙秉莹：《欧洲近代史学史》。本书论述从 14 世纪文艺复兴时代迄至 1917 年十月革命前夕的欧洲史学发展的进程，内容丰富，资料翔实，是我国第一部西方史学史领域中的断代史专著。湖南人民出版社 1984 年版。

〔苏〕加尔金主编：《欧美近代现代史学史》，上下两册。本书经苏联高等和中等教育部批准为大学历史系学生教科书，叙述了自 15 世纪迄今欧美各国的史学，注重于马克思主义史学的产生和形成的历史，还涉及苏联等社会

① 这些具体书目，参见瞿林东：《中国史学史研究八十年》，瞿林东主编：《史学理论与史学史学刊》，社会科学文献出版社 2006 年版，第 27—28 页表一。

主义国家历史科学的发展。中译本董进泉译，安徽教育出版社 1986 年版。

〔英〕杰弗里·巴勒克拉夫：《当代史学主要趋势》。本书是联合国教科文组织于 1980 年出版的"社会科学和人文科学研究主要趋势"系列丛书的历史学卷，它对二战后尤其是 50 年代中叶以来世界各国历史研究的主流和新趋势作了系统、全面、详细的阐述和分析。中译本杨豫译，上海译文出版社 1987 年版。

〔美〕伊格尔斯：《欧洲史学新方向》。本书论述了近年来西方史学的几个主要流派，如法国年鉴学派、德国社会政治史学派和西方马克思主义史学派的史学理念、研究方法及其史学传统，从中可以了解欧洲史学发展的新趋势。中译本赵世玲、赵世瑜译，华夏出版社 1989 年版。

〔英〕古奇：《十九世纪历史学与历史学家》。本书对 19 世纪的西方史学作出了系统的总结与思考，内容宏富，头绪纷繁，论述多采用分国叙述和专题介绍相结合的方法，对一些重要史家与学派着墨尤多，可以一窥"历史学世纪"史学发展之概貌。中译本耿淡如译，商务印书馆 1989 年版。

〔意〕莫米格利亚诺：《现代史学的古典基础》（A. Momigliano, *The Classical Foundation of Modern Historiography*. Berkeley, Calif., 1990）。本书是在作者演讲稿的基础上加以整理而成，主要论述的问题是：古典史学的传统是如何的？它在现代史学传统中具有怎样的地位？它起了什么作用？华东师范大学出版社 2009 年版。

何兆武、陈启能主编：《当代西方史学理论》。本书包括以下三部分内容：历史哲学，包括新康德主义、文化形态史观、新黑格尔主义、分析的历史哲学等；史学流派，包括比较史学、计量史学、心理史学以及年鉴学派、英国马克思主义史学、美国史学；中国及苏联学者对当代西方史学理论的研究。中国社会科学出版社 1996 年版。

徐浩、侯建新：《当代西方史学流派》。本书从论述以兰克为代表的传统史学开篇，简明而又清晰地阐述了 20 世纪兴起的西方新史学诸流派：历史哲学、年鉴学派、新社会史、计量史学、比较史学、心理史学以及西方马克思主义史学等。资料翔实，论述精到。中国人民大学出版社 1996 年初版。近年又出版增订本，内容更为丰富了。

张广智、张广勇：《现代西方史学》。本书论述 20 世纪初以来西方史学的发展过程，纵贯欧美各主要国家史学发展的脉络及其演化的轨迹，横及现当代西方史学研究进程中的各种新问题、新方法和新对象等，展示近百年来西方史学思潮的新陈代谢,史学流派的此消彼长,各派史家、史著以及史学思想的发展。复旦大学出版社 1996 年版。

〔美〕伊格尔斯:《二十世纪的历史学——从科学的客观性到后现代的挑战》。本书之雏形为德文版《二十世纪的历史科学——国际背景评述》,已译成中文在《史学理论研究》1995 年第 1—2 期、1996 年第 1—2 期连载。1997 年用英文写就本书,并不是上述德文本的译文,在许多方面它都是另一部著作,从古典历史主义及其危机写起,继而谈及社会科学对历史学的影响,最后论及后现代主义对历史学的挑战。中译本何兆武译,辽宁教育出版社 2003 年版。

〔美〕唐纳德·R·凯利:《多面的历史——从希罗多德到赫尔德的历史探询》。本书论述自古希腊希罗多德、修昔底德迄至伏尔泰、吉本和赫尔德的著述,旨在对西方历史实践与理论的传统作出解释和概括。中译本陈恒等译,三联书店 2003 年版。

陈启能主编:《二战后欧美史学的新发展》。本书论述二战后主要是 20 世纪 70 年代以来欧美史学的新发展,倘以专题论,则涉及后现代主义史学、历史哲学、新文化史学、历史人类学、城市史学等,倘以国别论,则陈述当代美国、法国、英国,德国以及现代苏联史学的发展变化等。山东大学出版社 2005 年版。

4. 文选与提要

〔美〕F·施泰恩编:《史学集锦:从伏尔泰到现代》(Fritz Stern, *The Varieties of History*, New York, 1956)。全书共分两辑,入选 25 位史家之作品. 选家撰有长篇导言,可资参考。

〔美〕彼得·盖伊等编:《西方历史文选》(或《史学家的业绩》)(P. Gay, etal, eds., *Historians at Work*, 4vols, New York, 1972 - 1975)。全书四卷,选录西方自古迄今著名史家名篇,每篇前有题解,扼要陈述该篇著者生平、史学思想及学术影响等。20 世纪 70 年代分卷在美国出版。

〔意〕莫米格里亚诺:《古代和近现代史学论文集》(A. Momigliano, *Essays in Ancient and Modern Historiography*, Oxford, 1977)。所收论文 21 篇,从希腊人的史学遗产直至克罗齐的"历史主义",1947 年初版,后曾多次重版发行,目前看到的是 1977 年的重印本。

李弘祺编译:《西洋史学名著选》。本书选译 42 位史家的作品,每篇前均有"按语",点名"选旨",按史家类型分章组合排列。该书选者在附录《学习历史应该研读史学名著》一文末尾时所说的话很好,给人以深刻的印象,故特录如下：“世上林林总总的伟大历史著作，如一座未开拓的宝山，但愿年轻的朋友振奋精神，去欣赏其中的缤纷花草，壮丽景色，因而充实自己的生命，并瞻视四方无垠的天地与来去的时空，好静听它们的脉动与叹息。”(第432页)台北时报文化出版事业有限公司1982年版。

田汝康、金重远选编：《现代西方史学流派文选》。本书入选17位历史学家的作品，大体包括现代德、法、英、美、意等西方国家的史学流派的代表人物，有的虽还称不上为某一流派，但也是在某一方面较有影响的史家。上海人民出版社1982年版。

张文杰等编译：《现代西方历史哲学译文集》。本书包括从19世纪末至20世纪60年代的西方历史学家、哲学家的著作或论文的节选，共20篇，上海译文出版社1984年版。该书以《历史的话语——现代西方历史哲学译文集》为名，增订再版，改由广西师范大学出版社2002年出版。

吴于廑主编：《外国史学名著选》。本书选译西方史学名著，上自希腊古典时代，下迄19世纪，共约十数种。每种选译内容，或为全书的著名章节，足以代表原作的特点；或为书中所述史事的某一重要方面，有利于开拓读者视野、丰富知识。每篇有著者简介。1962—1964年，本书曾分册印行，现合集为两册，均已由商务印书馆于1986年与1987年出版。

〔英〕汉默顿编：《西方名著提要》(史学部分)。本书共选了24位历史学家的27部作品，时间从公元前5世纪至19世纪，1959年出版，修订版由赖元晋重写每篇作者传略与作品简介，介绍具体，评价中肯。何宁、赖元晋编译，商务印书馆1987年版。

〔美〕伊格尔斯、帕克合编：《历史研究国际手册》。本书分为三个部分，介绍了当代史学的新观念与方法论、各国和各地区的史学变化情况，由各国学者分别撰稿，伊氏作“导论”，帕克氏写“结束语”。中译本陈海宏等译，华夏出版社1989年版。

刘明翰主编：《外国史学名著评介》。全书共三卷，入选81部史学名著，不局限于评介欧美史学名著，也留意东方的史学著作。山东教育出版社1993年版。

郭圣铭、王少如主编：《西方史学名著介绍》。本书介绍了40位史家的40篇作品，所作“点评”，较为精到，体现出了撰写者对这位史家及其史著的研究成果，其每篇介绍的题目，也较具特色，起到了画龙点睛的作用，如说恺撒的《高卢战记》为“以笔代剑的力作”，汤因比的《历史研究》为“观古今于一瞬”等。华东师范大学出版社1996年版。

何兆武主编:《历史理论与史学理论:近现代西方史学著作选》。本书选录近现代西方51家史学著作片段,选文多采现通行的中文译本,一部分自译。书名中,“历史理论”大致相当于当今西方通常所谓的“思辨的历史哲学”,“史学理论”则相当于“分析的历史哲学”。商务印书馆1999年版。

陈启能主编:《西方历史学名著提要》。本书共撰51位史家的52篇作品的提要,并有评论。本书篇幅庞大(计有61万字余),内容宏富,但也有“遗珠之憾”,那就是不知为何遗漏了罗马三大史家之一的李维的《建城以来史》,而唯独对现当代英国马克思主义历史学家佩里·安德森又“十分照顾”,一人独占两篇。江西人民出版社2001年版。

张越主编:《史学史读本》。本书系大学历史学论文读本系列之一,所选篇目以中国史学史研究为主,兼及西方史学史研究。选目重在典型性、开创性、多样性和规范性,每篇论文后均列出了若干参考论著,乃客观、公允和缜密的一个选本,可供读者进一步阅读的参考。北京大学出版社2006年版。

赵立行主编:《外国史学名著导读》。本书名为“外国”,但欧美与非欧美史家作品兼顾,不只限于西方;本书名为“导读”,不只是内容介绍,而且对所选史家及史著的史学思想及其影响有较为深入的分析。全书有正编21篇,对21位史家的名著作了“导读”,另有“补编”,提供了近70部外国史学名著提要。复旦大学出版社2007年版。

陈恒选编:《西方历史思想经典选读》(英文版:*Readings of Western Historical Thought*)。本书选编从古迄今西方历史经典著作的原文片段,为读者提供了第一手可供阅读的英文原始文献,并可进而略知西方历史思想的发展概况。北京大学出版社2008年版。

三、“眼在远处、手在近处”①——西方史学史教学琐议

教书不易,教史学史更不易,而讲授西方史学史尤为艰难。以下所谈,

① 1984年仲夏,笔者出席的西方史学史教材编写会议甫告结束,即前往武汉珞珈山拜访我国西方史学名家吴于廑先生,就西方史学史教材及学科建设等一系列问题,求教于学术前辈,获益诸多;感受尤深的是吴先生最后赠我的八个字:“眼在远处,手在近处。”他解释道,眼在远处,手在近处,即视野要开阔,研究要具体,这是从事历史学任何一个分支学科研究能够取得成绩的必由之路,世界史研究者也当如此。笔者以为,吴先生的这一教诲,对于我们从事西方史学教学与研究工作的同仁也是完全适用的。故借用这八个字作为本节之正题。

仅是笔者自20世纪80—90年代讲授西方史学史的一些粗浅的体会，希望能对读者有所启迪。[①]

1. 承上启下 继往开来

史学史的研究，是一种承上启下、继往开来的工作。作为一门学科，西方史学史是以总结和评价西方过去的史学工作为宗旨，注重探讨西方史学的发生、发展及其嬗变的客观规律。对于这样一门重要的课程，它在高等学校历史系应具有怎样的地位呢？在笔者看来，西方史学史与中国史学史一样，应当列为历史学专业学生的必修课。据知，已有不少学校作出了这样的安排，这是一个必要的正确的措施。近年来的教学实践，使笔者进一步加深了对这门课程重要性的认识。

如果说，历史学家是为历史作总结的话，那么从某种意义上来说，史学史家就是为历史学家作总结。因此，史学的价值就在于通过对史学的反思，为后人提供借鉴，指明方向，造就自觉的史学工作者。倘若舍弃这种史学的反思，历史的研究只能每天从零开始，那也就不会有历史学的任何进步了。以探索人类社会发展规律为己任的中国历史科学工作者，如果漠视自身学科发展的历史，这是令人费解的，遑论担负建设与发展马克思主义历史学的重任。

学习与研究西方史学史，有助于我们加深对马克思主义，尤其是对马克思主义唯物史观的认识。马克思主义的唯物史观不仅是时代发展到19世纪中叶社会经济与政治发展的产物，也是如列宁所说的，它“吸收和改造了两千多年来人类思想和文化发展中一切有价值的东西”[②]的结果。在马克思、恩格斯创立唯物史观之前，西方史学经历了长期的发展，积累了丰富的史学遗产。马克思和恩格斯曾广泛接触或研究过从古典时代到近代西方各国的著名史家，并从中吸收思想资料，成为其创立唯物史观的一个理论来源。在马克思主义唯物史观产生之后，它必须也应当面对现代人类在历史学及社会科学各个领域的变革，包括积极汲取和改造西方史学在史学理论与方法论方面的最新成果。可以这样认为，20世纪的马克思主义，也应当“吸收和改造”现代一切优秀的文化遗产，就像它创立时那样。因此，学习与研究西方史学史，对于我们加深对马克思主义尤其是对马克思主义唯物史

① 在这一时段内，笔者在复旦大学历史系一直为本科生开设西方史学史课程。

② 《列宁选集》第四卷，人民出版社1972年版，第362页。

观的认识是颇有助益的。

学习与研究西方史学史，对于推进中国历史学的发展，发展我国马克思主义的新史学也是有积极意义的。我们祖国历史悠久，史学著作浩如烟海，在世界史学发展史上焕发过夺目的光彩。用马克思主义的理论作指导，批判地继承先辈留给我们的史学遗产，这当然是中国历史学家责无旁贷的职责。但是，中国史学的发展，无疑也要借鉴与吸收西方的史学理论。因此，同样重要的是，在马克思主义理论的指引下，批判地继承自"史学之父"希罗多德至年鉴学派等现代一切有用的西方史学遗产，也是我们不容忽视的一项工作。只要采取正确的态度，我们一定可以从引进的西方史学中获得有益的启示，作为推进我国史学发展和建立马克思主义新史学的一种借鉴。

学习与研究西方史学史，还为我们认识与了解世界尤其是西方史学提供了一个窗口。要走向世界，就需要了解世界。不仅要了解世界的今天，也要了解世界的昨天与前天。因此，在我们审视风云变幻的当代世界的同时，也应当把目光投向历史，开拓新的视野。显然，对史学史的认识有助于对一般文化学术思想发展以及其社会根源的理解，譬如，深入研究 18 世纪启蒙时代的理性主义史学，就有助于透彻理解启蒙时代的哲学思想、文艺思想以及启蒙运动本身的政治任务；深入研究 20 世纪年鉴派的史学理论，就有助于透彻理解西方现代的新史学思潮、学术整体化趋势以及社会现实的深刻变化。可见，倘离开了对西方史学的研究，要对西方社会的现状和历史作出深刻的了解与反思，那将是难以想象的。

在西方史学史教学中，除了应充分认识这门课的重要性外，还应当确立正确的指导原则。这就是要运用马克思主义的立场、观点与方法，把辩证唯物主义和历史唯物主义的基本原则作为指导思想贯彻到这门课程教学的全过程中。在这里，以下一些原则应该在西方史学史的教学中得到体现：史学作为一种社会意识形态，从根本上说要取决于物质资料的生产方式，取决于社会经济与政治发展的水平。在整个西方史学发展的漫长进程中，无论是古代的希腊罗马史学、中世纪的基督教史学还是文艺复兴时代以来的西方近现代史学，它们的发展与演变，无不受到当时社会经济与政治发展的支配与制约。那种把史学作为脱离社会经济和政治的一个孤立的文化现象加以叙述的做法是不足取的，此其一。而史学一经形成，它又反作用于社会存在，广泛地影响到人们社会生活的各个方面，譬如文艺复兴时代的人文主义史学对基督教神学体系的冲击在当时整个西欧诸国社会激起了巨大的反响；马基雅维里的史学理论对16世纪佛罗伦萨共和国乃至整个意大利社会都产生了影响，此其二。史学与其他社会意识形态之间的相互联系与相互影响，不是单向的，而是一种双向的交流。以现代史学和自然科学、社会科学的关系而言，一方面是历史学借鉴与引进现代自然科学的方法，同时借助社会科学的一些范型，使自身社会科学化，这无疑构成了当代西方史学发展的一种最显著的趋势；另一方面，后者也从与历史学的交流中得到收益，从而丰富了本学科的内容，此其三。

在这门课的教学指导思想上，个人以为以下两种倾向都是应当摒弃的：一种是一概排斥、全盘否定，对西方史学采取虚无主义的态度；另一种是照单全收、肯定一切，对西方史学采取盲目崇拜的态度。两者殊途同归，都是对中国历史学家自主意识的一种迷失，也是对马克思主义唯物史观指导作用的一种偏离。

2. 线索·核心·特色

西方史学史是一部跨越古今的历史长编，撇开神话与史诗的“童年时代”，如果从“史学之父”希罗多德诞生算起（约公元前484年），西方史学发展的历史迄今也将近有2 500年了。为了提高教学质量，便于教学，笔者执教的西方史学史课是把它分成两篇的：上篇即名为《西方史学史》，讲授自古希腊至19世纪末以来的西方史学的发展历史，每周两学时，讲授一个学期；下篇易名为《现代西方史学》，专论20世纪西方史学的嬗变及其新陈代谢，每周两学时，亦讲授一学期。

面对时间跨度长、内容丰富、涉及面广泛的西方史学史，在教学内容上应作怎样的安排或构想呢？通过近年的教学实践，笔者感到在这门课中尤其要注重以下几点：

第一，抓住一条线索：从宏观上勾画出西方史学的发展进程与新陈代谢。

在长达两千多年的西方史学发展嬗变中，各种史学思潮交替出现，诸多流派此消彼长，文献资料浩如烟海，史家辈出，形形色色的史学理论与方法像走马灯似的登上了史坛，面对这样一部西方史学发展的历史长编，需要找到一条主线索。

这一答案来源于西方史学自身的发展变化，蕴涵于西方社会的深刻变革之中。多年的教学实践，使笔者观察到西方史学自古迄今大体上经历了五次重大的转折。这五次转折可以作这样简单的表述：第一次转折发生在公元前5世纪的古希腊时代,从记神事发展到记人事,从神话传说的真假莫辨到批判方法的初步运用,从早期史话家的杂沓到正宗历史编纂体例(历史叙述体)的确立,终于使西方史学走出了"童年时代",标志着西方史学的确立;第二次转折发生在公元5世纪前后,基督教史家不仅征服了古典史学的人本观念,而且也征服了古希腊罗马史学的地域观念。从基督教史学开始,历史第一次被理解为一个由固定的起点(上帝创世)到终点(末日审判)的直线运动,历史是一个向着既定目标前进的运动,这在西方史学史领域中,不啻为一场"革命";第三次转折是从14世纪初西欧的文艺复兴运动开始的,人文主义史学打着复兴古典史学的旗号顺应时代发展的潮流,向旧史学发起挑战,又一次把人置于历史发展的中心地位,完成了这次史学的"重新定向",人文主义史学的出现,揭开了西方资产阶级史学发展的序幕;第四次转折发生在19世纪与20世纪之交,西方的传统史学发展到鼎盛之日亦是对它的挑战之时,从19世纪下半叶的"文化史运动"以及随之而来的德国"新史学派"与兰克学派的论争,进而引起20世纪初的西方诸国新史学思潮的勃发,历史观念从思辨的向批判的、分析的历史哲学的转变,确是开创了20世纪西方史学变革的新篇章;第五次转折发生在20世纪50年代,当代西方史学的变化令人目迷五色,特别是记叙体转向分析体、社会科学向史学的全面渗透、计量方法的广泛运用、史学成果的数理模式化等特征,已成为西方史学进入当代的主要标志。

从以上叙述中,我们不难看出西方史学的转折与西方社会变革之间的相互联系,当然也不能忽视史学的相对独立性;在史学变革中,尤其明显的是史学观念上的更新,由此推动史学的全面革新;西方史学的新陈代谢有一种越向近现代发展,其变化越剧烈的加速运动的趋向。西方史学史上的这五次重大转折,正是笔者要寻找的主线索。

第二,突出一个核心:力求阐明各个历史时期史学思想的进展。

史学史研究的主要对象应当包括史学思想、历史编纂学、史料学、史学方法论等,西方史学史亦不例外。但在这几者之中,应当突出史学思想的主导地位。就我看来,史学思想应当论及历史学家对历史客观发展进程的认识,它大体表现为历史观;还应当论及历史学家对历史学这门学科自身的认识,一般称之为史学理论。简言之,历史学家对历史和历史学的认识和解释,应当成为史学史研究的核心内容。

从西方史学发展的大势来看,大体在20世纪以前,西方史家多致力于研讨历史发展的进程问题，因而如历史倒退论、历史循环论、历史进化论等都一一问世。众多历史学家(包括历史哲学家)的论见，各自从一个方面触及了历史科学的某些根本问题，其中不乏闪光的睿智和启人心扉的历史认识，为人类思想宝库留下了许多有益的资料。20 世纪以来，在风气大变的西方史学的发展中，注重探讨历史学自身的问题已成为一个十分突出的倾向，诸说并存，互争雄长，看来是与这种重视对历史学自身进行反思的观念有关的。这一史学情景，大别于 20 世纪以前的西方史坛。

我们讲授西方史学史，就应当突出上述这些内容。在这里，不能把西方史学史等同于历史编纂史，不能把西方史学史搞成史家评传或书目答问之类，正如当代英国史学史家巴特菲尔德所指出的：“如果人们把史学史归结为一种纯粹的提纲，如同另一种‘书目答问’，或把它编纂成一种松散的编年形式的历史学家的列传，那么它将是一门很有限的学科了。”①传统的史学史作品，似有一种偏重于历史编纂学的倾向。在我国，20 世纪 40 年代出版的金毓黻的《中国史学史》，曾饮誉史坛多年，对后世中西史学史的编纂甚有影响，但此书正如作者所言，“只就过去三千年间之若干史家、史籍加以编排叙述，殊不足以说明祖国史学发展演变之主流所在”②。而金氏的体例又明显地受到了《四库全书总目提要》之类书目解题的影响。因此，无论是 20 世纪 30 年代出版的美国历史学家巴恩斯的《历史编纂史》，还是 40 年代初出版的另一美国历史学家汤普逊的《历史编纂史》，都有十分明显地把史学史的研究等同于历史编纂学的倾向，前书尤甚。当然，我们无意否定这些著作的学术价值，在讲授从古代至 19 世纪的西方史学史时，尤其是汤氏之书，旁征博引，资料丰赡，足资参考。但他们的书能否拿过来作为我们讲授西方史学史的现成教材，是值得思考的。

诚然，讲授西方史学史不能脱离史家与史著，白寿彝在谈到编纂史学史时说过这样的话：“史学史有自己的特点，总离不开史学著作，离不开作者生平，这都是要写的，但应该摆在史学洪流里去写，要从那种就书论书、就人论人的状态中解放出来。”③此言甚是。比如我们讲述希罗多德或修昔底德等史家，应当把他们置于公元前 5 世纪古典史学创立的时代背景中，突出他们

① Sir H. Butterfield, *Man on His Past*, Cambridge, 1969, p. 14.

② 金毓黻：《中国史学史》重版前言，中华书局 1962 年版。

③ 载《史学史研究》1985 年第 1 期。

在西方史学第一次转折的史学洪流中的诸多业绩；又如文艺复兴时代的众多人文主义史家都竞相编纂过意大利文艺复兴运动的圣地佛罗伦萨城邦的历史，构成了16世纪意大利史学乃至西方史学一道独特的景观，值得我们关注。从史学发展的洪流来看，这些著作都回荡着一种从中世纪基督教神学史观逐渐脱身出来的历史前进的声响。这种把史家与史著放到史学发展的洪流中作综合考察的做法，比一人一书提要式的讲法要困难得多。然而舍此不能突出史学史的核心内容，不能说明西方史学自身的发展规律，从而使它变成一门“很有限的学科”了。

第三，强调一种特色：努力把西方史学史建设成一门具有中国特色的学科。

关于倡导世界史学科（包括它的分支学科）的中国特色的问题，不时在报刊或在一些学术会议上有争议。笔者以为，中国学者讲授一门从内容上来说纯粹属于域外文化的学科，强调在教学过程中的中国特色，这似乎是顺理成章的。1983年在中国史学界渐次展开的关于世界通史的讨论中，一开始就提出“世界历史研究如何具有中国特色”这一提法，笔者以为是很正确的，而且也适用于它的分支学科西方史学史的教学工作。

现在的问题是西方史学史的教学（与研究）究竟怎样才能体现出中国特色，这当然是一个值得认真思考的问题，亟待集思广益，各抒己见，从理论与实践上求得进一步的解决。笔者这里结合教学提出一些不成熟的想法。

首先要有马克思主义的理论指导，运用马克思主义的唯物史观研究和把握西方史学发展的全过程，藉以阐明西方史学自身的发展规律。这一点，不仅对于中国的西方史学史的教学工作者是毋庸置疑的，而且也能从根本上体现中国特色。这里需要提及的一点是，早在1920年，我国马克思主义史学的奠基者李大钊就在北京大学史学系为学生开设《史学思想史》，尝试用马克思主义的唯物史观讲授西方史学史，尤其是近代以来西方史学史的发展过程①。我们应当在新的历史条件下，在这门课中，继承与发扬由李大钊所开创的这种优良传统。

其次，应当把西方史学史置于世界史学发展的总进程中，从空间系列上把它与其他地区的史学作出平行的比较分析。这里所说的“其他地区”，主

① 参见张广智、张广勇：《论李大钊对西方史学史的研究》，《江海学刊》1986年第3期。

要指东方。在东方史学中，除中国史学外，还应包括与东方其他地区史学的比较分析。例如，古希腊人远不是最早记录历史事件的，在世界史学发展史上，远在公元前三四千年左右，古代东方的一些地区就出现了最早的和颇为引人注目的历史记录。在埃及，早在公元前三千年代就有了编年史；在两河流域，巴比伦国家统一前，诸小邦已用楔形文字记其事于泥板之上，古代希伯来人也很早就有了比较系统的历史记载，著名的《旧约全书》即为显例。古代东西史学的这一对照叙述，使我们得以理解古希腊史学何以在公元前5世纪勃兴并达于繁荣，原来她是踏着“巨人”的肩膀前进的。又如到了中世纪，西方史学亦可与东方史学作出平行的比较分析。是时，西方史学在神学史观的桎梏下，处于低落的“黑暗”时期，被史家称为：这是一个思想低落到使人怜悯的世界，一个不再有历史概念的世界，一个使史学从属于神学的奴婢地位的颠倒了的世界。比较起来，同时期的东方史学却大放光明，独具异彩，并对后来的西方史学产生过重要的影响。比如中世纪时代的阿拉伯史家伊本·卡尔顿，他在《通史》中所阐发的历史哲学，不仅在维柯问世之前无人与之匹敌，而且成了近代西方历史哲学的先声。近世以来，随着时代的进步，东西方史学之间这种平行比较的内容就更加丰富多彩了。

在对东西方史学进行比较分析时，作为中国学者当然会留意中西方史学之间的相互关系。笔者以为，以下一些方面是尤其要留意的：中国史学及其思想文化对西方史学的影响，如18世纪欧洲的理性主义史家在构建他们的思想体系乃至寻求启蒙运动的思想资料时，都把目光投向了中国，中华文明的历史遗产对西方近代史学文化的影响是不容低估的，这一点，在法国启蒙思想家兼历史学家伏尔泰身上得到了充分的反映；西方史学文化对中国的影响，这种影响自19世纪末以来随着西方史学的不断输入而逐步加深，直至今日。百年来中西史学冲突与交融的历史，是一个有待继续深入探讨的课题。还有，应当关注西方史学家笔下有关中国的论述，这一工作当然尚待史料的发掘、钩稽与爬梳，但对中外史学史的研究无疑是有益的。另外，在西方史学史中，如能另辟专章论列西方学者对汉学研究的贡献，那将是对西方史学史研究内容的一个拓展。此外，中西史学的比较分析(可比或不可比的问题)，还可以以专题进行，如从历史观、史学理论、历史编纂、史学方法论等方面比较异同；也可以从某一具体史家着手，如中西方的两位“史学之父”司马迁与希罗多德，就可比照分析。事实上海外学者已经写出了这方面的专著。总之，中西史学的比较研究前景诱人，具有广阔的天地，其成果也将为具有中国特色的西方史学史的教学充实内容。

3. 方法之改良与深化

教学目标的实现与成效，在很大程度上取决于方法之改良与深化。结合西方史学史一课的教学工作，笔者在这方面的体会是：

首先是突出重点。史学史不仅自身内容丰富，而且也是一门涉及面广泛的学科，正如我国唐代史家刘知幾所说："总括万殊，包吞千有。"[①]西方史学史也是这样。笔者从教学实践中体会到，蜻蜓点水式的教学方法是不足取的，面对宏富的西方史学史，应当突出重点，"与其伤其九指，不如断其一指"，军事学上的这种集中优势兵力、各个歼灭的战术，用之于西方史学史的教学，其效果也是很明显的。西方史学史的重点，在笔者看来即是上文所说的三点，在有限的时间内，即便是属于这三方面的内容也应有所侧重，有所取舍，以便突出重点。

其次，不能把西方史学史当作一门孤立的学科来进行教学，而是要把它看作全部人类文化发展中一个有机的组成部分。一部西方史学史在其发展进程中，充满了与其他学科的交互影响，在现时代，与史学发生相互联系、相互影响的学科就更多，也更为密切了。这就在教学方法上启示我们，讲授西方史学史，需要有多方面的知识积累，才不致把它变成一门褊狭与孤立的学科，对学生的要求也是这样。

再者，在教学方法上要注重培养学生独立思考的能力，这就是学习与实践的结合。西方史学史作为历史学专业的一门基础课，笔者以为应达到这样的要求：(1) 大致了解西方史学发展的基本线索，重点了解各个时代主要史家与史学流派的史学思想；(2) 对西方史学史上的一些重大问题有一个最基本的认识；(3) 学会搜集与分析资料，培养一些初步的研究能力。为达到这样的目标，学生光听教师的讲述是不够的，还必须锻炼他们的实践能力。这就要引导学生阅读西方史学原著，选择各个时代最具有代表性的名著，如古代有希罗多德的《历史》、修昔底德的《伯罗奔尼撒战争史》，中古时代有艾因哈德的《查理大帝传》，文艺复兴时代有马基雅维里《佛罗伦萨史》，18 世纪有伏尔泰的《路易十四时代》、吉本的《罗马帝国衰亡史》，19 世纪有兰克的《教皇史》、布克哈特的《文艺复兴时期的意大利文化》，20 世纪有汤因比的《历史研究》等。要求学生或通读或选读其中一部分，并引导学生就

① 见《史通 · 自叙》。

这些重要史家、史著及其所反映的史学思想展开讨论，这种讨论可在课堂进行，更多地是在课外进行。在一学期中，应由教师命题集中讨论一次，以便让学生各抒已见，相互交流；要引导学生独立思考，培养从搜集资料、分析问题到撰写文章的能力，每学期应布置命题文章一篇，由教师批阅后进行讲评，肯定成绩，指出缺点，以利提高。通过上述这几个实践环节的训练，学生们普遍感到学得主动，获得了比较好的教学效果。

最后，要说的是对西方史学遗产的批判与继承的问题。如何运用马克思主义的理论批判地对待历史文化遗产，这是一个被反复讨论的重大的理论问题，笔者对此未敢存有阐发任何新见的奢望。笔者以为，对于西方史学遗产的批判继承，谭英华有一段话说得比较中肯且言简意明：“我们所理解的继承，不等于原封不动地全盘接受，或客观地介绍。所谓肯定，应当首先是历史的肯定，然后在吸取其精华，舍弃其糟粕的基础上，加以发展和创新。所谓批判（这原是一个外来语），按其本义，不能简单地全盘否定，一笔抹杀，而是沙里淘金，去粗取精，尽可能地化无用为有用，从思想的渣滓中找出合理的、对我们有益的、有参考价值的因素。”①笔者以为在这门课的教学中，对西方史学遗产就应当采取这样的态度。考虑到西方史学史这门课程自身的特点，笔者这里只提及以下两点很肤浅的认识。

第一，在总体上属于唯心史观的西方史学思想中，寻求其中所包含的有益的与合理的思想资料。在西方史学发展的长河中，透过唯心主义思想体系的外表，我们不难看到许多西方史家所包含的“天才的闪光”，不管是他们对客观历史进程的探讨还是对历史学自身进程的研究。比如在古代，修昔底德史学中所包含的朴素唯物主义的历史观，阿庇安对罗马内战时代物质基础的考察；在近代，众所周知的维柯、黑格尔和法国复辟王朝时期的历史学家们的识见，不仅是资产阶级历史学家视野中令人耀目的思想火花，而且对马克思及其学说的创立也具有不可忽视的意义。这类例子，在西方史学史中是不胜枚举的。总之，不能抹杀西方唯心主义史家从各个方面所作出的可贵探索，他们认识中一切有价值的东西，都应当视为全人类的精神财富而予以批判地继承。

第二，把史学思想置于一定的历史范围之内，亦即要从历史本身来说明历史，对历史学家及其学派作出具体的和全面的分析。这里所说的“具体的

---

① 谭英华：《关于促进西方史学史研究的几点意见》，《史学史研究》1985年第2期。

和全面的”，在教学上我大致考虑到的有如下几种情况：

一是要注意到阶段性。如对19世纪英国历史学家托马斯·卡莱尔及其“英雄崇拜论”，稍加考察他的生平及这一理论提出的历史进程，就发觉对其人其论不能简单地加以臧否。1848年欧洲革命前的卡莱尔，就总的倾向而言可以把他列为小资产阶级浪漫主义史学流派，他前期作品中的英雄崇拜，实际上反映了资产阶级领导人民群众进行反封建斗争的要求。1848年的欧洲革命，使他在政治上发生了逆转，其后他鼓吹的“英雄崇拜论”才显示出旨在反对革命的立场。如果忽视了他一生的思想变化，像昔日那样不分先后，一概斥之为反动，就不够科学，也难以服人了。这种情况在某些史学流派那里也是如此，如普鲁士学派在德意志统一前所宣扬的民族主义的史学理论，在历史上对促进民族统一曾起过积极作用，但在德意志帝国建立以后，其论就成了为民族沙文主义张目的反动理论了。

二是要注意到两重性。如同历史的发展充满了曲折坎坷一样，历史人物也有复杂性，史家亦然。在西方史学史上，那种政治上与学术上相背离的两重性史家不乏其人，如果一见到某一史家政治上持保守乃至反动的立场就一笔勾销他在史学上的成就，那就有可能会丢弃许多不该丢弃的东西。如政治上属于保守派的德国史家尼布尔，却以其名著《罗马史》及其批判史学奠基者的功绩享誉后世；又如在政治上充当了镇压巴黎公社元凶的梯也尔，却又颇具史才，写出了像《法国革命史》、《执政府和帝国史》等为后世史家所称道的历史名篇。这类比较复杂的二重性或多重性的人物，还可以和前述的阶段性联系起来考察，纵横交错，就能比较全面地反映这位历史学家的面貌了。

三是要注意到时代性。把史学的发展与时代的要求与变化联系起来加以考察，这也是马克思主义的唯物史观所要求我们的。如以伏尔泰为代表的18世纪的启蒙史家，他们揭橥理性主义，摒弃虚妄的神学史观，探求社会历史变化的规律性，在史学上立意革新，打破了史学中的政治史传统，与这之前的人文主义史家相比，就不应该苛求他们为什么不能像启蒙运动时代的历史学家们那样思考和表述，不妨说，这两者还有一段属于时代间隔的距离。后来，18世纪与19世纪之交的风靡西方的浪漫主义史学，又适应了西方社会的新变化应运而生，并以自己的史学思想革新了理性主义史学的种种弊端，又为“历史学的世纪”(19世纪)西方史学的飞跃迈出了具有决定性意义的一步。明乎此，至少使我们得出这样的认识：一个时代的史学无不打上深刻的时代烙印，它在当时所具有的进步意义和积极作用及其局限性，都无不以此为转移，倘离开了史学的时代性，就有可能对它作出种种非历史主义的评价，这是我们要努力坚持从历史本身来说明历史的缘由。

附录 “做些垦荒者的工作”[①]——答邹兆辰[②]教授

■张先生，我知道您是在我国的西方史学史研究、史学理论研究以及世界古代史、世界文化史研究领域中十分活跃的学者。您不仅著述很多，而且培养的年轻学者也很多。您的著述在帮助青年一代了解西方文化，特别是史学文化方面起到了重要作用。现在很多大学的历史系学生都读过您的著作，学习您的西方史学史教材，许多西方史学家的生平、著述和学术思想都是通过您生动的文笔，描述给中国广大的读者的。我本人就是一个受益者。记得当年拿起《克丽奥之路》，让人感到爱不释手。书里那些年代久远、沉睡多年的历史学家，都成了栩栩如生的人物，写得那样生动、深刻，不论是不是学历史的人，都能从中受益。当初，您选择了学习西方史学史的道路，是经过耿淡如先生的引导。您能先给我们介绍一下耿先生的治学情况以及他对您的影响吗？

●好的。耿淡如先生(1898—1975 年)早年留学美国，是我国从事世界史研究的第一代学者，在复旦大学历史系与周谷城先生共事多年，并在史学界齐名。耿淡如是上世纪五六十年代中国学界的世界中世纪史的权威，在这一领域他培养了不少学生，曾担任过贵系系主任的陈曦文教授就出自于他的名下。先生又是新中国成立后致力于中国的西方史学史学科建设的耕耘者与奠基者，60 年代初，他在复旦大学历史系开设外国史学史，以其独特的风格吸引着莘莘学子。他那浓浓的乡音使我一下就听出，我与先生竟是同乡，同是江苏海门人，这也许是缘分吧。于是，1964 年我考取了他的研究生，有幸成了他的“关门弟子”，但却是“文革”前西方史学史专业研究方向的

---

① 本文原载《历史教学问题》2006 年第 6 期，系笔者与邹兆辰教授的对谈。

② 邹兆辰，首都师范大学历史学院教授，北京师范大学历史学院“985 工程”特聘教授。

第一位也是最后一位的研究生。关于中国的西方史学史的学科建设，耿淡如师在60年代开展的史学史问题的大讨论中，撰文提出了一系列的构想，特别要提到的一点是，他作为列入当时全国科学规划的外国史学史项目主持人，在1966年前做了许多奠基性的工作，特别是原始资料的翻译与编纂，现今学界流行的古奇的史学史名著《十九世纪历史学与历史学家》，此时已在翻译中，我还为此书做过校对。耿师还主编高教部的文科教材《外国史学史》，后因“文革”而被迫中止。说起翻译，先师因通晓多种外国语（英、德、法、俄、西和拉丁文等），为后人留下了丰富的译作，从30年代出版的《近代世界史》迄至他逝世后于80年代问世的上述古奇之书。先师的敬业精神更令人感怀，他在接近花甲之年刻苦自学俄文。1965年，他已沉疴在身，硬是以病弱之躯，从上海西区天平路住处换乘几辆公交车赶往东北角的校区，为历史系本科生最后一次开设外国史学史的课程。在那动荡的年代里，他在病榻中坚持翻译西班牙文的《格瓦拉日记》，还坚持自学日语……现在回想这些往事，仍让我激动不已，它不断鞭策着我要不畏艰难，不断进取。先生淡泊名利，追求真理，勤奋治学，笃学矢志，至死不渝，直至晚年，在病魔时刻折磨他的日子里，他仍在奋争求索，献身学术，这种治学精神与人格力量一直在伴随着我，也一直在鼓舞着我，这是我一辈子也取之不尽的精神遗产。耿师生前经常对我说，要谦虚治学，更要谦虚做人：对于“治学”，需要刻苦而不是懈怠，需要认真而不是轻薄；对于“做人”，需要真诚而不是虚伪，需要宽厚而不是褊狭。耿师在这方面为我们树立了永远的榜样。他的“谦虚治学，谦虚做人”成了我毕生铭记的格言。总之。耿淡如先生是领我走进西方史学史这一学科领域大门的引路人。

■“谦虚治学，谦虚做人”，您的学问与人品也算深得耿淡如先生这一“师训”的真谛了。从您以上的谈话可知，您在大学毕业就已经开始涉足西方史学史的教学与研究工作了。

●您过奖我了，凡耿师的弟子，都是恪遵这一“师训”的，在这方面，与您同事过的、在贵校任职的师姐陈曦文更是我的表率。至于说到从事西方史学史的教研工作，那的确是从考上耿师研究生时开始的。从教学工作而言，1965年耿先生为本科生讲授外国史学史，先生要我做他的助教，主要做以下几件事：一是随堂听课，负责答疑之类的事。当时已接近“文革”来临前夕，学生难以专心致志地学习，故只有少数学生向我提些问题，此事工作量不大；二是校对先生上课所印发的教学资料，此项工作看似容易，其实不然，先生手稿送学校教材印刷部门，打印出来后，错误甚多，需要仔细核对，我也算是个很细心的人了，但正式印出后先生还是不断地纠谬，从此我也就更加细心了，可见此事工作量较大；三是课后的教辅工作，如为先生倒水泡茶之类，实际上是与先生"聊天"。现在回忆起来，这实在是一次次难得的"精神享受"。每次随堂听课，我总是有备而来，做过相关章节的"预习"，因而才能够在课后与先生交谈得起来，这种单独面谈的沟通方式，确实使我获益匪浅，比在课堂上学到的东西要多得多了。

至于研究工作，当时还说不上。那年月，我埋头阅读绍特威尔、汤普森、古奇等几本史学史英文名著（当时它们都还没有中译本），又在先生指导下阅读西方史家的原著，如兰克的代表作《教皇史》的英译本等。也正是从1965年，我开始发表"文史小品"。记得当时写过一篇《兰克与〈教皇史〉》小文，在一家风靡上海的晚报副刊上登出，虽则是篇"文史小品"，也烙有那个时代的印记，这大概也可算作是我从事学术工作开始的年份了。这以后的"文革"十多年，完全荒废了学业，我的西方史学史研究真正起步，还是要等到改革开放以后，重新来过。

■在60年代上半叶毕业的大学毕业生，都有过相似的学术经历，即刚起步就被中止，然后又重新起步，我也有类似的体验。我读过您在2002年卷的《史学理论与史学史学刊》上发表的《关于20世纪中西史学交流史的若干问题》，您在那里写道："在80年代初也刚刚步入不惑之年的我辈，虽说那是从事学术事业的'黄金时代'，但众所周知，在那场破坏文化的大'革命'中，我们的青春岁月和所学专业都已付之流水，待到大地重光，等闲白了少年头的我们，还得重新学习。因此，我们在前行中，不免感到枯涩，不时遇到困惑，个中甘苦，难以分说。"这段话引起了我的共鸣，至今仍留有深刻的印象。

●这确实不只是我个人的"内心独白"，而的的确确是我们这一代人学术境遇的共同感受。

■您从80年代开始发表了一系列的关于西方史学的论著，能给我们作些介绍吗？

●好，说不上一系列，但为了提高西方史学史一课的教学质量，科研工作也是要跟上的，所以我还得要从教学说起。恕我孤陋寡闻，在当时国内80年代初只有北京大学历史系张芝联先生、四川大学历史系谭英华先生、华东师范大学历史系郭圣铭先生等少数几位前辈，开设西方史学史课程，我也在1982年为历史系78级、79级学生讲授该课，算是国内最早开设这一课程者之一。我一边上课，一边进行研究，说起我对西方史学的研究，是从个案开始的，即一个一个史家，一个一个学派，搜集资料，作专题探讨，最先的当然是希罗多德，以后凡重大的西方史家，都作为重点个案，一一研讨，这就成为我在80年代刊发的许多篇章的主题。

■在那时众多的已发表的论文中，有没有您觉得很满意的？

●很满意的论文，说不上。您知道中国的西方史学史研究很薄弱，根本不能与中国史学史研究相提并论。从上个世纪80年代的中国学界来看，这方面的研究大多还局限于介绍层面，我也是这样，做一些基础性的工作，就像造房子，在打地基，如此而已。如果硬要提出哪一篇来说说，我觉得个人在80年代的文章中，发表在《历史研究》1982年第5期上的《略论伏尔泰的史学家地位》可作为例子。倒不是这篇论文有什么不可攀越的高质量，而是我着实怀念80年代初的学术环境。

■能说得具体一些吗？

●可以。《略论伏尔泰的史学家地位》是针对当时国内学界对伏尔泰作为历史学家业绩的忽视而发，用翔实的资料论述伏尔泰的史学思想及其在西方史学史上的地位，全文约有2万字，文章寄给与我从无有过学术姻缘的《历史研究》编辑部一试，当时胆子也是够大的。不久，就收到了与我素昧平生的李玉奎先生的长信，用稿纸竖写，足足有6页。李先生充分肯定了我的论文的学术价值，但更多地是提出了论文修改的意见，具体而又中肯，尖锐而又到位，令人叹服。我按照李先生的意见，作了认真的修改后，寄回编辑部。论文很快地发表了，这无疑对我日后从事西方史学史的研究是一个莫大的鼓舞，我至今仍深深感谢李玉奎先生的慧眼识“文”，不由令人感叹现今的所谓“权威刊物”架子十足，又太过势利，要么只盯住几位“名家”以抬高刊物的身价，要么就是刊登一些能为编辑先生们带来实际利益的“关系户”的平庸之作。每忆及这段往事，就羡慕那时谦和的《历史研究》，赞扬那位称职且谦和的李先生，想念那时较为清纯的学术环境。

■的确，学术刊物、学术编辑对作者的学术成长和发展有着不可忽视的紧密联系。现在，这方面的问题真是不少，不过，对此我们也很无奈。我们还是继续访谈吧，我刚才开头提到您写的《克丽奥之路：历史长河中的西方史学》，是上个世纪80年代末的作品，当时学术界已有一些西方史学史作品面世，您的这本书有何特色？

●这里先说一件小事。华东师范大学历史系博士章盖国在给我的信中记载了这件小事："十多年前，我在家乡读高中时，常常到我们学校门口的一家小书店蹭书看——书贵，当时也没什么零花钱，我清楚地记得有一次翻看了您的《克丽奥之路》，那奇丽的书名让我过目不忘。"湘籍女孩、后来成为我学生的易兰，也在她的博士论文"后记"中回忆道："我在大学念书时读到了《克丽奥之路》，是那本书领我走进了瑰丽奇异的西方史学领域……"这当然是学生辈对老师作品的溢美之词，虽则不乏真情，但《克丽奥之路》在年轻学子中竟有这样大的影响，这是我始料不及的。说到这本书的特色，正像那时《文汇报》介绍它时所说："作者着意把严肃的学术内容（西方史学的发展历程）写得明白晓畅与生动可读，颇具房龙《宽容》一书的风格。"现在大家都反映，这本书好读，有趣味，写得生动，这实在使我感到十分欣慰，但于我而言，写作过程中却充满了艰辛。我感到，要把艰深的内容写得大家都爱看，看得下去，所谓"深入浅出"，确实不易。英国历史学家屈维廉说过这样的话："容易读的东西向来是难于写的……明白晓畅的风格一定是艰苦劳动的结果，而在安章宅句上的平易流畅，经常是用满头大汗换来的。"对于屈氏之言，我是深有同感的。

■ *1990 年您与张广勇先生合著的《史学，文化中的文化：文化视野中的西方史学》，视角独特，立意新颖，从文化视角探究了西方史学的发展进程，这本书后来在学界影响更大，引用率也很高，请您说说它与传统的西方史学史有什么不同？*

●很感谢您对《史学，文化中的文化：文化视野中的西方史学》一书的评价。我们力图打破传统的史学史编纂模式，不按纵向的时间顺序来铺陈，而是在西方史学发展的长河中，撷取若干断面，若干专题，点面结合，纵横交错，多层次多方面地揭示西方史学的发展进程；更重要的是，我们把史学作为"文化中的文化"，从一个全新的视野来考察西方史学，亦即注重从整个文化背景上来考察各个具体的文化领域（例如西方史学）。本书初版作为周谷城先生主编的《世界文化丛书》之一种推出，自然更要打破陈规，相异于学院式的纯西方史学史。此书曾多次重印，2003 年又出了插图修订版，增添了不少新内容，如对现当代西方史学发展新领域与新趋势的特别关注，新版推出后，又获得了新一代文史读者的欢迎。1992 年台湾淑馨出版社出版了它的繁体字版，在海峡那边，也受到了读者的喜爱。为了写作本书，为了把艰涩深奥的内容，杂沓纷繁的思想，磨炼得平易可感，让克丽奥女神不再一脸严肃，不再装腔作势，变得亲和近人，坦白地说，我与胞弟张广勇为之是颇费心力的。从总体上来说，《史学，文化中的文化：文化视野中的西方史学》一书从“叙事方式”来看，也是接近《克丽奥之路》的。

■从学术角度而言，《史学，文化中的文化：文化视野中的西方史学》有哪些创新点呢？

●创新点，不敢自诩。但对西方史学的许多问题，例如史学的范型、史学思想、史家的文化视野乃至较为具体的全球史观、五次转折等方面，可以说在国内学界还是较早或较为详细论述过的，例如当今国内学界很热衷的“全球史观”，我们在80年代末就作过很认真的学术研讨了，尤其是西方史学史上的“五次转折说”，一经问世，许多论者竞相引用，迄今不衰。

■我个人觉得，关于西方史学发展进程中经历五次转折的论见，十分重要，对此，您能否说得更详细一点。

●可以。在我看来，宏观地说，在西方史学漫长的发展进程中，经历了以下五次重大的历史性转折：第一次转折发生在公元前5世纪时的古希腊时代，这标志着西方史学的创立，其时希罗多德史学与修昔底德史学造就了古希腊史学的繁荣局面，后来罗马人又继承了古希腊人的史学遗产，西方古典史学的传统延续了将近一千年之久；第二次转折发生在公元5世纪前后，西方史学从古典史学的人本主义转向基督教的神学史观，后者以圣奥古斯丁为代表，其时史学沦为神学的附庸，古典史学的传统中断，这一阶段大约也持续了将近一千年左右；第三次转折是从西欧的文艺复兴运动开始的，其时历史学面临“重新定向”，史学思想又一次把人置于历史发展的中心地位，人文主义史学的诞生，也揭开了近代西方资产阶级史学发展的序幕；第四次转折发生在19世纪与20世纪之交，在19世纪，西方史学达于极盛，被称为“历史学的世纪”，兰克及其学派应运而生，历史学开始专业化与职业化，但从19世纪末开始，新史学对西方占主流地位的兰克史学发起了挑战，自此史学发生了重大的变化；第五次转折发生于20世纪50年代，这一时期正如当代英国史家杰弗里·巴勒克拉夫在《处于变动世界中的历史学》一书中所揭示的主题“重新定向”。您对这一时期西方史学的发展情况很熟悉，我就不在这里多饶舌了。

■您刚才说到了新版的《史学：文化中的文化》，它增添了不少新内容，能说说这方面的情况吗？

●与旧作相比，新版增加了晚近30年来西方史学的新变化，如后现代主义史学、新文化史、微观史学等内容，这里着重谈一下影视史学的问题。

■您近年来多次撰文论述过影视史学，何谓影视史学，为什么要这样看重影视史学呢？

●提出“影视史学”这一概念是晚近以来的事。1988年，美国后现代主义历史学家海登·怀特发表《书写史学与影视史学》一文，首创了一个新名词“影视史学”(Historiophoty)，意思是通过视觉影像和影片的话语传达历史以及我们对历史的见解。海登·怀特一语惊人，在欧美史学界引起了广泛的回响。在汉语学界，台湾学者周樑楷比较早有了积极的回应。我也于1996年在《学习与探索》上发表《影视史学：历史学的新领域》，向大陆学界介绍它。以后又写了一本小书《影视史学》在台湾出版。关于影视史学，我大体赞同这样的意见，影视史学不仅仅是电影、电视等新媒体与历史相交汇的产物，这个名词所勾画的影像视觉(简称“影视”)，还应包括各种视觉影像，凡是静态平面的照相和图画，立体造型的雕塑、建筑、图像等，凡是所有影像视觉的媒体和图像，只要能呈现出某种历史论述，都是影视史学所要研究的对象。我们之所以要这样关注它，是因为从影视史学出现的那时刻起，它确确实实构成了对传统史学的一种挑战，通过视觉影像来传达与再现历史，不仅比传统史学通过书写形式表现历史更具感染力，而且还拥有更广泛的受众阶层，产生比书写史学更加深刻的影响力。我曾经以历史题材影片《鸦片战争》为例，比较过两者的优势，这里就不再细说了。海外学者在上个世纪90年代就预言：“影视史学的时代来临了！”此语虽不无夸大，但细究起来，确也有可信之处。

■现在全国大学历史系，大多都在用您的《西方史学史》，一届又一届的历史学专业的学生，都从这本教材中得益，您能对此说些什么吗？

●您刚才说的情况，从《西方史学史》一书的出版情况来看，的确得到验证。它从2000年初版，继而在2004年推出插图本新版，大约在七年间，两版就重印了9次，累计印数近5万册，一本专业性很强且专供历史系学生选用的教材，能有这样的成绩，也确实是令人感到欣慰的了。我这里要着重说的是，编纂一本适合高等学校历史系学生使用的教材是包括耿淡如先生在内的老一代学者的共同心愿，我前面说到，耿师在1961年受高教部之命主编《外国史学史》，就汇聚了吴于廑、齐思和、张芝联、郭圣铭等一大批史学前辈，后因“文革”而中断。中国新时期之初，教育部又委托张芝联、谭英华两位先生主编部颁教材《西方史学史》，我作为编写组成员也有幸忝列其中，此书因编写组成员中的一些前辈逐一谢世而未果，甚为遗憾。我这本《西方史学史》教材是经当时国家教委专家组评审，而被正式列入“高等教育面向21世纪课程教材”的选题计划，后又获准成为“普通高等教育‘十五’国家级规划教材”。我自然十分珍惜这样的机会，决心花大力气编好它。我深知，从某种意义上说，这也是为了完成先师的未竟事业，完成前辈们的共同心愿，因此谋篇命笔，时时都有一种使命感与责任感，从而不敢有丝毫的懈怠。目前的这本教材虽然广泛地撷取了国内外学界的先进成果，但我仍迫切需要得到包括阁下在内的国内学界同仁的帮助。一部成熟的教材，需要不断地修改，这在国外是惯例，我们所熟知的美国历史学家斯塔夫里阿诺斯的《全球通史》，就作过多次修订，终于成为一部在美国学生中广泛流行的教材（当然也是著作）。我也要这样。这几天我刚获知，这本《西方史学史》又再次被列入“普通高等教育‘十一五’国家级规划教材”，我一定不让学界尤其是使用这本教材的莘莘学子失望，推出一个更新的本子，以满足大家的需要。

■据我的粗粗观察，您从新世纪开始，在对西方史学的研究上有一个很明显的转向，即从对西方史学自身发展进程的研究到探讨西方史学在中国的回响，也就是对中外（西）史学相互交流与相互影响的关注。

●你们的眼睛也真够尖的了，这里之所以说复数“你们”，那是两年前在温州召开的史学理论会议上，我遇到你们“当代中国史学研究”课题组的邓京力博士，她也说过类似意思的话。说来有趣，不知不觉间我也成了你们课题组追踪与研究的对象了。

■确是这样。我们关注中国新时期以来中国史学的方方面面，包括中国历史学家的研究情况，以便从中探索新时期中国史学的发展趋势和方向。您近年来发表的一系列关于中外（西）史学交流的论文，例如：《心理史学在东西方的双向互动与回响》（《学术月刊》2002年第12期）、《苏联史学输入中国及其现代回响》（《社会科学》沪版，2003年第12期）、《西方文化形态史观的中国回应》（《复旦学版》2004年第1期）、《傅斯年、陈寅恪与兰克史学》（《安徽史学》2004年第2期）、《苏版〈世界通史〉的中国回应》（《淮北煤炭师范学院学板》2004年第5期）等令学界注目，邓京力博士的观察也从这些论文中得到了印证，您能否就这方面的话题，谈一下您的看法。

●有一点先要说明，对中外（西）史学的相互交流与相互影响，特别是对西方史学在中国的传播及其回响，我倒是一直比较关心的，如上个世纪90

年代发表的《现代美国史学在中国》(《美国研究》1993年第4期)、《西方古典史学的传统及其在中国的回响》(《史学理论研究》1994年第2期)以及在1996年第1、2两期连载的长篇论文《二十世纪前期西方史学输入中国的行程》、《二十世纪后期西方史学输入中国的行程》等文都可说明。但比较自觉地,并从理论上认识到中外(西)史学相互交流与相互影响的重要性,则是近几年的事,反过来理论认识的深化又转而促进了我在这方面的史学实践,于是就有了您所说的"系列文章"的面世。有两篇是为瞿林东教授主编的《史学理论与史学史学刊》撰写的专题论文——《关于20世纪中西史学交流史的若干问题》(2002年卷)、《关于开拓史学史研究的几个问题——以西方史学史为中心》(2006年卷),就中外(西)史学交流史的问题,比较系统地谈了自己的看法。最近又应瞿教授之约,主编由他任总主编的"二十世纪中国史学研究系列丛书"(共八种)之一的《二十世纪的中外史学交流》一书,对此又作了一些思考。

■您能不能概括地谈一下关于重视中外(西)史学交流史对开拓史学史研究的一些看法?

●我这里只说两点:第一,中外(西)史学交流史具有很丰富的内容,值得我们去认真发掘。回顾历史,中外(西)史学交流史可以追溯古代佛教之东传的时代,近代西方传教士来华也为史学上的某种交流开了新途,19世纪以来,中外(西)史学直接碰撞,至20世纪,中外(西)史学交流揭开了新的一页,不论是从俄苏传来的马克思主义史学,还是在欧风美雨浸润下西方史学的大量入华,都对中国史学的发展进程产生了重大的影响,也为传统的史学史研究增添了新的内容。第二,中外(西)史学交流史为史学史研究提供了一个新视角。前面说的是从史学史本身所蕴含的内容讲的,而这里是从研究者(历史学家)的视角而言。每个游园者似乎都有过这样的体验,从正门进入一座园林,感受到曲径幽廊中包藏着的风韵万千,如果从侧门而入,越过月洞门,眼前显现的是又一个新的空间,由于视角的转换,于是就呈现出了不同的景观,在学术研究中也是这样。倘如此,我们可否分出一些精力去关注不同国家或地区之间史学文化的相互交汇与相互影响,无异于游园时不走正门改走侧门时的那种情景,随着历史学家研究视角的转换,它将为未来中国的史学史研究开启一扇新窗户,并有望成为史学史研究中的一个新的增长点。

■下面我们换个话题。我注意到您从2006年第1期开始在《历史教学问题》上开设《马克思主义史学史讲座》，我已连续看了您写的几篇，深感这项工作的重要，这些文章经人大报刊复印资料《历史学》的全文转载，在学界影响不小，您是如何筹划与设想这个专栏的呢？

●说起在《历史教学问题》上开办专栏，我已不是第一次了。记得早在1997年我就为该刊开设了“当代国外史学讲座”，当时的人大报刊复印资料《历史学》按期转登，也产生了很好的影响。这次应《历史教学问题》主编王斯德先生之约，又一次给我这样好的机会，我自然是十分感谢，也分外努力，每篇的写作都极其投入。大家知道，我的史学史研究是侧重于西方史学史的，然而西方史学史研究的深化怎能疏离马克思主义史学史？令人遗憾的是，迄今为止我国史学界仍未有一部马克思主义史学史的作品问世，每念及于此，作为一位史学史工作者，不免感到汗颜。我个人觉得，自马克思在19世纪40年代奠立马克思主义史学至今，这凝重的160年的历史，值得我们去认真总结与思考，我粗略地总结与思考的最初体现便是在2005年第5期《复旦学报》百年校庆特刊上发表的那篇论文：《关于马克思主义史学遗产传承中的几个问题》。这篇文章后来又被《新华文摘》作为“封面文章”加以转载，产生了一定的影响。在我看来，倘若不深入了解马克思主义史学发展史，就谈不上继承马克思主义史学遗产，更谈不上守护与坚持马克思主义史学在历史学中的主流地位。从学科角度而言，在现行的西方史学史一课中，马克思主义史学仅仅是作为各个时段的西方史学的陪衬而被冷落，事实上马克思主义史学与西方史学的发展相关联，倘若割舍或者削弱了这两者之间的联系，西方史学史研究的深入也就成了一句空言，反之亦然。倘有条件，我以为史学史课程在高等学校历史系的设置不只是中国史学史与西方史学史的“平分秋色”，而应当是“三足鼎立”，马克思主义史学史作为有待铸造的“一足”，在史学史的教学体系（或研究体系）中自应有它独立的地位。我在《历史教学问题》上开设的“马克思主义史学史讲座”，旨在为这方面做一些最基础性的普及工作。

■您具体设想有哪几讲呢？

●共六讲。各讲篇目的次序大体按时间顺序：第一篇，马克思主义史学的诞生（19世纪40年代前后）；第二篇，马克思主义史学的最初实践与传播（19世纪下半期至20世纪初）；第三篇，苏联马克思主义史学的沉浮（俄国十月革命至20世纪90年代初）；第四篇，马克思主义史学与西方史学（19世纪至20世纪）；第五篇，西方马克思主义史学的勃兴（二战后至今）；第六篇：马克思主义史学遗产的继承及其中国回向(20 世纪至今)。需要说明的一点是，我撰写第一至第五各篇，第六篇是约请华东师范大学历史学教授、对中国马克思主义史学素有研究的朱政惠教授撰稿。

■在我们刚才的谈话中，您偶尔涉及您的著作的海外影响，能不能在这里集中说一下。

●其实，我的作品主要的服务对象当然是国内学界，尤其是年轻一代的学子，所谓"海外影响"也得益于改革开放年代里出版社的开放意识，如前面提到的周谷城先生主编的"世界文化丛书"被台湾一家出版社整体引进，于是我与张广勇合著的《史学，文化中的文化：文化视野中的西方史学》作为"世界文化丛书"之一，自然也沾了光，出了繁体字版。像这种"搭车"跟进的还有我主编的《寻梦天涯》，这是一本叙述世界十大探险家故事的通俗读物，它的大陆版也被台湾引进，列为"世界百大名人传记"丛书出版。属于历史文化类小书在台湾刊行的还有我写的《影视史学》、《心理史学》(与周兵合撰)等，虽则它们都是些普及文化的小册子，但我们写得很认真，在海峡那边也产生了很好的影响，产生这种影响的还有就是我在前面也已提及的《西方史学史》。在这里，我要特别说到的是 1995 年由台湾淑馨出版社出版的《西方史学散论》一书。您知道，出版社一般不太肯出版历史学从业人员的个人论文集的，因为赔钱太多，我有点不识时务，向国内一家出版社寄出我精选的 80 年代以来十多年间学术成果的论文集《西方史学散论》，意在与已出的瞿林东先生的《中国史学散论》配套，结果却吃了闭门羹。后来抱着一种不服输且试试看的心情，给台湾淑馨出版社寄去了同名书稿，不到一月，从海峡对岸迅速传来了慨然应允出版的令人高兴的消息，这让我多少有点感到意外，又让我感动，意外的是在如此短的时间内作出的抉择，感动的是这家出版社追求高质量学术著作出版的诚意。我们从事学术研究，其苦心经营的学术成果，如果一直是四处碰壁，束之高阁，哪还有什么意义呢？我在前面感谢了《历史研究》的李玉奎先生、《历史教学问题》的王斯德先生，在此我再对海峡对岸的淑馨出版社的陆又雄先生、尤淑芬女士表示我由衷的谢意，虽然到现在为止，我们还从未见过一次面。总之，对那些热心学术事业，不谋私利，恪守职志，甘为他人作嫁衣的编辑与出版界人士，我们都要向他们致以最崇高的敬意，倘若离开了他们的支持，学术事业的繁荣也是寸步难行的。

■对此，我深有同感。在中国的西方史学史研究中，您总是不断地前行,对于今后您有什么新的打算吗?

●有,而且还是个“大工程”。事实上,这几年一直在小范围内悄悄地进行着,现在已露出水面了,那就是我主编的六卷本《西方史学通史》已被国家新闻出版总署列为“十一五”国家重点图书出版规划。要编纂一套多卷本的西方史学史,是一直萦绕在我心头的一种情结。这种心思在2000年《西方史学史》出版后就已萌生了,但当时并没有实际的构想,正式的动议酝酿于2003年“非典”时期,在那些特殊的日子里,我在家里呆着,哪儿也去不了,但说来也怪,那时逼仄的生存环境反而有利于思想空间的无限开拓,编纂一套多卷本的《西方史学史》的构想便在那个非常时期油然而生了。按我个人的初步设想,未来的《西方史学通史》将以翔实的材料、系统的梳理、深刻的识见、时代的特色为目标。总之,在求真中开拓,在务实中创新,欲成一家之言,这是我与编写者们的共同愿望与学术追求。

目前,我正带着一群清一色的博士、学有专长尤对西方史学颇具学术功力的年轻人一起干,我对他们说,船已扬帆出海,没有退路,不达彼岸,绝不罢休。

■你们的《西方史学通史》开中国的多卷本西方史学史著作之先河,对中国的西方史学史研究,将会产生重大的影响,祝你们的航船胜利到达彼岸。

●谢谢。

■最后,你能否对您培养的许多弟子作点评价。

●可以。我这里主要说说我所带的博士研究生,粗粗算来,包括现在还在学校攻读的,大约有30人。依照他们的专业研究方向,有学世界古代中世纪史的,有学世界文化史的,有学西方史学史的,其中以西方史学史研究方向为最多,活跃在当今中国史学理论界的,也多数是从这个专业方向出来的。要说评价,我的总体看法是各有千秋,因为他们的研究方向不同,即便在同一领域的,如西方史学史也有各自的侧重点,例如有的研究西方古典史学,有的关注20世纪西方史学,有的则把目光集中到近代,故他们也是各有成就,各有所长,没有哪一位弟子可以自诩为独占鳌头。换言之,对源远流长的西方史学,可以这样说,他们还多少缺乏全盘的与整体的驾驭能力,因此,还需历练,方能“修成正果”。当然,由于各人的原有基础与进校后的努力程度不同,其水平也有高低之分的。总之,他们是各有专长,也各有所缺,但有一点是共同的,一般说来,他们思维敏捷,才思不凡,且都有良好的外语水平，因此缺的不是“国际视野”，而是对学术与学问的深刻理解与尊重。我希望他们能继承与弘扬“谦虚治学，谦虚做人”的“祖训”，继续努力，谦虚谨慎，敏思进取，永不满足，并在已有的博士学业的基础上，开阔视野，拓宽领域，为中国的新史学大厦的建设，添砖加瓦，多作贡献。

■由于大家都比较忙，我们这次访谈从2004年秋温州的史学理论研讨会开始，至2005年秋上海华东师范大学的史学理论研讨会续谈，至2006年夏扬州的史学理论研讨会结束，其间断断续续，现在总算完成了。

●我也是如释重负，不过我还是要感谢您，如果没有这次访谈，我就不会随着您的提问，思考我的学术研究的心路历程，盘点陈货而顾影自怜，回顾往事而乱发议论，奢谈未来而显摆张扬，评判门生而训诲兼存。

■您的谈话，对我们增进中国的西方史学史研究，很有意义，您在百忙中，支持和完成了这次访谈，要感谢的是我，您能否为这次难得的访谈取一个题目？

●好。先师耿淡如先生在1961年发表的《什么是史学史?》一文的最后，有这么一段话：“我们应不畏艰难，不辞劳苦，在这个领域内做些垦荒者的工作。我之所以提出本问题，不是妄图解答而是希望大家来研究、讨论并共同解决这个问题。比如垦荒，斩除芦荡，干涸沼泽，而后播种谷物；于是一片金色草原将会呈现于我们的眼前！”我以上所说，都旨在为中国的西方史学史研究做一些基础性的工作。因而我们这篇访谈就借用耿师文章中的“做些垦荒者的工作”一句话作为题目，您看如何？

■好，这是个很确切的题名，就用它。再次感谢您的谈话。

参考书目

需要说明的是，在本书第九章正编与续编中，已罗列了自古迄今的西方著名史家及其名著50本，展示了西方史学的历史进程与发展的脉络。初学者，可先选读正编所列原著，由此渐次展开，扩及续编所列诸书，乃至本书所没有入选或者遗缺的作品。

关于参考书目，本书也分类列了出来，可供研究者选用。近年来，关于研究西方史学的中译本参考书，坊间流行甚多，本书这里所列，显然是挂一漏万了。至于西文参考书，《西方史学通史》各卷的参考书目中都已标出，本卷只是从导论角度略列数册(包括已在上面参考书目中列出的几本)，都仅供参考而已。

Atkinson, R. F., *Knowledge and Explanation in History*, Ithaca, New York, 1978.

Avis, P., *Foundations of Modern Historical Thought: from Machiavelli to Vico*, London, Sydney, Dover, New Hampshire, 1986.

Barnes, H. E., *A History of Historical Writing*, Norman, Okla, 1937.

Barraclough, G., *History in a Changing World*, London, 1955.

Bentley, M., *Modern Historiography: An Introduction*, London, 1999.

Bentley, M., ed. *Companion to Historiography*, London: Routledge, 1997.

Braudel, F., *On History*, Chicago, 1980.

Breisach, E., *Historiography: Ancient, Medieval and Modern*, Chicago and London, 2nd edition, 1994.

Breisach, E., *American Progressive History: An Experiment in Modernization*, Chicago, 1993.

Burke, P., ed., *History and Historians in the Twentieth Century*, Oxford, 2002.

Bury, J., *The Idea of Progress*, New York, 1932.

Butterfield, H., *Man on His Past*, Cambridge, 1955.

Butterfield, H., *The Origins of History*, New York, 1981.

Domanska, E., *Encounters: Philosophy of History after Postmodernism*, Charlottesville and London, 1998.

Elton, G. R., *The Practice of History*, New York, Crowell, 1968.

Evans, R. J., *In Defence of History*, London, 1997.

Gardiner, P., ed., *Theories of History*, New York, 1959.

Gay, P., *Style in History*, New York, 1974.

Gay, P., et al., eds., *Historians at Work*, 4 Vols, New York, 1972 - 1975.

Gilbert, A. N., ed., *In Search of a Meaningful Past*, Boston, 1971.

Higham, J., Krieger, L., Gilbert, F., *History, the Development of Historical Studies in the United States*, Englewood Cliffs, 1965.

Hofstadter, R., *The Progressive Historians: Turner, Beard, Parrington*, New York, 1970.

Hughes, H. S., *History as Art and as Science*, New York, 1964.

Iggers, G. G., and, von Moltke, K., eds., *The Theory and Practice of History: Leopold von Ranke*, New York, 1973.

Jenkins, K., *Why History? Ethics and Postmodernity*, London, 1999.

Kammen, M. G., ed., *The Past Before Us: Contemporary Historical Writing in the United States*, Ithaca, 1980.

Kelley, D. R., *Foundations of Modern Historical Scholarship: Language, Law, and History in the French Renaissance*, New York, 1970.

Krieger, L., *Ranke: The Meaning of History*, Chicago, 1977.

Marwick, A., *The New Nature of History: Knowledge, Evidence, Language*, London, 2001.

Meinecke, F., *Historism, The Rise of a New Historical Outlook*, trans. J. E. Anderson, London, 1972.

Momigliano, A., *Essays in Ancient and Modern Historiography*, Oxford, 1977.

Momigliano, A., *Studies in Historiography*, New York, 1966.

Momigliano, A., *The Classical Foundations of Modern Historiography*, Berkeley, 1990.

Nash, R. H., ed., *Ideas of History*, 2 Vols, New York, 1969.

Nisbet, R., *History of the Idea of Progress*, New York, 1980.

Shotwell, J. T., *The History of History*, New York, 1939.

Smith, P., *The Historian and History*, New York, 1964.

Southgate, B., *History: What and Why?*, London, 2001.

Stern, F., ed., *The Varieties of History*, New York, 1956.

Stoianovich, T., *French Historical Method: The Annales Paradigm*, Ithaca, 1976.

Tholfsen, T. R., *Historical Thinking*, New York, 1967.

Topolski, J., ed., *Historiography Between Modernism and Postmodernism*, Amsterdam, 1994.

Wilson, N. J., *History in Crisis: Recent Direction in Historiography*, Prentice Hall, 1999.

White, M., *Foundation of Historical Knowledge*, New York, 1965.

跋　语

我常常这样天真地想，如果耿淡如先生活到现在，看到他的学生正沿着他当年所绘制的蓝图、所指点的学科建设的方向不断前进，那该多好啊！那时刻，我的老师肯定会感到莫大的欢欣，露出满意的微笑。但历史从来没有"如果"一说，事实上，耿师离我们而去已有36年了。斯人已逝，当我在写这篇多卷本《西方史学通史》的开卷之作的后记时，缅怀与思念之情油然而生。在本书即将问世之际，且借我在2007年3月应聘北京师范大学"985"工程特聘教授的学术演讲时的一段话，聊表对耿师的感恩之意：

> 作为他的学生，我从老师那里不只学到了西方史学史的专业知识，重要的是培养了独立思考的能力，学会了分析解决问题的方法，这正是"授人以鱼，不如授人以渔"。我之所以在耿师谢世(1975年)之后，在中国新时期"单枪匹马"前行，主要得益于此；作为他的学生，更为重要的是，从他那里懂得了为学之道，一种对学问的尊重，一种对学术的敬畏；他的"谦虚治学，谦虚做人"的教诲，使我学会了如何做人，如何治学，这将是他留给学生的一份最珍贵的精神遗产，更成了我最为宝贵的人生格言。

我谨以此书并以即将集体面世的六卷本《西方史学通史》，奉献给我的恩师——耿淡如先生。

我与耿师都有着浓浓的"复旦情结"。他1917年入复旦大学读书，30年代初留美归国后就一直没有离开过复旦；而我从1959年进入历史系就学，与这所有着百余年历史底蕴的名校、八十多年的老系结下了不解之缘。的确如此，1925年创办的我系，在上个世纪五六十年代曾领衔史界，比肩北大，新时期以来，经历曲折坎坷，努力奋争，如今正重振雄风，在全国名列前茅，这既令人高兴，也令人感慨。我个人迄今已在这里学习与工作了整整半个世纪了，对这片哺育与造就我的沃土，充满了感激之情。我深切地感受到，在六卷本《西方史学通史》筹划、写作及成书过程中历史系的各届领导所给予我以及我们“团队”的关心，特别对顾云深、吴景平、董雅华、金光耀、章清等同志的大力支持，表示谢意。

我曾在许多场合说过这样的话：我的事业，在于我的学生。我个人的力量是微不足道的，只是希望大家在我的前行中，助我一臂之力，尤其在我遇到困难的时候……在六卷本《西方史学通史》成书的过程中，我于此更有着刻骨铭心的感受，倘若没有我的弟子们和同仁的全力支持，也许这套书还在摇篮之中。在此，我不仅对赵立行、吴晓群、李勇、周兵、易兰这几位清一色的博士、奋发有为的年轻教授们的至诚合作深感愉悦，而且对他们始终如一的投入心存感激，在此表示我由衷的感谢。

还需要指出的是，这本导论卷的某些章节曾在我开设的2008—2009学年的《西方史学专题讨论班》(历史系硕士生、博士生课程)中，请该讨论班30余位学生先行集体试读，莘莘学子作出了热烈的回应，提出了许多好的意见，都被我采纳了，这使我真切地感受到教学相长之乐，从中也凝聚着一份浓浓的师生情谊。在读博士研究生黄蕾，在我写作本书的过程中，全心投入，始终给我以有力的帮助。博士生张井梅和王伟、肖超等，也都助我“一臂之力”。此外，陈恒、陈新、陆启宏、乔琴生等多位弟子虽忙于各自的本职工作，但都对我们的《西方史学通史》给予过支持。在此，我对他们一并致以真挚的谢忱。

我要对复旦大学出版社致谢。事实上，从《克丽奥之路》、《现代西方史学》到《西方史学史》，我与复旦大学出版社精诚合作，始终保持着密切的联系。六卷本《西方史学通史》于2006年列入国家新闻出版总署“十一五”重点图书出版规划之后，他们加大了投入力度，社长兼总编贺圣遂先生、常务副总编孙晶女士，更是直接关注它的进展，并以敏锐的眼光审视与评估这套书的学术价值与未来前景，显示了名校出版家的气度与器识。为保证这套书的学术质量与出版工作，出版社组织了一个强有力的“团队”，他们是陈军、史立丽、关春巧、盛亮，其敬业精神与业务水平，令人感怀，尤其是责任编辑史立丽，为本书的出版，自始至终，尽心尽职，格外用心，也分外辛劳。在这里，我应向他们深致敬意。

最后，我要说的是，感谢学界同仁对我的帮助，特别感谢广大读者朋友的厚爱、鼓励和支持。我热切地盼望大家的批评与指教。

张广智

2011年5月于复旦大学历史系

图书在版编目(CIP)数据

西方史学通史　第一卷　导论/张广智主编;张广智著.
—上海:复旦大学出版社, 2011.12
ISBN 978-7-309-08229-6

Ⅰ. 西…　Ⅱ. 张…　Ⅲ. 史学史-西方国家　Ⅳ. K091

中国版本图书馆 CIP 数据核字(2011)第 125247 号

西方史学通史　第一卷　导论
张广智　主编　张广智　著
责任编辑/史立丽

复旦大学出版社有限公司出版发行
上海市国权路 579 号　邮编:200433
网址:fupnet@fudanpress.com　http://www.fudanpress.com
门市零售:86-21-65642857　团体订购:86-21-65118853
外埠邮购:86-21-65109143
上海浦东北联印刷厂

开本 787×960　1/16　印张 18　字数 280 千
2012 年 7 月第 1 版第 2 次印刷

ISBN 978-7-309-08229-6/K·334
定价: 36.00 元